ロジカルに伝わる英語プレゼンテーション

必須英語表現、資料作成のノウハウ、オンラインでのプレゼンの段取り

江藤友佳 著
Yuka Eto

クロスメディア・ランゲージ

はじめに

本書を手に取ってくださり、ありがとうございます。どんな方がこの本を手にしてくださるのだろうと想像しながら、この前書きを書いています。

私は日本で生まれましたが、父がアメリカに移住することを決めたため1歳で渡米しました。9歳から15歳までの間は日本に滞在しましたが、それ以外の期間は大学を出るまでロサンゼルスで暮らしました。いわゆる「帰国子女」です。高校時代を寮制の進学校で過ごし、有名大学に入る訓練の一環として、プレゼンテーションの仕方やアカデミックペーパーの書き方の指導を多く受けました。本格的にプレゼンテーションの基本を叩き込まれたのは高校時代だと思いますが、アメリカの幼稚園や小学校では日直がshow and tell（お気に入りのものを見せながら行う発表）をしたり、決められたテーマでスピーチをしたりするのは日常茶飯事でしたので、幼い頃から人前に出ることには慣れていました。

大学を出るまでのほとんどの時間をアメリカで過ごしたと話すと、「日本語がうまいですね」と言われるのですが、これは補習校に行っていたためです。教科書検定で認定された日本の教科書に基づき、国語を中心として日本の学校教育に沿った授業を土曜だけ行う場所です。補習校には大きく分けて2種類の子どもたちが通います。私の父のような永住組の子どもと、数年の任期で来ている駐在員の子どもたちです。さまざまなバックグラウンドを持った保護者と出会う機会がありますので、英語が不自由だったり、意思表示を十分にしていないような場面に出くわすことが多く、子どもながらに「英語で主張ができないのはもったいない」と思っていました。

経済学を主に学んだため、大学を出てはじめに選んだ職業はビジネスコンサルタントです。就職した年のアメリカの経済状況は良くなかったので、東京オフィスで勤務をスタートしました。英語力を評価されて、多くの英語プレゼンテーション資料作りを担当し、英語の会議では入社してすぐプレゼンテーションの機会をいただくこともありました。しかし、このときの私は業務内容の知識が乏しかったため、おそらく良いプレゼンテーションができていなかったと思います。

英語のプレゼンテーションスキルは、話を組み立てる力×英語力×プレゼンテーションスキルで完成します。本書を手に取ってくださった方の中には、日本語でのプレゼンテーションは緊張せずにできるけれども、英語は自信がないという方もいれば、逆に英語には自信があるけれど、プレゼンテーションスキルが不足しているという方もいらっしゃると思います。そのすべての方に何らかの気づきを得ていただけるよう、さまざまな工夫をしました。

若葉マーク（🔰）は英語プレゼンテーション初心者向けのアドバイスです。気持ちの持ちようや、シンプルな英語表現で乗り切るヒントを提供しています。各章のENGLISH（英語表現）にはたくさんの表現を載せ、読者のみなさんが、ご自身の英語力に応じて言いやすい表現や使いたいと思う表現を選べるようにしています。気に入った表現を見つけたら、音源を聞いて、何度もまねをして、自分のものにしてください。また、模擬研修アクティビティのTRY ITも用意しました。プレゼンテーションの研修に参加している気分で課題にチャレンジしてみてください。また、各所に日米の違いに関する情報も多く盛り込んでいます。国際的な会議での立ち振る舞いの参考になさってください。

本書では私がビジネス現場で経験したことに加え、英語講師として活動するようになって知った日本人の弱点についても述べています。いろいろなプレゼンテーションテクニックや英語表現を紹介していますが、テクニック武装を目指すことが目的ではありません。伝えたいメッセージを輝かせるためには、「自分らしさ」を失ってしまってはいけません。ビジネススキルが足りていなかった新人コンサルタント時代、私もプレゼンテーションに苦しみました。「できない」「無理」「辛い」というネガティブな感情に飲み込まれるほど追い込まれている方は、今の自分ができることよりもほんの少し難しいことに挑戦すれば十分です。少しずつ慣れて、自分らしさを忘れずに、聞き手の心を動かすプレゼンテーションを行ってください。みなさんが少しでも早く国際的な舞台で本領発揮できるように、お手伝いできたら非常に嬉しく思います。

Best of luck,
江藤友佳

CONTENTS

CONTENTS

CONTENTS

CONTENTS

本書の構成

KEY POINTS
重要ポイントのチェックリスト

3 STEPS
各チャプターの3ステップ

TIPS（🔰）
プレゼンテーションの経験が浅い方や
英語力に自信がない方向けのアドバイス

ENGLISH
各チャプターの必須英語表現

TRY IT
プレゼンテーションの模擬演習用
アクティビティ

COFFEE BREAK
英語プレゼンテーションに関する
エピソードやコラム

「私の英語プレゼンテーション」体験談
ビジネスで英語プレゼンテーションを
実践している英語学習者の方々から
伺ったエピソード

※例文でグレーの網かけがついている箇所は、他の表現に差し替え可能であることを表します。

音声データとスライドテンプレートのダウンロードについて

本書『ロジカルに伝わる　英語プレゼンテーション』に対応した音声ファイル（mp3ファイル）とスライドのテンプレートを、下記URLから無料でダウンロードすることができます。

https://www.cm-language.co.jp/books/englishpresentations/

音声データの無料ダウンロード

上記URLにアクセスして、音声ファイルを無料でダウンロードすることができます。ZIP形式の圧縮ファイルです。Trackマークの番号がファイル名に対応しています。本文で紹介している語句と例文（英語）を収録しました。ナチュラルなスピードでの、アメリカ英語のナレーションです。

ダウンロードした音声ファイル(mp3)は、iTunes等のmp3再生ソフトやハードウエアに取り込んでご利用ください。ファイルのご利用方法や、取込方法や再生方法については、出版社、著者、販売会社、書店ではお答えできかねますので、各種ソフトウエアや製品に付属するマニュアル等をご確認ください。
音声ファイル（mp3）は、『ロジカルに伝わる　英語プレゼンテーション』の理解を深めるために用意したものです。それ以外の目的でのご利用は一切できませんのでご了承ください。

スライドテンプレートの無料ダウンロード

英語プレゼンテーションのスライドテンプレートを、ダウンロードしてご利用いただけます。上記URLのリンクからアクセスしてご利用ください。

CHAPTER 1

Brainstorming

構成、資料作成

話の流れを決める

Food for Thought

スライドを作り始める前に、十分なbrainstorming（ブレスト）時間を確保していますか。たくさんのアイディアを出して発想を広げていくブレストは、本来は複数名で行いますが、1人でたくさんのアイディアを書き出してみる「ひとりブレスト」もお勧めです。まずはプレゼンテーションに組み込む情報と話の流れを検討します。話の流れを決める重要な登場人物たち、それは聞き手と話し手（自分）です。聞き手と自分の関係性と、聞き手のニーズを考えて話の流れを決めましょう。例えば、聞き手は自分のことをよく知っている人か、または初対面か、じっくり話を聞きたがっているか、概要だけを聞きたがっているか、によって話の組み立て方や強調すべきポイントが異なります。そして、一番大切なのはプレゼンテーションの目的。自分は何を伝えたいのか、聞き手にどうしてほしいのかを具体的に考え、可視化します。戦略的に話を組み立てて聞き手の心を動かすために十分なブレスト時間を確保しましょう。

KEY POINTS

● 3大プレゼンテーションタイプのうち、どのタイプを作ろうとしているのかを意識して構成を考えましょう。限られた時間でスライドとスクリプトを作るためには、話の型を意識し、聞き手の好みと話し手の目的に合わせてアレンジするのが効果的です。

● 時間調節がしやすいアコーディオン式構成を意識し、プレゼンテーションの枠組みと話の流れを可視化した構成案メモを作りましょう。

● 足りない情報があれば、情報収集をしましょう。聞き手は何人？どんな人？部屋の大きさは？スライドを投影するスクリーンの大きさは？与えられた時間は？　このような詳細情報があればあるほど、聞き手の心を動かすプレゼンテーション作りに役立ちます。

3 STEPS

STEP 1 プレゼンテーションの目的に合わせて構成を決める

3つのプレゼンテーションタイプ（情報伝達型、提案型、インスピレーション型）のうち、どのタイプのプレゼンテーションを行うのかを明確にして、プレゼンテーションの基本構成 (Introduction, Main Body, Ending)に沿って枠組みを決めます。

STEP 2 スライドのテンプレートとデザインを決める

自分の作り出したい雰囲気と聞き手の好みを考慮して、テンプレートを決めます。スライドマスターを編集して、カラーやフォント、フォントサイズを設定します。

STEP 3 スライドの英語表記ルールを復習する

Introduction, Main Body, Endingのスライドを作る前に、スライド作りで気をつけるべき英語の表記ルールを復習し、自分の英語力に合った書き方の方針を決めましょう。

CHAPTER 1

STEP 1 プレゼンテーションの目的に合わせて構成を決める

プレゼンテーションをすることが決まったら、まずはその目的を考え、どのような内容のプレゼンテーションが求められているのかを明確にしましょう。目的に応じたプレゼンテーションの型があります。以下の3大プレゼンテーションタイプのどれに当てはまるかを考えてみてください。

3大プレゼンテーションタイプ

1. Informative Presentation（情報伝達型）【事業報告、研究発表など】

目的：情報を伝達する、学びを与える

話し手が聞き手に情報を伝達することが目的のプレゼンテーションです。聞き手は有益な情報を得たことを実感し、学びの機会を与えられたと感じることで、満足度が向上します。学会などの研究成果を発表する場では情報伝達型のプレゼンテーションが多く見受けられます。ビジネスシーンにおいては、例えば、売上情報を報告する定例会議で行うプレゼンテーションがこの情報伝達型に分類されます。情報伝達型のプレゼンテーションにおいて大切なのは、情報がわかりやすく整理されていて、聴覚と視覚の両方で聞き手に情報を届けることです。

2. Persuasive Presentation（提案型）【営業資料、予算確保資料など】

目的：説得する、判断を仰ぐ、承認してもらう

資料を説明することで聞き手の理解を得て、何かのアクションを起こしてもらうことが目的のプレゼンテーションです。サービスの導入や新しいアイディアを提案するときは、提案型プレゼンテーションの話の組み立て方を参考にしましょう。ビジネスシーンにおいて社内外でよく見かけるプレゼンテーションタイプで、簡潔に聞き手のニーズに見合ったポイントを説明していくことが大切です。日頃から人を説得したり、判断を仰いだり、何かを承認してもらうことが多い人は、提案型プレゼンテーションの型が身についているはずです。英語で話すときも母語で話すのと同じように人の心を動かせるように、本書で必要な英語表現に磨きをかけましょう。

3. Inspirational Presentation（インスピレーション型）【講演会など】

目的：聞き手の心を大きく動かす、感動を与える

講演会やさまざまな行事のスピーチでよく見られるタイプのプレゼンテーションです。テキストデータを最小限にして、映像や画像の視覚情報を効果的に活用する傾向があります。聞き手の心を大きく動かし感動を与えるために、話し方に抑揚をつけ、さまざまな話のテクニックを組み込みます。日頃、講演会やスピーチを行うことが多い方は少ないかもしれませんが、インスピレーション型のプレゼンテーションでよく使われる話術を情報伝達型プレゼンテーションや提案型プレゼンテーションに組み込むと、より聞き手の注目を集めることができます。あえて視覚情報と聴覚情報をずらしたり、聞き手をハッとさせる仕掛けを組み込んだりと、聞き手が退屈せずに最後まで集中して聞けるよう工夫することがポイントです。普段インスピレーション型のプレゼンテーションを行わない人も、その手法を学んでおきましょう。

IMPORTANT 自分の行うプレゼンテーションがこれらの3つのプレゼンテーションタイプのどれと一番合致するかを考えましょう。タイプ別のスライド制作技術や話の組み立て方がありますので、Main Bodyの準備に特に大きく影響します。

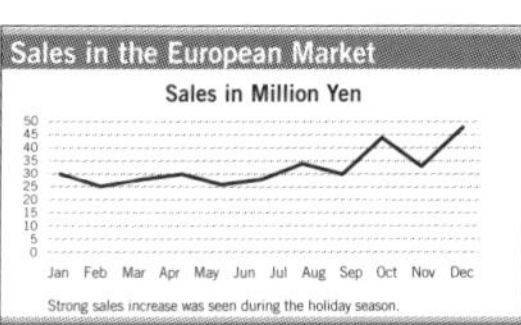

情報伝達型スライド例

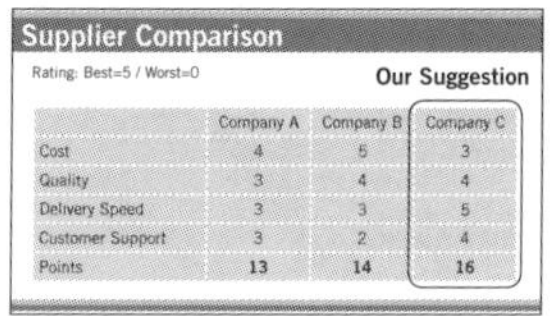

提案型スライド例

インスピレーション型スライド例

プレゼンテーションの基本構成

Title Slide

テーマと講演者に関する情報

目的：話の内容を想像させる

Introduction

自己紹介、テーマの紹介

目的：聞き手との関係作り

Main Body

プレゼンの本編

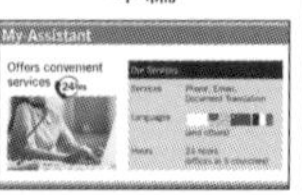

目的：プレゼン目的の達成

Ending

まとめと次のアクション

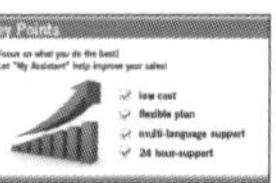

目的：聴衆の心にメッセージを残す

Q&A Appendix（任意）

※「Q&Aなし」として、質問にはメールで答えるのも効果的。Appendixには細かいデータ、付加情報、時間が余ったら紹介したい情報などを入れておく。

※Introduction（はじめに）とBody（本文）の時間の割合はプレゼン目的に応じて決定する。

英語のプレゼンテーションやエッセイ（小論文）の基本構成は決まっています。多少は呼び方に違いがあるものの、大きなパーツは主に3つ。自己紹介や話の概要を伝える冒頭部分のIntroduction、プレゼンテーションの目的に沿った本題を詳細に伝えていくMain Body、そして話をまとめる最後のEndingから成ります。Endingはよく Conclusionとも呼ばれますが、Conclusionには「結び」の意味の他に「結論」という意味があるので、プレゼンテーションの最後に何らかの結論を述べないといけないと勘違いされてしまうのを避けるために、本書ではプレゼンテーションの終盤をEndingと呼びます。Endingは「結びの言葉」と考えてください。これらの3つのパーツに加え、参考資料を入れるAppendix（別紙）やQ&A（質疑応答）用のスライドを必要に応じて作成します。

ちなみに、英文メールもIntroduction（挨拶、連絡目的、背景情報など）、Main Body（伝えたい主な報告事項や依頼事項など）、Ending（まとめや次のアクションに関する一言など）で構成されています。プレゼンテーションの基本構成を覚えると、さまざまな英語業務に応用できるでしょう。

各パートの要素

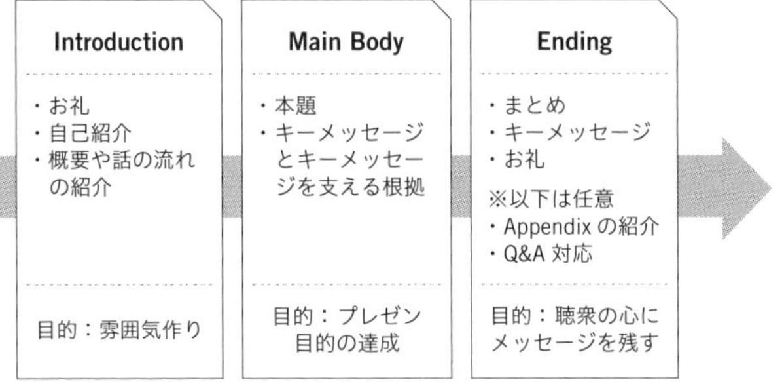

まずはどんなプレゼンテーションでも必要となるIntroduction, Main Body, Endingの枠組みに沿って、「伝えたいこと」を明確にし、組み込むべき情報を検討します。情報を整理するために、伝えたいことの構成案メモを作りましょう。構成案メモを作るときには聞き手が誰なのかを意識することが大切です。社内プレゼンテーションでは自己紹介を割愛することが多いですが、初めて会う人に向けたプレゼンテーションでは自己紹介をする時間が必要です。IntroductionとEndingにかける時間を先に算出し、Main Bodyにどれだけの時間をかけることができるかを把握してください。Main Bodyで話す内容はその時間内に収まる情報量に絞る必要があります。Main Bodyで伝えたい内容は、伝えたいメッセージとその根拠となるデータや

補足情報をセットで書き出して整理します。慣れるまでは以下のチェックシートを活用して、プレゼンテーションの構成を考えるといいでしょう。

	時間	
タイプ	–	□情報共有型　□提案型　□インスピレーション型
Introduction	分	□要　□不要　お時間をいただくお礼 □要　□不要　自己紹介 □要　□不要　所属する組織・団体の紹介 □要　□不要　話す目的の紹介 □要　□不要　アジェンダの紹介
Main Body	分	・メッセージ1 ＿＿＿＿＿＿＿＿ データ・説得材料 ＿＿＿＿＿＿＿＿ ・メッセージ2 ＿＿＿＿＿＿＿＿ データ・説得材料 ＿＿＿＿＿＿＿＿ ・メッセージ3 ＿＿＿＿＿＿＿＿ データ・説得材料 ＿＿＿＿＿＿＿＿ ・メッセージ4 ＿＿＿＿＿＿＿＿ データ・説得材料 ＿＿＿＿＿＿＿＿ ・メッセージ5 ＿＿＿＿＿＿＿＿ データ・説得材料 ＿＿＿＿＿＿＿＿
Ending	分	□要　□不要　まとめ □要　□不要　キーメッセージ □要　□不要　お時間をいただいたお礼 □要　□不要　質疑応答 □要　□不要　参考資料の紹介
合計時間	分	

アコーディオン構成の勧め

プレゼンテーションで難しいのが時間管理。聞き手や主催者の貴重な時間をいただいているので、時間オーバーはできません。話のうまい話し手は時間ぴったりに話を終えられます。時間管理の上手な話し手はプレゼンテーションの構成案メモを考えるときに、時間調整がしやすいよう、戦略的に構成を考えています。「アコーディオンメニュー」という言葉をご存じでしょうか。ウェブサイトなどで見かけることが多い、ユーザーが必要な情報を任意で表示することができるメニューのことです。アコーディオンという名前は、情報の伸縮がアコーディオン楽器のように自由自在であることに由来します。たくさんの情報があってテキスト量が多すぎるときに、ウェブサイト上でよく使われています。

例：

Accordion Menu
> Introduction
∨ Main Body
Message 1
Message 2
Message 3
> Ending
> Q&A
∨ Appendix
Appendix A

プレゼンテーションでは、視覚的な情報を整理するのみならず、時間管理の目的でもアコーディオンメニューの考え方が活用できます。時間があれば伝えたい視覚情報はアコーディオンメニューのようにEndingの後のAppendixに入れておき、時間が余ったとき見せられるように準備しておきましょう。口頭だけで伝える聴覚情報はスライドを作る必要がないので、**たくさんのアコーディオンパーツ（時間調整に使う話）を準備しておくことをお勧めします**。時間が足りなくなりそうになったらカットできる話、時間が余ったら組み込みたい話などが「アコーディオンパーツ」にあたります。また、Q&Aの時間をカットしたり長めに取ったりすることでも時間調整は可能です。

IMPORTANT 構成案メモを見て、Appendixに回せそうな情報がないか確認しましょう。アコーディオンパーツとして使えそうな情報には括弧をつけるなど、自分のわかりやすい形で情報に優先順位をつけていきましょう。スクリプトを書くときにも同様に、アコーディオンパーツとなる箇所には印をつけておくようにして、カット可能な話題と必ず伝えなくてはいけないことを明確にしておきます。優先順位が高い情報が伝えられなくなってしまうという失敗をしないためにも、**構成案メモとスクリプトを作るタイミングで、情報に優先順位をつけておくことが大切**です。

CHAPTER 1

STEP 2 スライドのテンプレートとデザインを決める

話す内容の大枠が決まったら、スライドイメージを決めましょう。聞き手に好まれるテンプレートを使って、メッセージを伝えやすいスライド作りを目指します。

スライドと配布資料は別々に作る

まず決めるべきことは、スライドの位置づけです。スライドと配布資料の目的は異なるものです。スライドは聞き手の心を動かすために使うもの、配布資料は持ち帰って細かい点などを含め、読んで理解してもらうためのものです。スクリーンで見るための文字は大きめに書きますが、手元で読む資料の字は多少細かくても問題ありません。用途が異なるため、適切な見せ方も違うので、スライドと配布資料は別々に準備しましょう。

しかし、スライドを配布資料として使わなくてはいけない特別な事情があるかもしれません。どうしても時間がないときや、社内規定でスライドをログとして残す必要があるときには、プレゼンテーションスライドがそのまま印刷用の資料になります。スライドが配布資料としても使われる場合は、話を聞かなくても情報がわかるように、詳細情報を文字に起こして書き込む必要があります。

IMPORTANT **スライドが印刷される可能性が高い場合は、モノクロ印刷を考慮してスライドを作ることが重要**です。特にグラフに注意しましょう。スライドを投影用に作る場合は、色の変化でデータをわかりやすく整理することが多いのですが、印刷資料になる場合は、白黒印刷の可能性を考慮して、パターンを活用したグラフを作ったほうがよいでしょう。このような細かい点も計画段階で考えておく必要があります。

例：

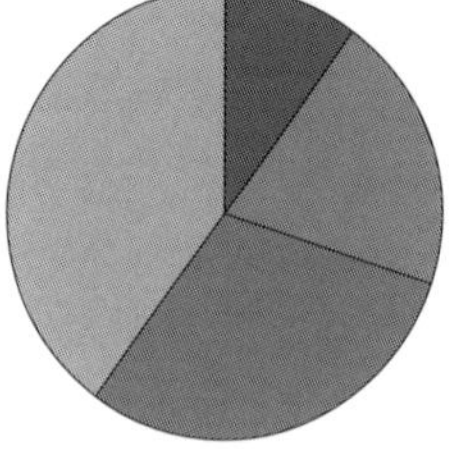

色の違いを活かしたグラフの白黒印刷
※赤、青などが微妙な濃淡になってわかりにくい。

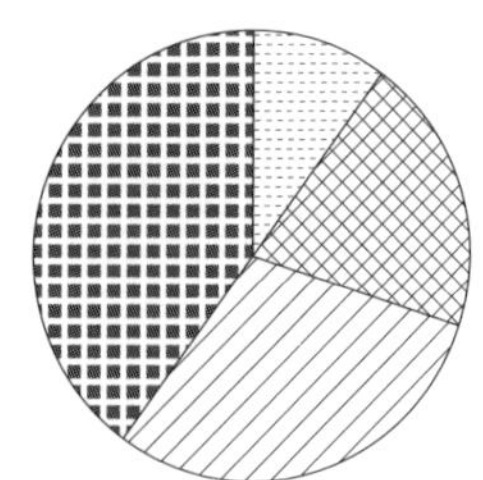

パターンを活用したグラフの白黒印刷
※パターンだけで区別できる。

スライドサイズを決める

カラー版にするかモノクロ版にするかを判断したら、次に決めたいのがスライドサイズです。プレゼンテーションを作成するソフトウェアのPowerPointやKeynoteにスライドサイズを変更する機能はありますが、スライド上のすべてのコンテンツがきれいにサイズ調整されるわけではありません。作成済みのスライドサイズを変更するには、かなり手直しの時間がかかる可能性があると考えておきましょう。

スライドサイズは、プレゼンテーションを行う会場の設備を意識して決めます。最近では、さまざまなプロジェクターとスクリーンが設置されているため、プレゼンテーションに適切なスライドサイズが変わってきました。4:3でPowerPoint資料を作っておけば、以前はほとんどのプロジェクターで正しく表示されたので、私は必ず4:3で設定するようにしていました。しかし近年、最新設備がある大型会場や新しいオフィスでは、16:9の横長のスクリーンが増えてきました。横長のスクリーンに4:3のスライドをスライド投影すると小さく見えてしまいますので、最近、私は16:9のスライドを作るようにしています。

IMPORTANT スライドサイズがスクリーンサイズと合っていない場合、4:3 を 16:9 スクリーンに映すと左右に黒線が入り、16:9 を 4:3で映すと上下に黒線が入って表示されます。スライドサイズが投影画面と合っていないと焦るものですが、上下に黒線が入っているのは映画のスクリーンのようで違和感が少ないと感じる人が多いようです。16:9のスライドを作り、万が一機材が4:3に対応したものだとしても、スライドを直さずそのままプレゼンテーションを行っても違和感は少ないはずです。どのような場面でプレゼンテーションをすることが多いかによって適切なスライドサイズを判断するのが一番いいのですが、機材の予測がつかない場合は、最近のトレンドを考慮して、**16:9のスライドサイズでプレゼンテーションスライドを作る**ことをお勧めします。

4:3 を 16:9 に映した場合(左右に黒枠)

16:9 を 4:3 に映した場合(上下に黒枠)

テンプレートを決める

スライドサイズが決まったら、スライドのテンプレートを決めましょう。どのようなイメージのスライドを使うかは、プレゼンテーションで出したい雰囲気と聞き手の好みを考慮して決めるといいでしょう。プレゼンテーション作りに慣れるまでは既存のテンプレートを選ぶことをお勧めします。インターネット上にたくさんのスライドテンプレートがあり、配色やテキストサイズも含め、よく考えられたものが多いです。例えば、企業経営者に対して行う研修導入のプレゼンテーションと親子連れに対して行う教育商材の営業プレゼンテーションは共に提案型プレゼンテーションですが、雰囲気は全く異なるスライドを使います。経営者向けのプレゼンテーションはスマートでシャープなイメージを与えたいので、紺や黒っぽいスライドに白の文字を使うとビシッと決まります。反対に、親子向けには明るく柔らかい印象を与えたいので、青空に黄色い太陽や虹が描かれたようなテンプレートが使いやすいと思います。

異なる雰囲気のテンプレートサンプル

企業用

親子用

会場の広さも考慮しましょう。大型のカンファレンスで発表する場合は、広い会場の中が暗く設定されている場合が多いので、スライドの背景は空間の色合いに合わせて黒などの暗い色にして、テキストは白色に設定しているスライドが多いです。**暗い空間で黒い背景を使うと、目立たせたい情報だけが目に入ってきて、わかりやすい情報の提示ができます**。大きな会場の講演では黒がお勧め、一般的な会議室であれば白がお勧めです。

白背景と黒背景のテンプレートサンプル

白バック

黒バック

イメージに適したテンプレートを選ぶのが最も簡単なスライド準備方法ですが、より自分らしさを求めたいときや相手のためにオリジナルデザインのスライドを作りたいときには、スライドマスターを開いて自分でデザインしましょう。写真を背景に組み込んだスライドを作ったり、テーマカラーを決めて新しいテンプレートを作ったりすることも可能です。学校の美術の授業で習う「色相環」を使った配色法が無難です。**メインカラーにしたい色の反対側にある色が目立たせたい文字に使うアクセントカラーに適している**と言われており、図を描くときに使うオブジェクトは左右の同系色を使って作成すると、まとまりがあるスライドになると言われています。自分で配色を考えるときには、慣れるまではPowerPointやKeynoteにあらかじめ組み込まれているカラーパレットの配色を参考にすることをお勧めします。

カラーチャート

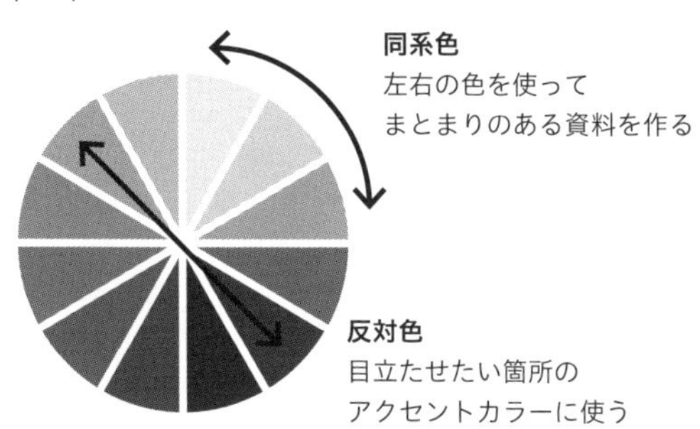

IMPORTANT **薄い色はテキストには不向き**です。パソコン上できれいに見えるパステル色や淡いブルーなどでも、プロジェクターを使って投影した場合には薄くなって見づらいことがあるので注意しましょう。

企業においてはコーポレートカラーを使ったテンプレートを使うように社内規定で定められている場合も多いでしょう。その場合は、テンプレートで差別化を図るのではなく、プレゼンテーションのMain Bodyの作り方で自分らしさや聞き手の好みを考慮した雰囲気を出せますので、Chapter 3のMain Bodyをご参照ください。企業の用意しているテンプレートを使わなくてはいけないという決まりがない場合でも、コーポレートカラーを活かすと所属している企業を代表してプレゼンをしているようなスライドができます。コーポレートカラーをベースにして、その色の同系色の濃淡を使うとまとまりが出るでしょう。

スライドのテイスト（雰囲気）を決める

スライドのテンプレートを決めると、おのずとある程度決まってくるのが、プレゼンテーションスライドのテイストです。写真を多く使うか、イラストを多く使うか、また、色を多く使うか、白黒の写真やイラストを使うかなど、全体的な雰囲気を考えましょう。自分の好みやどんな印象を与えたいかによって選択しますが、聞き手の好みや話の目的、スライドテンプレートとも一致していることが大切です。写真やイラストをカラーで使う場合は、テンプレートのカラーと合うかも確認しなくてはいけません。白黒でまとめると、色合いを気にしなくていいメリットがありますが、単調になるので、スライドのカラーパレットの色を使った枠を白黒写真のまわりに組み込むなどして、少し色を加えてもいいでしょう。

「対話」を表したいときに使える写真とイラスト例

カラーの場合

白黒の場合

フォントとフォントサイズを決める

フォント、フォントサイズ、そして文字の揃え方を決めて、スライドマスターを仕上げます。**見やすい文字には3つの要素があります**。まず、遠目でも見やすいこと。例えばtやiの区別がつかないフォントや、大文字のI（アイ）と小文字のl（エル）の区別がつきにくいようなフォントは読みにくいです。次に、見やすい大きさであること。文字が小さくて見づらい資料を読むときにイライラした経験がある方は多いと思います。そして、最後はビジネス上よく見る表記方法になっているかどうか。日頃目にする英語はほとんどの場合、左揃えか中央揃えで書かれていますので、このどちらかに揃っていないと相手に違和感を与えます。

IMPORTANT フォントはあらかじめテンプレート上で選択します。文字の視認性と判読性、つまり、**遠くからでも読みやすく、形が似た字でも判別できるフォントを選ぶことが大切**です。i（小文字のアイ）、I（大文字のアイ）、l（小文字のエル）、そして1（数字の一）を見比べてみてください。選んだフォントでこれらが区別しやすいかどうか確認しましょう。また、**見やすい文字は太さが一定である傾向がある**ので、フォントを選択するときには線の太さに注目してみてください。Windowsの場合、日本語のフォントでは一般的にメイリオや游ゴシックが読みやすいとされています。**英語に関してはSegoe UIやCalibri、また昔から使われているArialがわかりやすい**とされています。

これらのフォントであれば英語と日本語を組み合わせたときにも違和感がないので、英語と日本語が併記された資料を作らなくてはいけないときにもお薦めです。

自分が気に入ったフォントを見つけたら、フォントサイズを小さくしてみても自分が読みやすいかを確認するといいでしょう。**小さな文字でも見やすいフォントは、大型スクリーンで投影されたときには間違いなく見やすいはず**です。新しいフォントが日々増えていますので、見やすいフォントを見つけたら、それを活用するようにしてもいいでしょう。スライドでは太字や斜体のフォントを使うこともあるので、これらに対応したフォントを選ぶことをお勧めします。

IMPORTANT 英語フォントは多くの場合、日本語よりも小さく見えることに気をつける必要があります。フォントサイズはスライドのサイズやスクリーンが変わると印象が変わりますので、**プレゼンテーションを行う予定の部屋の大きさを参考に、フォ**

ントサイズを決めてください。下の表を参考にして、英語フォントは日本語よりも1サイズ大きめで設定しましょう。また、テキストサイズを設定するときに、左揃えか中央揃えかを決め、テキストの配置も決定します。各スライドのタイトルは左揃えも中央揃えも同じくらい目にしますが、**一般的にスライド内の情報は左揃え**となっていることが多いようです。

最小サイズの目安

	大部屋	小部屋
日本語	30pt	22pt
英語	32pt	24pt

スライドの英語表記ルールを復習する

スライドを作る前に英語の書き方ルールを復習する

IMPORTANT スライドを作るうえで大切なのは英語がわかりやすく、間違っていないこと。ノンネイティブスピーカーのプレゼンテーションとは言え、英語の表記ルールに沿った書き方をする必要があります。大目に見てくれる聞き手はいるかもしれませんが、**スライド上に正しくない表記方法が目立つようでは、決して好印象を与えることはありません。**プレゼンテーションを書き始める前に、以下のルールを再確認しましょう。

大文字・小文字の使い分け

タイトルの最初の単語の頭文字はどの単語であれ、必ず大文字にします。2つ目以降の単語の頭文字も原則大文字ですが、**例外となるのが4文字以下の冠詞、前置詞、接続詞。これらは小文字で書きます。**単語の長さだけで小文字を使うと判断しないように注意が必要です。be, is, are, wasは動詞、itとitsは代名詞なので短くても頭文字を大文字にします。

○ **How to Be a Good Presenter**（良い講演者になる方法）

○ **A Good Presentation**（良いプレゼンテーション）

× **How to be a Good Presenter**　※beの語頭を大文字に。

× **How To Be A Good Presenter**　※toの語頭とaを小文字に。

× **a Good Presentation**　※最初の単語の頭文字を大文字に。

英文の表記ルールをまとめたスタイルガイドがいくつかあり、上記のルールは、American Psychological Association (APA)のスタイルガイドに基づいています。APAのスタイルガイドではハイフンの後も大文字にします（例：All-Inclusive Package）。APA以外にも多くのスタイルガイドがあり、冠詞、前置詞、接続詞に関する方針が異なるものもあります。どのスタイルガイドを使っても問題ありませんが、大切なことは、全スライドを同じ書き方で揃えることです。

頭文字だけでなくすべての文字を大文字で書いたタイトルを見かけることもありますが、スライドのデザイン要素の1つとしてそのような書き方をしていると考えられます。基本的な書き方を理解したうえで、デザイン的な観点からあえてそのように書くのも1つの手です。

省略形は使わない

正式な文書では省略形を使いません。プレゼンテーションスライドでも省略形は避けたほうが無難です。文で書くときには省略形を使わないように注意しましょう。また、文ではなく句（S+Vを持たないフレーズ）で書くことで、省略形を使いがちなbe動詞を避けることができます。

× **What's the purpose?**（目的は？）

○ **What is the purpose?**　○ **The purpose**

× **It's not allowed.**（認められていない）

○ **It is not allowed.**　○ **Not allowed**

’sの使い方

所有格の’sのアポストロフィは、名詞が単数形なら’sを使います。sで終わる単語にも’sをつけます。複数形の単語の場合、外にアポストロフィをつけるだけでsはつけません。

○**Sasha’s report**（Sashaの報告書）
○**the CEO’s speech**（CEOのスピーチ）
○**Mr. James’s desk**（James氏の机）
○**the weekly managers’ meeting**（マネージャーたちの週次会議）
×**Mr. James’ desk**　※Jamesの最後のsは複数のsではない。
×**the weekly managers’s meeting**　※managersの最後のsは複数のs。

ボールドとイタリックの使い分け

ボールド（太字）に関するルールはありませんので、目立たせたい箇所を太字にしてください。イタリック（斜体）を使うときのルールは決まっており、主に本、新聞、映画、雑誌、演劇などの各種タイトルや、英語圏でまだ一般的に普及していない外国語の単語に使います。このルールに従い、スライドで目立たせたい文字がある場合はイタリックは避けて太字や大きなフォント、または飾り文字を使うようにしましょう。

○**Special Seminar: Learn the Japanese *Omotenashi* Mindset**
（スペシャルセミナー：日本のおもてなしの考え方について学びましょう）
○**Business Theories Learned from *Back to the Future***
（映画『バック・トゥー・ザ・フューチャー』から学ぶビジネス論）

ハイフンを使うべき単語

2つ以上の単語をつないで複合語を書くとき（例：company-owned）や、接頭辞と形容詞を結ぶとき（例：non-Japanese）、また複合形容詞を作るとき（例：high-risk investment）にはハイフンが必要なので、忘れないように注意しましょう。なお、two-week vacationやthree-year-old daughterのように、数を使った表現をハイフンでつなぐ場合は単数形にします。名詞には単数複数の概念がありますが、weekとyearはここでは名詞ではなく、形容詞としての役割を担うため、複数形のsはつけません。

セミコロンとコロンの使いわけ

セミコロン（;）とコロン（:）の使い方を理解し、使いこなせるようになるとスライドのテキストがスッキリします。

セミコロンが一番多く使われる場面は、関係性の強い2つの情報をつなぐときです。ピリオドと同じ場所に入れますが、ピリオドと違い、セミコロンの後の単語は大文字にしないことを覚えておきましょう。接続副詞と一緒に使うこともできます。もう1つの用法は3つ以上の長い情報を区切るときにカンマの代わりに使う場合で、これは論文などの長文でよく使われる手法です。プレゼンテーションスライドでは、箇条書きの前にブレット（Chapter 3 Main Bodyのp. 97参照）と呼ばれる記号を使って情報を列挙することができますので、3つ以上の長い情報を区切るためのセミコロンはめったに見かけません。

セミコロンの用例

○ **Everyone can be a great presenter; you just have to practice.**
すべての人が良い講演者になれます。練習をすればいいだけです。

○ **It's not mandatory to participate in this training program; however, it's highly recommended.** ※接続副詞のhoweverと共に。
必ずしもこの研修プログラムに参加する必要はありません。しかし、強く推奨します。

○ **Managers from the international offices, such as James Kent, Director of Programs, from Australia; Jodie Lee, Director of Customer Relations, from China; David Yamada, Director of International Sales, from the US; and Leah Smith, Director of Talent Development, from Canada, will attend the conference.**
世界中のオフィスのマネージャーがカンファレンスに参加します。オーストラリアからはプログラムディレクターのジェームズ・ケント、中国からはカスタマーリレーションズディレクターのジョディ・リー、アメリカからは国際営業ディレクターのデイビッド・ヤマダ、そしてカナダからは人材育成ディレクターのリア・スミスが参加します。

コロンはイコール（＝）の意味合いが強い場所で使われます。文中で使う場合、コロンの前は文として成立している必要がありますので、ピリオドの入る場所にコロンを入れると考えましょう。特にリストが続くときに使われます。また、タイトルなど文ではないところでは前置詞などを割愛したいときに使うことができます。

コロンの用例

○**I suggest three strategies: offer new services, lower the cost, develop new products.**

3つの戦略を提案します。新サービスの提供、価格の値下げ、新商品の開発です。

※three strategies = コロンの後ろに続く3つの事柄。

○**Here's an important rule of thumb for customer support: imagine what our customers are thinking.**

顧客支援に関する経験から得た重要な考え方を提示します。顧客が何を考えるかを想像してください。

※important rule = 後ろに続く事柄。rule of thumbは「経験から得た考え方」の意味。

○**Special Seminar: Learn the Japanese *Omotenashi* Mindset**

スペシャルセミナー：日本のおもてなしの考え方について学びましょう

※スペシャルセミナー＝コロンの後ろに続く内容。コロンを使うことで、Special Seminar About Learning the Japanese *Omotenashi* Mindsetよりも短く述べることが可能です。

×**The three strategies are: offer new services, lower the cost, develop new products.**

3つの戦略は新サービスの提供、費用削減、新商品の開発です。

※よくある間違ったコロンの使い方です。これではコロンで正しい文をぶつ切りにしているだけです。

クオテーションマークの使い方

誰かの言った言葉や書いた言葉を引用したいときにはクオテーションマークで囲み、自分の言葉ではないことを示します。クオテーションマークは日本語フォントで表示すると向きが逆になるなど、見た目がおかしくなることがありますので、必ず英語フォントを使用するように注意してください。

○ **“If you don’t love it, you’re going to fail.” (Steve Jobs)**
自分がそれ（やっていること）を好きでなければ、うまく行かない。（スティーブ・ジョブズ）

日付の書き方と読み方

日付の書き方にはアメリカ式とイギリス式とがあります。アメリカ式は曜日、**月、日、**年の順で書き、曜日の後と日にちの後にカンマを入れます。イギリス式は曜日、**日、月、**年の順で書き、カンマは曜日の後だけに入れます。アメリカ式と異なり、年の前のカンマは不要です。日付は序数で読みますが、日付の表記方法はthなどをつけずに数字だけを書く、とスタイルブックで定められています。

○ **Monday, December 11, 2020**（アメリカ式）
○ **Monday, 11 December 2020**（イギリス式）
× **Monday, December 11th, 2020**　※11thのthが不要

曜日や月を略すときには略語の後にピリオドが必要です。年は下2桁だけで書くことが多いですが、4桁で書いても問題ありません。また、月が1桁の場合は前にゼロを入れることもあります。

○ **Mon., Dec. 11, 2020**（アメリカ式）
○ **Mon., 11 Dec. 2020**（イギリス式）
○ **12/11/20**（アメリカ式）　○ **12/11/2020**（アメリカ式）
○ **11/12/20**（イギリス式）　○ **11/12/2020**（イギリス式）

日付の書き方はいくつかありますが、読むときにはアメリカ式は月の名前、日にちを序数で読み、その後は年を前半と後半の2桁ずつ分けて読むのが一般的です。イギリス式は日にちの前にtheを入れ、序数で日にちを言った後に、ofを言ってから月を言うことが多いようです。年について話すときに注意が必要なのは1008年や2003年のように下2桁が10未満の場合です。この場合は前半後半に分けて読みません。前半の2桁をtenと読まずにone-thousand-(and)-eightとtwo-thousand-(and)-threeのようにそのままの数字を読み上げます。一般的にイギリス式ではthousandの後にandを入れますが、アメリカ式ではandは入れません。

○ **It's Monday, December eleventh, twenty-twenty.**

（アメリカ式　12/11/20）

○ **It's Monday, the eleventh of December twenty-twenty.**

（イギリス式　11/12/20）

○ **It's Friday, October fifteenth, two-thousand-one.**

（アメリカ式　10/15/01）

○ **It's Friday, the fifteenth of October, two-thousand-and-one.**

（イギリス式　15/10/01）

※2000年代の年を読むときは下2桁の数字に関わらず、前半の2桁をtwo-thousandのように読む人も多いです。

タイトル作成の2大ルールは「簡潔に」そして「品詞を揃える」

各スライドの上部にスライドタイトルをつけますが、そのタイトルのつけ方で、ある程度、スライド作成者の英語力がわかってしまいます。教養のある英語ユーザーだとわかるポイントは2つ。まず、簡潔なタイトルになっていること。そして2つ目は、品詞が揃ったタイトルになっていること。

IMPORTANT どのタイプのプレゼンテーションを作成する場合でも、スライドタイトルは2行以上にならないように、簡潔にまとめる工夫をしてください。スライドタイトルはそのままアジェンダに転記するのが一般的です。1つひとつのスライドタイトルをわかりやすくまとめることが、プレゼンテーションの全体の流れを可視化するアジェンダの出来栄えにつながります。特に情報伝達型のプレゼンテーションにおいては、ひねった項目名を考える必要はなく、味気ない簡潔な書き方をする傾向があります。シンプルなアジェンダ作りを目指して、1行6単語以内を目安にし、情報が多くなりすぎないようにしましょう。

提案型やインスピレーション型のプレゼンテーションでは、簡潔でありつつも注意を引くスライドタイトルをつける工夫をしますので、腕の見せ所です。例えば、簡単、便利、おもしろそうなど、聞き手の感情を動かすキーワードを入れるといいでしょう。このような聞き手の心を動かしやすい「強い」単語はpower wordsと呼ばれ、類義語辞典で調べるとたくさん載っています。本書ではpower wordsをChapter 6 Speaking StrategiesのENGLISHで紹介していますので（→p. 260）、一覧を確認してください。英語表現に磨きをかけるためにも、スライドのタイトルを決めるときにはぜひたくさんの単語を調べましょう。

例えば、Improving Customer Satisfaction（顧客満足度の向上）を基本形の表現として、言い換え方を考えてみましょう。この表現は情報伝達型プレゼンテーションで多く使われていますが、提案型プレゼンテーションには少々印象不足です。以下のようにタイトルを変えてみましょう。

基本形

Improving Customer Satisfaction（顧客満足度の向上）

案1

5 Strategies for Better Customer Satisfaction

（顧客満足度向上のための5つの戦略）

※5つの戦略が何なのか気になるという気持ちにさせる表現です。

案2

Refining Customer Support Strategies

（顧客支援戦略に磨きをかける）

※refiningはimprovingよりも強い表現です。より強い印象を与えます。

IMPORTANT タイトルをつけるときのみならず英語を書くとき、「簡潔に」に次いで大切なことは「品詞を揃えること」です。アジェンダに転記したときに品詞が揃っていないと見栄えが良くありません。企業内プレゼンテーションを例に取ります。エンジニアの不足によって企業が課題をかかえているとしましょう。解決法についてのプレゼンテーションを行いたい場合、以下は出だしの品詞がバラバラで、知的な印象を与えられません。

悪い例：

HR Strategies

1. More HR Budget

2. Why Not Hire More Engineers?

3. Partnership with Agencies

改善例のいずれかの方法で統一感を出す必要があります。聞き手にアクションを求めたい提案型やインスピレーション型のプレゼンテーションを行うときには動詞を揃えて前に出してタイトルを揃えるとよいでしょう。動詞が前にあることにより、求められるアクションが聞き手に伝わりやすいためです。また、報告型ではよく名詞句が使われます。あまり脚色せず事実を伝えるためにシンプルなほうがいいときには名詞句が役立ちます。

改善例1：動詞を前に出し、動詞の形を揃える

HR Strategies（人事戦略）

1. Increase HR Budget（人事予算を増やす）

2. Hire More Engineers（より多くのエンジニアを雇う）

3. Partner with Agencies（エージェンシーと協業する）

HR Strategies（人事戦略）

1. Increasing HR Budget（人事予算を増やすこと）

2. Hiring More Engineers（より多くのエンジニアを雇うこと）

3. Partnering with Agencies（エージェンシーと協業すること）

改善例2：すべて名詞句にする

Topics for HR Strategies（人事戦略に関する議題）

1. HR Budget（人事予算）

2. Engineer Recruitment（エンジニアの採用）

3. Partnership with Agencies（エージェンシーとの協業）

名詞句を使う場合、戦略ではなく議題の項目を列挙している形になるので、タイトルも合わせて変更しましょう。この例ではタイトルにtopics（議題）という単語を加えてあります。

改善例3：すべて疑問文にする

Issues Regarding HR Strategies（人事戦略に関する課題）

1. Can We Increase the HR Budget?（人事予算を増やせるか）

2. Should We Hire More Engineers?（より多くのエンジニアを採用すべきか）

3. Are Partnerships with Agencies a Solution?

（エージェンシーとの協業が解決策となり得るか）

疑問文を使う場合は問いかけをしているため、タイトルに「課題」「検討ポイント」「疑問点」といったキーワードを加え、変更しましょう。この例ではタイトルにissues（課題）という単語を加えてあります。

Brainstormingの時間を十分に取り、プレゼンテーション内容をじっくり検討してください。プレゼンテーションを聞いた後で聞き手にどんなアクションを取ってほしいのかをもとに、プレゼンテーションタイプがどれなのか、また、どのようなスライドを使ったら得たい結果を得られそうかを自問自答します。そして、初歩的なミスをしないよう英語の書き方ルールを再確認してからスライドを作り始めてください。

番外編：アシスタントがいる場合の準備

最近は機材が使いやすくなっているため、プレゼンテーションで使う機材を自分1人で操作することが多くなりました。しかし場合によっては、話すのは自分、投影は外国人が行うという場面があるかもしれません。この場合は指示を英語で行うことになりますので、指示出しの表現を復習してからプレゼンテーションに臨みましょう。例えば、スクリーンに投影されている図を「拡大して」や「さっき出した表をもう一度見せて」と言えますか。アシスタントと一緒にプレゼンテーションを行うことがわかっている場合は、本章の後ろにあるENGLISHの表現（p. 39）を確認してからプレゼンテーションを行いましょう。

また、アシスタント役を担う人との合図を事前に決めておくこともお勧めします。例えば、スライドを先送りしてほしいときに毎回Next slide, please.（次のページをお願いします）と言う代わりに、握った手を開いてスクリーンに向けるなど、アクションで指示を出す方法もあります。以心伝心で安心して依頼できるように、アシスタントの人と入念に打ち合わせをしておきましょう。

TIPS

英語力に自信のない方は、自分の英語力に合った形でプレゼンテーション全体の構成を考えましょう。各スライドのタイトルを疑問文で書き出してしまえば、資料を見ながら英語を読み上げているだけで、話ができるメリットがあります。例えば、Objective of the Projectというスライドタイトルにするのではなく、疑問文でWhat Is the Objective of the Project?としておけば、その質問を聞き手に投げかけてからスライドの内容を話すことができます。アジェンダにスライドタイトルを転記することが多いので、アジェンダの紹介時にもToday, I will answer these questions. First, what is the objective of this project?のように語りかけながらプレゼンテーションができます。また、自分が発音しにくい単語は避けるといいでしょう。

ENGLISH

プレゼンテーション用語 TRACK 01

- **agenda**（予定している話の内容）
- **attendee**（参加者）
- **audience**（聴衆）
- **clicker**（クリッカー） ※スライドを遠隔操作できるリモコン
- **handout**（配布資料）
- **objective**（目的）
- **podium**（演台）
- **pointer**（ポインター）
- **presentation**（発表）
- **presenter**（講演者）
- **slide deck**（プレゼンテーションスライド一式）
- **summary**（要約）
- **talk**（講演）

IMPORTANT

- 「目的」をobjectと言う日本人が多いのですが、objectは主に「物体」や「対象物」を意味したいときに使われます。「目的」という意味も持つ単語ですが、一般的にはその意味では使われませんので、objectiveと言うようにしましょう。一般的な用語を使ったほうが、すべての人にわかりやすくなります。
- 日本語で配布物をレジュメと呼ぶことがありますが、英語ではresumeは履歴書のこと。配布物はhandoutやcopy of the presentationと呼ぶようにしましょう。

スライドの中に組み込まれているものを伝える表現 TRACK 02

- **at the top of the slide**（スライドの上部）
- **in the middle of the slide**（スライドの中央）
- **at the bottom of the slide**（スライドの下部）
- **research**（研究）
- **study**（研究）
- **survey**（アンケート）

- **data**（データ）
- **table**（表）
- **graph**（グラフ）
- **chart**（図表）
- **figure**（図）
- **diagram**（図式）
- **picture**（写真）
- **illustration**（図解用イラスト）
- **bold text**（太字の文字）
- **underlined text**（下線の引いてある文字）
- **italic text**（斜体の文字）

プレゼンテーションで行う動作　TRACK 03

- **compare**（比較する）
- **discuss**（議論する、論点を伝える）
- **elaborate on ～**（～について詳しく話す）
- **explain**（説明する）
- **illustrate**（視覚的なものを使って示す）
- **mention**（述べる）
- **outline**（概要を紹介する）
- **present**（発表する）
- **propose**（提案する）
- **show**（見せる）
- **talk about ～**（～について話す）
- **touch upon ～**（～について簡単に述べる）

話の流れを明確にする表現 (discourse markers)　※Chapter 3　p. 112参照

- 話にメリハリをつける表現

  first of all（まず）, **second**（次に）, **third**（3つ目に）, **finally**（最後に）, **now**（では、今から）, **next**（次に）, **we'll move on to ～**（～に関する内容に話を移します）, **the last point is ～**（最後の点は～）

・因果関係を示す表現

so（だから）, **therefore**（したがって）, **as a result**（結果として）, **accordingly**（したがって）, **consequently**（結果として）

・逆説を示す表現

but（でも）, **however**（しかし）, **nevertheless**（それにも関わらず）, **nonetheless**（それにも関わらず）, **though ～**（～だが）, **although ～**（～だが）, **even though ～**（～だが）, **in contrast**（これに対して）, **in comparison**（比べてみると）, **meanwhile**（話が変わって、その一方で）, **on the other hand**（その一方で）, **while A ～ , B …**（Aが～している一方で、Bは…だ）

・情報を追加する表現

also（また）, **in addition**（加えて）, **furthermore**（さらに）, **moreover**（そのうえ）, **another ～ is**（もう1つ～なのは）, **on top of that**（それに加えて）, **as a matter of fact**（実は）

・例を提示する表現

for example（例えば）, **for instance**（例えば）, **such as ～**（～のような）, **like ～**（～みたいな）

アシスタントへ指示を出す表現 TRACK 05

・**Next slide, please.**

次のスライドをお願いします。

・**Could you go back a page?**

1ページ戻してくれますか。

・**Could you show the table again?**

表をもう一度見せてくれますか。

・**Can you show that slide again with the pricing list?**

あの価格一覧があるスライドをもう一度映してくれますか。

・**Can you zoom in? / Can you zoom out?**

拡大することはできますか。/ 縮小することはできますか。

・**Can you zoom in on the graph in the bottom right corner?**

右下の角のグラフを拡大してもらえますか。

・**Can you angle the projector a bit?**

プロジェクターに少し傾斜をつけることはできますか。

- **Can you move that desk out of the way?**

  あの机を邪魔しないところに動かしてくれますか。

- **Can you come a little closer?**

  もう少し近くに来てもらえますか。

- **Could you turn on the lights? / Could you turn off the lights?**

  電気をつけてくれますか。/電気を消してくれますか。

- **Could you pass out the handout?**

  資料を配布してくれますか。

TIPS

似た単語や表現がたくさんあって、途方に暮れてしまうかもしれません。まずは日本語の1つの言葉に対して、自分が使う単語を1つ決めて、いつもそれを使いましょう。言いやすさを重視するといいと思います。例えば「結果として」と言いたい場合、accordinglyはrもlも入っていて言いにくい単語なので、as a resultを使うことから始めてみてはいかがでしょうか。慣れてきたら、使う表現を増やしてください。

TRY IT

ACTIVITY 1

英語表記ルールに基づいていない箇所と改善点を見つけましょう。

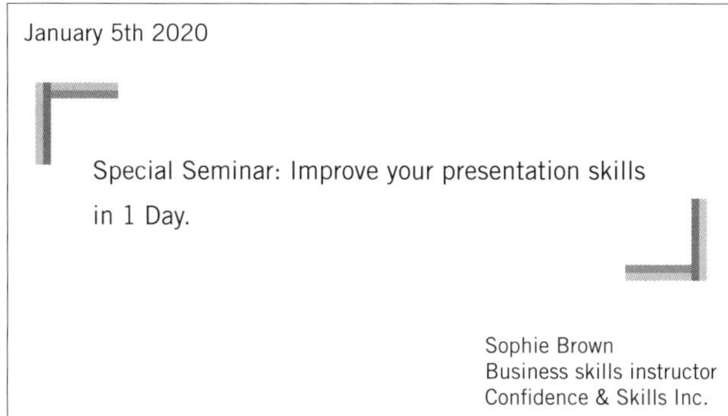

HINTS

・日付の書き方を直しましょう。

・タイトルの大文字・小文字表記を直しましょう。

・タイトルの見た目を改善しましょう。

ACTIVITY 2

英語表記ルールに基づいていない箇所と改善点を見つけましょう。

Agenda

1. What's a Good Presentation?

 2. Being a Good Presenter

3. Sample Presentations and video recordings of Your Presentation

 4. Improving is Easy!

HINTS

・見た目を改善しましょう。

・項目の英語の品詞は揃えましょう。

サンプル解答

ACTIVITY 1

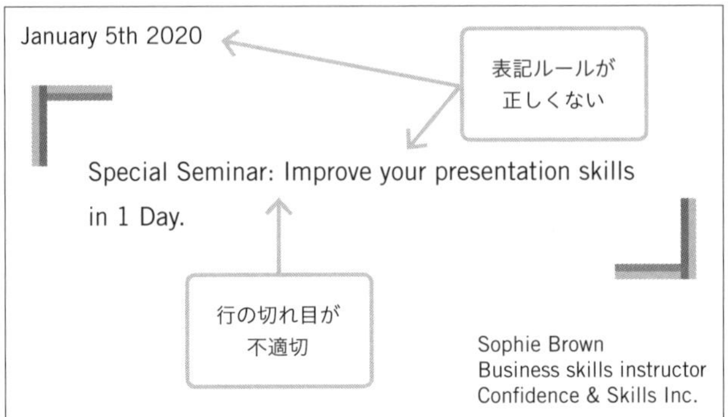

改善案

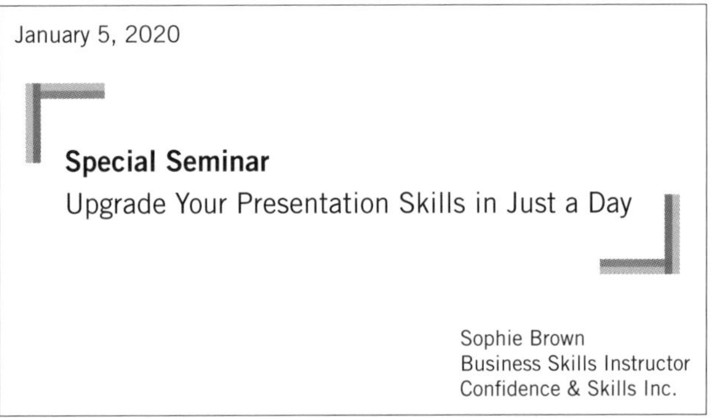

- 日付を見てください。序数を表すためのthは5の後に不要なので削除し、2020年の前のカンマを入れるのが正しい表記方法です（アメリカ式）。
- 変なところで途切れて2行になっていたタイトルは、改善案ではSpecial Seminarをサブタイトルにし、太字にして特別講座であることを強調しました。1 Dayよりも強いJust a Day、Improveよりも瞬間に変化が起きる印象のUpgradeを使うことでタイトルのインパクトアップを狙っています。
- タイトル内の単語を見てください。inは前置詞、aは冠詞なので小文字ですが、その他の単語は大文字で書きます。
- 講演者の肩書はBusiness Skills Instructorのようにすべての単語が大文字で始まる形が正しい表記です。

ACTIVITY 2

Agenda

1. What's a Good Presentation?

2. Being a Good Presenter

3. Sample Presentations and video recordings of Your Presentation

4. Improving is Easy!

・品詞が揃っていない。
・左揃えになっていない。
・2行のものがある。

・行間が均一ではない。
・フォントサイズも揃っていない。

isは動詞なので
4文字以下でも大文字。

改善案

Agenda

1. Characteristics of Great Presentations

2. Skills to Become a Powerful Presenter

3. Sample Presentations and Workshop

4. Easy Techniques for Improvement

・元のスライドで崩れていたフォントサイズ、項目の長さ、行間をすべて揃え、左揃えにして統一感を出しました。

・How Toを伝える情報伝達型のセミナーであると仮定し、名詞で始まる形で文言を統一しました。動詞を使った形や、疑問文に統一してもよいでしょう。

動詞を使った形にする場合

1. Understand Characteristics of Great Presentations

2. Define Skills to Become a Powerful Presenter

3. Learn from Sample Presentations and a Workshop

4. Master Techniques for Improvement

疑問文にする場合

1. What Are Characteristics of Great Presentations?

2. How Can We Become a Powerful Presenter?

3. What Can We Learn from Sample Presentations and a Workshop?

4. How Can We Improve Easily?

※疑問形はどうしても長くなりがちですので、英語力に自信がある方は、できるだけ動詞を揃えた書き方をするように心がけましょう。

COFFEE BREAK

大型のカンファレンスなどで行われるsilent sessionをご存じでしょうか。大きな部屋をスクリーンごとに仕切った、椅子がたくさん配置されている会場で行われます。ワイヤレスヘッドホンが席にあり、聞き手はヘッドフォンを通して話を聞きます。会場では講演をしている人の地声だけが聞こえます。会場がとても静かなので、silent sessionと呼ばれています。イベント運営者がこのようなプレゼンテーション手法を採用するメリットは、大きな部屋を仕切れば有効に場所を使えることです。一方、聞き手にも安定した音が耳元からよく聞こえるというメリットがあります。

以前、あるsilent sessionの発表者が「まるで一人芝居をしているような気分だ」と言っていました。発表者は自分の声がヘッドフォンに届いているのか不安でしょうし、大きな声を出さないのでジェスチャーが小さくなりがちです。会場によっては、ヘッドフォンのチャンネルを自由に変えられる設定になっており、複数のプレゼンテーションの音を好きに切り替えることができます。このような環境下では、自分の話を聞いているのが誰なのか、聞き手を把握することが難しくなります。silent sessionの前方の席が空いているときに、地声が聞こえる距離に座ってヘッドフォンを外し、発表を聞いてみましたが、ヘッドフォンを通したプレゼンテーションとは感じ方が異なりました。

ワイヤレステクノロジーが整備されてきたため、日本でもsilent sessionが増えるでしょう。どのような環境下でプレゼンテーションを行うことになるのかは必ず事前に調べましょう。その場に適した自分らしいプレゼンテーション構成を考えてください。例えば、せっかく仕込んだおもしろい話の反応が全くなかった場合、目の前の聞き手が他のチャンネルの話を聞いていることがわかってしまうわけです。聞き手の反応がないと緊張してしまうようであれば、ウケを狙った話はやめましょう。プレゼンテーションの成功のために、事前調査は大変重要なのです。

CHAPTER

Introduction 2

イントロ

聞き手との関係作り

Food for Thought

Introductionの大切な役割はsetting the stageです。set the stageは直訳すれば「舞台を用意すること」。つまり「土台作り」や「お膳立て」を意味し、プレゼンテーションにおいては雰囲気作りを意味します。聞き手の心を動かすために、どのような舞台を用意したいかを考えたうえでIntroductionのスライドとスクリプトを用意しましょう。自信を持った話し方でビシッと始めるのか、緊張感を高めるような深い問いかけをして始めるのか、または温かみのある雰囲気作りを目指したいのかなど、与えたい印象を考えれば考えるほど、自分のメッセージを効果的に伝えるための舞台を作り上げることができます。最初が肝心ですので、プレゼンテーションのはじめから聞き手を引きつけられるような自分だけの舞台作りに思いを巡らせましょう。

KEY POINTS

- プレゼンテーションの機会をいただいた感謝を伝えましょう。
- 聞き手との関係性を考慮し、どれだけ詳細に自分のことを伝えるべきかを考えたうえで、適切な自己紹介をしましょう。複数名でプレゼンテーションを行うときには、誰がどのような立場で話すのかを説明しましょう。
- プレゼンテーションの一番の目的を伝えましょう。
- どのような順でどのような話をする予定か、Agendaを見せながら、話の概要を伝えましょう。
- 必要に応じて、質問の受け方を伝えましょう。
- 時間が十分にある場合は聞き手の注目を集められるような雰囲気作りをしましょう。小話、聞き手のことを理解するための質問、共感できる話などに時間を割きましょう。

3 STEPS

STEP 1 全体像からIntroductionの時間と内容を決める

Main Bodyに使いたい時間を逆算して、Introductionにかけられる時間を再確認してから、内容を決めます。

STEP 2 スライドを作成する

3大プレゼンテーションのうち、どのタイプのプレゼンテーションを行うのかを念頭に置き、STEP 1で決めた構成に従ってスライドを作ります。Introductionに時間をかけない場合は、特別なスライドを作成しなくても問題ありません。

STEP 3 スクリプトを書く

スライドの構成と自分の英語力に合ったスクリプトを書きます。できるだけ注目してもらえるような話し方の工夫をしましょう。

CHAPTER 2 STEP 1

全体像からIntroductionの時間と内容を決める

話す内容と時間を決める

Introductionの構成はプレゼンテーションの持ち時間に大きく影響されます。持ち時間が少ない場合は、Main Bodyにできるだけ多くの時間を使う必要があるので、Introductionは簡潔に行います。挨拶の後にAgendaを見せながら何について話すかを伝え、すぐにMain Bodyの本題に入りましょう。短い時間のプレゼンテーションでは、自分が話すための舞台を作り出す時間がないので、本題だけで聞き手の心を動かすように勝負するしかありません。反対に、**時間に余裕がある場合はIntroductionの時間を活用して、良い雰囲気を作り、聞き手の信頼を勝ち取るように心がけます。**Chapter 1で確認したプレゼンテーションの全体像の中で、あなたがこれから作ろうとしているプレゼンテーションではIntroductionがどのような役割を担うべきなのかを再確認してください。

時間の有無と聞き手との関係性により、構成を決めましょう。Introductionの構成が決まれば、必要なスライドもおのずと決まります。一般的にIntroductionでは以下のスライドがよく使われます。順番は下記のとおりです。

1. Titleスライド（→p. 51）
2. Introductionスライド（自己紹介・会社紹介→p. 55） ※割愛可能
3. Objectiveスライド（→p. 56） ※割愛可能
4. Agendaスライド（→p. 54）

	時間	
Introduction	分	□要　□不要　お時間をいただくお礼 □要　□不要　自己紹介 □要　□不要　所属する組織・団体の紹介 □要　□不要　話す目的の紹介 □要　□不要　アジェンダの紹介

CHAPTER 2

STEP  スライドを作成する

シンプルな2スライド構成（Titleスライド＋Agendaスライド）の場合

Informative Presentation（情報伝達型）とPersuasive Presentation（提案型）のスライドは最低限、TitleスライドとAgendaスライドのみのシンプルな2スライド構成でIntroductionを完結することができます。プレゼンテーションの持ち時間が少ないときにはこの構成でスライドを作りましょう。

TitleスライドとAgendaスライドを先に作るか、Main Bodyのほうを先に作るかは、人によって好みが分かれます。はじめにTitleスライドとAgendaスライドを作り、プレゼンテーションスライドをすべて作り終わってから微調整をする手法なら、テーマや目的が可視化されているため、Main Bodyの内容にブレが生じるリスクを減らしてくれます。また、Agendaスライドで英語の書き方を統一しておけば、Main Bodyの各スライドのタイトルの一貫性も担保できます。統一感を出すために事前にTitleスライドとAgendaスライドを作っておくことをお勧めします。

しかし、TitleスライドとAgendaスライドを先に作ると、最後に修正漏れがないか確認する手間がかかるというデメリットがあります。そのため、TitleスライドとAgendaを最後に作ることを好む人も多くいます。最後にTitleスライドとAgendaスライドを作る場合は、Main Bodyの内容を網羅して一度で作業ができるメリットがありますが、Main Bodyを作るときに各項目の英語が揃っているかなど、気をつけないといけない点が多くあります。たくさんのプレゼンテーションを経験するうちに自分の心地良い手順が見えてきますので、自分らしいプレゼンテーション準備方法を見つけてください。

Titleスライドの作り方

聞き手がプレゼンテーション資料で最初に目にするのがTitleスライドです。話し手は聞き手が到着する前に部屋の設営やプレゼンテーション設備を準備することがほとんどですので、聞き手が部屋に入って来てからプレゼンテーションが始まるまでの待ち時間にはTitleスライドが放映されていることが多いです。このことからも、情報量は少ないものの、Titleスライドはプレゼンテーションの印象を左右する重要なスライドであると言えます。

Titleスライドに必要な内容は主に3つです。まずはプレゼンテーションの内容がわかるようなタイトル、そして話し手の名前、その人の役職、所属先や連絡先です。必要に応じて日付を加えたものが一般的なTitleスライドです。名前だけでは男性か女性かわからないこともありますので、グローバルなビジネス場面では性別がわかる敬称を名前の横に入れることもあります。また、苗字と名前の区別がつかないことを懸念する場合は、苗字をすべて大文字表記にするといいでしょう。

例：**Yuka Eto (Ms.)**　　**Yuka ETO**

IMPORTANT 3大プレゼンテーションのどのタイプにおいても、**タイトルを決めるときに大切なことは、単語数や文字数を意識すること**です。Chapter 1で「簡潔に」と述べたとおり、タイトルはすっきりと見せましょう。情報量が多くて長くなりそうなときにはサブタイトルをつけることをお勧めします。サブタイトルがメインのタイトルよりも長くなってしまった場合は、どちらがメインタイトルかわかりづらいので、サブタイトルのフォントサイズを下げてメインのフォントサイズの3分の2くらいの大きさに見えるように調整するとよいでしょう。

タイトルのつけ方はプレゼンテーションタイプによって異なります。**情報伝達型のプレゼンテーションは報告内容がわかるようなシンプルなタイトルが一般的**です。簡潔にわかりやすくタイトルをつけるために、情報を分けて、一部をサブタイトルのように表示するか、コロンを使って情報を区切ることができます。文字は左揃えか中央揃えにし、真ん中に大切な情報、つまりメインタイトルが来るように全体的なバランスを考えましょう。

例：アジアパシフィック地区の新規プロジェクトの経過と課題

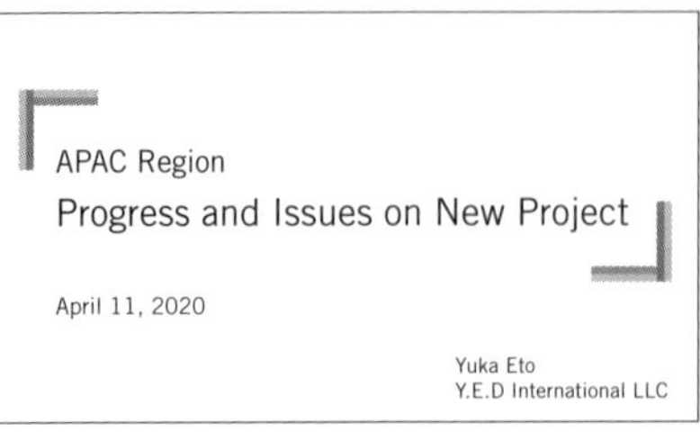

左揃えの例

Progress and Issues
APAC Region's New Project
April 11, 2020
Yuka Eto
Y.E.D International LLC

中央揃えの例

※すべてを1行に入れるとタイトルとして長すぎるので、切り方を考えてサブタイトルを作るように工夫しましょう。

左のスライドはAPAC Regionをサブタイトルとしており、Progress and Issuesに関するプレゼンテーションであることを強調するためにProgress and Issues以下がメインタイトルになっています。右のスライドはAPAC Regionの新プロジェクトであることを強調するためにAPAC Region以下がメインタイトルになっており、別の地域のプロジェクトも進行しているときに使うとよいでしょう。このように、何を一番伝えたいのかによってタイトルを決めます。なお、文字のレイアウトは左揃えでも中央揃えでもよいのですが、続くMain Bodyのレイアウトと統一されていることが大切です。

提案型のプレゼンテーションでは聞き手が話を聞くメリットを感じるような表現をタイトルに加えると効果的です。一般的なメリットである「コストを削減できる」「時間短縮ができる」「簡単である」「効果的である」「最新のトレンドである」などの視点から考えるとよいでしょう。また、power wordsと呼ばれる強い印象を与える形容詞を使うことをお勧めします。例えば美しいものについて話すときにはbeautifulよりもgorgeousを使う、とても寒いことを伝えたいならcoldよりもfreezingを使うというように、より意味合いが強い表現を選択すると効果的です。Chapter 6 Speaking Strategiesのpower words一覧（→p. 260）を参考にしてください。このほか意外性のあるタイトルも人々の興味を引きます。マーケティング資料や書籍などのタイトルを見るとたくさんのヒントがありますので、日頃からキャッチコピーなどを参考にしてください。

例：How to Make a Good Presentationの言い換え

情報伝達型と提案型プレゼンテーションのIntroductionの形をインスピレーション型のプレゼンテーションで活用することも可能ですが、**インスピレーション型のプレゼンテーションは話し手のキーメッセージを最初からタイトルに組み込んでしまうと面白みがないので、焦点を話し手自身に当てるようなタイトルをよく見かけます。**例えば、John Whiteがよく知られた著名人だったとしたら、夜の講演会のタイトルがAn Evening with John Whiteとなっているかもしれません。または、キーメッセージを連想させるイラストをタイトルに使ってもいいでしょう。例えば、笑うことのメリットがキーメッセージとなっているプレゼンテーションで、聞き手が読めないかもしれない漢字であえて「笑う門には福来たる」と書いておき、話のIntroductionでWho can read Japanese?（日本語を読める人は？）と問いかけることから始めてもいいのです。インスピレーション型のプレゼンテーションはあまり枠にはまった考え方をしなくていいので、クリエイティブな発想を持ってタイトルを検討してください。

インスピレーション型プレゼンテーションのタイトル例

Agendaスライドの作成

Agendaは会議などでは「話す内容を示すもの」という位置づけですが、スライド内の位置づけは「目次」です。よって、AgendaではなくTable of Contentsと呼ぶことを好む人もいます。AgendaスライドのタイトルをAgendaとするかTable of Contentsとするかは好みによって決めて問題ありません。Agendaはプレゼンテーションの枠組みを示すものですので、構成案メモを作成しながら作り上げることができます。

情報伝達型と提案型プレゼンテーションのAgendaを作成するうえで大切な点は、Main Bodyのスライドタイトルとおおむね一致していることです。すべてのスライドのタイトルをAgendaに組み込むわけではないので、大きなテーマごとに分けて、コンテンツを総括していきましょう。Chapter 1で復習した英語表記ルールに沿ってAgendaを作ってください。**タイトルは1つの項目が2行以上にならないように簡潔にまとめ、1行6単語以内を目安にして情報が多くなりすぎないようにします。また、一覧の品詞を揃えます。**

Agenda例

Agenda

1. Background Information
2. Future Opportunities for Online Marketing
3. Recommendations for You
4. Wrap-up and Q&A

Agenda

Requesting Approval for the Following:

1. Increasing HR Budget
2. Hiring More Engineers
3. Partnering with Agencies

Agenda

1. Why learn English?
2. What is the best strategy?
3. How much time would you need?
4. Are there any shortcuts?

インスピレーション型のプレゼンテーションでは、どのような話が出てくるかわからないようにすることが多いので、Agendaスライドを作る必要はありません。話の流れもオチもわからないドキドキ感を与えることができますので、**インスピレーション型プレゼンテーションでは挨拶の後にすぐ主題に入って聞き手をわくわくさせましょう。**

自己紹介スライドを作成する場合

自己紹介に時間をかける場合は、自己紹介スライドを作成します。まずは話し手の写真と名前、肩書き、プレゼンテーションに関連する経歴などを載せてください。一般的には、名前を覚えてもらえるように名前の文字は他の情報のフォントサイズよりも大きめに設定します。補足情報を表示する場合には、無駄な情報を組み込まず、「この人の話を聞くのは有意義そうだ」と思わせるような、信頼を得るための情報に絞りましょう。他の人ではなく自分がプレゼンテーションをすることに意義があるということが伝わる情報や、聞き手との関係作りに役立ちそうな身近に感じてもらえる情報を盛り込むことが、信頼を得るコツです。時間がある場合は数枚のスライドを用意して自分のことを知ってもらいましょう。

IMPORTANT すでに聞き手と知り合いであれば、関係性がある程度できあがっていますので、簡単に名前と肩書を述べるだけで自己紹介を終えることができ、スライドは不要です。しかし、**聞き手と初対面の場合は、自己紹介に時間をかけない場合でも自己紹介スライドを提示したほうがよい**でしょう。自伝ではなく、プレゼンテーションですので、経歴は重要なポイントに絞り、箇条書きですっきりと書きます。また、**時間がない場合は、スライドをさっと見せるだけで終わりますので、文字数が多くなりすぎないように配慮しましょう。**

複数名でプレゼンテーションを行う場合はすべての人の写真、名前、肩書を掲載し、誰がどのような立場で話すのかわかるようにしておくことが大切です。聞き手の意識が本題から逸れてしまうのはもったいないことです。**話し手がプレゼンテーションの途中で代わるタイミングで「この人はどのような立場のどんな人なのだろう」とMain Bodyの時間中に疑問に思わせないように、話すメンバーの役割や経歴を明確にしておく**必要があります。全員が同じ会社の同じ部門に所属している場合、部署名を全員の名前の下に書くだけでは、1人ひとりが差別化されないので不十分です。業務の担当領域をより具体的に書いたり、役職を書いて誰が意思決定ができるのかなどを伝えたりして、自己紹介スライドで伝えたいことをよく考え、書き方を工夫しましょう。

自己紹介スライドの例

1人の場合

Introduction

- 10 years with Ocean Palisades
- 6 years as an engineer
- 15 years as a product development manager

Ocean Palisades
Senior Product Development Manager

Lisa Sato

Ocean Palisades is dedicated to helping people all around the world capture memorable moments.

複数名の場合

Our Team

Lisa Sato
Ocean Palisades
Senior Product Development Manager
- extensive experience as a product developer

James King
Ocean Palisades
Photographer
- Photographer and author of *100 Hidden Gems*

Amy Lu
Universal Designs Inc.
UX Specialist
- winner of Best Product Design 2020

自己紹介スライドは例のように、個人の写真と経歴を載せるものがビジネスシーンでは一般的です。特にインスピレーション型プレゼンテーションでは、自分のことを知ってもらうことに注力し、スライドを写真だけにして、経験してきたことを視覚的に共有する場合もあります。例えば、上記のLisa Satoさんが写真データを扱う企業に勤めていると仮定しましょう。インスピレーション型のプレゼンテーションでは、自分が今まで旅をした国の写真や、自社の商品やサービスを使いながら、どんな私生活を送っているのかを語ることができます。視覚情報が多ければ多いほど、話し手と同じ視点を聞き手は共有できるので、写真だらけの自己紹介もいいものです。**長時間の講演を担当するときなどは自己紹介に時間をかけられますので、視覚的な情報を多くした自己紹介の作成を検討してみてください。**

Objectiveスライドを作成する場合

必要に応じて、プレゼンテーションの主目的を伝えるためのObjectiveのスライドを作ります。Objective(s), Goal(s), Key Point(s)のいずれかをタイトルとすることが多いです。Introductionに時間が十分割ける場合は、これから話すことを連想させるような写真や動画を複数見せて、どんな情報を得られるのかを聞き手に伝えます。プレゼンテーションの主目的と概要を伝えるためにスライドの視覚情報と聴覚情報を効果的に織り交ぜることで、聞き手の創造力を駆り立てるように工夫します。テレビ番組の宣伝のように、短いながらどんなことが起こるかがわかるようにするのがObjectiveスライドの役割だと考えてもいいでしょう。

情報伝達型と提案型のプレゼンテーションでは、わかりやすく1枚のスライドにまとめるといいでしょう。例えば、より良いプレゼンテーションを行えるようになるための研修であれば、情報伝達型のプレゼンテーションですので、以下のようなスライドを作成することができます。

情報伝達型または提案型のObjectiveスライド例

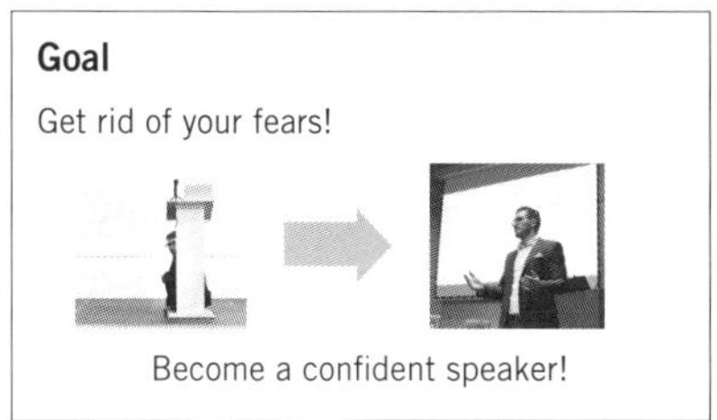

インスピレーション型のプレゼンテーションでは、聞き手の想像力を刺激するような工夫をするのが効果的です。テキストは最小限にし、聞き手が各々何かを感じられるようにイメージ画像や動画を組み込みましょう。テキストがないことで、見る人が自分自身の経験から状況を連想し、1人ひとりが異なる印象を持つことができるのがインスピレーション型のスライドの特徴です。情報伝達型と提案型のプレゼンテーションのように1枚のスライドを見せるだけでプレゼンテーションの目的を伝えてもいいですが、その場にいる人たちだけが気持ちを共有できるようなストーリー仕立てにして、伝えたいことのイメージを聞き手の頭の中に作り上げるようなスライドを作成するのも1つの案です。

インスピレーション型のObjectiveスライド例（ストーリー仕立て）

※写真だけでは何が言いたいか明確にはわからないのが特徴です。

CHAPTER 2

STEP 3 スクリプトを書く

Introductionで伝えるべきこと

スライドの枚数と構成に応じて、どのスライドで何を言うかを決めて、スクリプトを準備します。一般的に述べるべきことは

・お時間をいただくお礼
・自己紹介
・所属する組織・団体の紹介
・話す目的の紹介
・Agendaを紹介する
・質問の受け方を伝える
・（必要に応じて）資料を持っているか確認する

（自己紹介、所属する組織・団体の紹介、話す目的の紹介 → 割愛可能）

です。どのスライドと合わせて話をするかを考えながら、スクリプトを書き上げましょう。

シンプルな2スライド構成の場合のスクリプト

Introductionにかける時間が少ない場合、Introductionは2スライド構成にし、1-3分程度でMain Bodyに入ります。したがって、スクリプトはかなり短くなります。まずは、Titleスライドを見せながら挨拶をし、プレゼンテーションの目的を紹介しましょう。次にAgendaスライドを見せながら話す内容を伝えます。Agendaスライドを見ながら、質問の受け方についても一言添えるようにしましょう。少人数に対するプレゼンテーションでいつでも質問を受けられる場合はその旨を伝えます。反対に、より一般的なのは最後に質問を受ける構成です。この場合は**AgendaにQ&Aの項目を入れておけば、質問の受け方について述べるのを忘れませんし、聞き手に「質問がある場合は、手を挙げるのを最後まで待つべきだ」とわかりやすく伝わります。**10分程度の短いプレゼンテーションでは、TitleスライドとAgendaスライドまでを1分程度で話し終えるのが一般的です。

2スライド構成のスクリプト例

Titleスライド

Agenda

1. Background Information
2. Future Opportunities for Online Marketing
3. Recommendations for You
4. Wrap-up and Q&A

Agendaスライド

TRACK 06

・お時間をいただくお礼と今の気持ち

Thank you for having me here. I appreciate the opportunity to speak to you today.

本日はありがとうございます。お話をさせていただく機会をいただき、感謝しております。

※講演会や学会のように、聞き手が自由に行き来できる中、わざわざ足を運んでくれたことにお礼を言う場合は、この前にWelcome.と一言述べると好印象です。

・自己紹介

My name is Ken Tanaka and I'm a Marketing Manager at Malcom Technologies.

マルコムテクノロジー社のマーケティング部長をしております、田中健と申します。

・話す目的の紹介

Today I'm going to talk about making use of online communities and targeting potential international customers through online marketing campaigns. By the end of my presentation, hopefully, you'll have a better understanding of how to make better use of online spaces to learn about your customers and increase your sales at the same time.

本日は、オンラインコミュニティーの活用方法と、オンラインマーケティングキャンペーンを使って世界中の潜在顧客にリーチすることについてお話しします。プレゼンテーションが終わるまでには、顧客のことを知ると同時に売り上げを増加させるために、オンライン空間をもっとうまく活用する方法をご理解いただけることを願っています。

・Agendaを紹介する

Before we start, please allow me to introduce the topics I will be discussing today. First, I will start with some background information on the development of online spaces, and then I will provide you some information on how our company looks at opportunities for international online marketing campaigns. Finally, I will conclude with some specific recommendations to help you increase your sales.

本題に入る前に、本日伝える予定のトピックを紹介させてください。まず、オンライン空間の発展に関する背景情報について話すことから始めます。そして次に、弊社が国際的なマーケティングキャンペーンの機会についてどう考えているかについてお伝えします。最後に、御社が売り上げを上げるための具体的な提案をさせていただいて、終わります。

・質問の受け方を伝える

I would like to take your questions at the end of the presentation, so please hold your questions.

質問はプレゼンテーションの最後に受けたいと思いますので、質問は最後まで取っておいてください。

・(必要に応じて)資料を持っているか確認する

Does everyone have this handout? You can refer to it as you follow my talk.

みなさん、この配布資料はお持ちですか。話を聞きながら参照していただければと思います。

TIPS

英語が得意な方はTRACK 06のスクリプト内容を1分程度で伝えることができます。しかし、まだ英語に自信がない場合は、話すスピードが遅くなりがちなので、単語数を少なくしてスクリプトを作るように意識してください。難しいことを言おうとすると過度な緊張が生まれますので、スクリプトをシンプルに作ることが大切です。まずは以下のようにTitleスライドにあるタイトルを読み上げ、序数を使ってAgendaを紹介する一番シンプルな方法をマスターしましょう。

TRACK 07

Thank you for your time. My name is Ken Tanaka and I'm a Marketing Manager at Malcom Technologies. Today I will talk about making use of online communities. Here's the outline of my presentation. I will first talk about the development of online spaces, then about opportunities for international online marketing campaigns; and finally I'll offer some recommendations for you. At the very end, we will have a Q&A Session.

お時間をありがとうございます。マルコムテクノロジー社のマーケティング部長をしております、田中健です。本日は、オンラインコミュニティーの活用方法についてお話しします。(Agendaを差しながら)こちらがプレゼンテーションの概要です。はじめに、オンライン空間の発展についてお話しします。次に国際的なマーケティングキャンペーンの機会について、そして御社に対する提案事項についてお話しします。最後に質疑応答の時間を設けます。

自己紹介のスクリプト

プレゼンテーションの自己紹介は、ビジネスパーソンが日常生活で行うプレゼンテーションとさほど変わりありません。落ち着いて、いつもどおり自分のことを話しましょう。複数名の自己紹介をする場合は、1人が代表して他の人を紹介するのか、1人ずつ自己紹介をするのかを決める必要があります。ここでは、両方の話し方をご紹介します。

1人ずつ自己紹介をする場合は、事前に各々が自己紹介スクリプトを考えてプレゼンテーションに参加しますので、自分の自己紹介を終えたら次の人にマイクを渡して、リレー形式で話します。目配せなどの合図を決めておき、心地良く次の人が自己紹介を始められるように、スムーズな連携方法を相談しておくことが大切です。一方、時間があまりない場合は、1人ひとりが自己紹介をするのではなく、代表者がプレゼンテーションをする人たちの紹介をしなくてはいけません。This is Maya Yamada. She is our HR Manager. のように簡単な英語で話しても失礼ではありませんので、**自分が間違わないであろう英語を使って、他者紹介をしましょう。代名詞をIからHeかSheに変更する必要がありますので、heとsheの言い間違いに注意**しましょう。

1 人の自己紹介

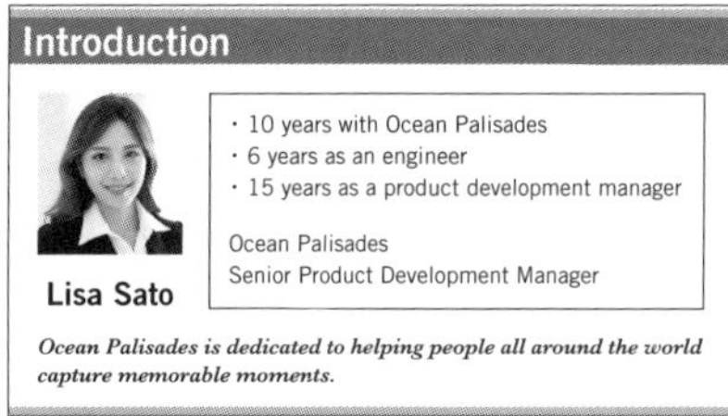

複数の自己紹介

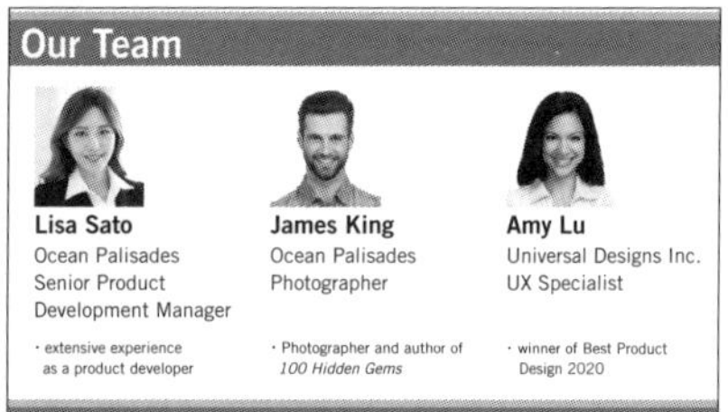

TRACK

・個人の自己紹介

Hi everyone, thank you for your time today. I'm honored to talk about our new exciting product. My name is Lisa Sato and I'm the Senior Product Development Manager at Ocean Palisades. I've been with the company for over 10 years (会社のサービスや製品をよく知っていることをアピール) **and I started off as an engineer** (現場のこともわかっていることをアピール)**. Now I'm responsible**

for overseeing all product development. I also want to add that I'm a busy working mom, meaning I am always thinking about how to work more efficiently and save time（顧客視点があることをアピール）**.**

みなさん、こんにちは。本日はお時間をいただき、ありがとうございます。弊社の新商品についてお話しさせていただくのを非常に嬉しく思っております。私はオーシャン・パリセーズ社のシニア商品開発マネージャーの佐藤理沙です。弊社で10年勤めており、エンジニアとしてキャリアを始めました。今はすべての商品開発プロジェクトの管理をしています。加えてお伝えしたいのですが、私は忙しいワーキングマザーで、いつも時間を有効に使うことや時短の方法について考えています。

TRACK 09

・複数の自己紹介で1人ひとりが自己紹介をする場合

Now, we'd like to introduce ourselves individually. I'd like to start first. My name is Lisa Sato and I'm responsible for overseeing all product development. Please let me know if you have any questions about our product development process. Now, I'd like to pass it on to my colleague James King.

今から、各々自己紹介をしたいと思います。まずは私が始めさせていただきます。私の名前は佐藤理沙で、すべての商品開発プロジェクトの管理をしています。弊社の商品開発工程について質問があれば、お声がけください。次に、同僚のジェームズ・キングに話す番を回します。

TRACK

・複数の自己紹介で代表者が自己紹介をまとめて行う場合

Now, I'd like to take the honor to introduce everyone here. This is James King. He is a photographer and has been on our project team for several years now. He is also known for his photobook *100 Hidden Gems*. Next is Amy Lu. We have a partnership with Universal Designs Inc. and she has been supporting us as our UX specialist.

それでは、ここにいる全員を紹介させていただく光栄な役割を担わせていただきます。こちらはジェームズ・キング。彼は写真家で、数年前から我々のプロジェクトに参画しています。彼は『知られていない絶景100選』というフォトブックでも知られています。次は、エイミー・ルーです。弊社はユニバーサルデザインズ社と協業をしており、彼女はUXスペシャリストとして支援してくれています。

TIPS 

複数の人で担当するプレゼンテーションで、緊張しているときに他者紹介をすると、代名詞のHeとSheを間違ってしまったというような「うっかり」が発生する可能性が高まります。プレゼンテーション慣れしていないうちは、1人ひとりが自己紹介をしたほうがミスが起こりにくいでしょう。

プレゼンテーションの目的の紹介（Objectiveスライドの説明）

情報伝達型と提案型のプレゼンテーションはシンプルな表現を使って、駆け足でプレゼンテーションのIntroduction sectionを終えることが多いです。 Objectiveスライドを作らない場合は、TitleスライドかAgendaスライドを見せながら、以下のような表現を使って一言、プレゼンテーションの目的を伝えれば十分です。

・**Today, I'm here to introduce our new product.**
本日は新商品の紹介のためにまいりました。

・**Today, I'd like to report our customer survey results.**
本日は顧客調査の結果についてご報告いたします。

・**Today, I'm going to talk about some issues regarding our new project.**
本日は新しいプロジェクトに関する問題点についてお話しいたします。

Objectiveスライドを作った場合は、そのスライドに沿ったスクリプトを用意しましょう。ほとんどの聞き手は目的を理解したうえでプレゼンテーションを聞きに来ていますので、話の目的を紹介するスライドを作った場合でも、さほど時間をかけずに目的を紹介すれば十分です。

情報伝達型・提案型のObjectiveスライド

TRACK
11

・プレゼンテーションの目的を伝える

Now, I want to talk about what I hope you'll learn today. You are probably here because you're not confident about your presentation skills. Maybe this is you now. （左側の写真をアニメーションで強調するなどして、目立つように見せる） **Perhaps, you want to hide from every presentation opportunity that comes your way ... or, maybe you're not so afraid, but you're not getting the results you want. Today, you will learn how to make effective presentations. You'll also learn characteristics of good presenters. With these pieces of information, you will become a great, confident speaker that gets results.**

さて、本日みなさんに学んでいただきたいことについてお話ししましょう。ここにいらっしゃるのはきっとプレゼンテーションスキルに自信をお持ちでないからだと思います。もしかしたら、これがあなたかもしれません。もしかしたら、プレゼンテーションの機会があるとその都度逃れたいと思っているかもしれませんね。または、そんなにプレゼンテーションが怖いわけではなくても、得たい結果が得られていないのかもしれません。本日、みなさんは効果的なプレゼンテーションの作り方を学びます。また、良い講演者の特徴についても学びます。こうした情報があれば、あなたは結果を出せる、自信のある話し手になることができます。

インスピレーション型のプレゼンテーションでは、全体を通して聞き手の心を動かすような語りかけをしますので、Introductionからその流れを作ります。プレゼンテーションの目的を伝えるときにも多くの場合、**聞き手に質問をしたり、自分のエピソードを伝えて共感してもらったりします。**聞き手の心をつかむために、Chapter 6 Speaking Strategiesにあるさまざまな話術を組み合わせて、聞き手に合ったIntroductionの工夫をしましょう。

インスピレーション型のObjectiveスライド

→

→

STEP 1 全体像からIntroductionの時間と内容を決める
STEP 2 スライドを作成する
STEP 3 スクリプトを書く

TRACK

12

・小話をする

First, let me ask you a question. How many of you can ride a bike? (手を挙げてもらう) **OK, so, many of you can ride a bike, and I want you to look back at your experience of learning this skill. How long did it take you to ride a bike? Not just a day, right?** (転んでいる写真を見せる) **You probably fell a lot.** (サポートを受けている写真を見せる) **You also probably got a lot of support from an adult if you learned how to ride a bike as a child.** (1人で自転車に乗っている写真を見せる) **When you were finally able to ride a bike, maybe it was a few months after you started. So, learning something isn't easy. However, there's one difference between riding a bike and giving a presentation, which is the topic for today. When you learned to ride a bike, you most likely did not learn theories about biking.**

まず質問をさせてください。自転車に乗れる方はどのくらいいらっしゃいますか。そうですよね、多くの人が自転車に乗れるということなので、ご自分ができるようになった経験を思い出してほしいのです。自転車に乗れるようになるまで、どのくらいの時間がかかりましたか。1日ではないですよね。きっとたくさん転んだと思います。そして、子どもの頃に自転車に乗れるようになった人は、きっとたくさん大人に手伝ってもらったと思います。やっと自転車に乗れるようになったのは、練習を始めてから数か月後だったかもしれません。何かを学ぶのは簡単ではないのです。しかし、自転車に乗るのと、本日の本題であるプレゼンテーションをするのには1つ違いがあります。自転車に乗るときは、自転車の理論について学んでいないと思います。

・プレゼンテーションの目的を伝える

Today, I will go over some theories on what makes a good presentation and what makes a good presenter. (プレゼンテーションをしている写真を見せる) **You will walk away from this presentation with a general understanding of how to prepare for a good presentation. Because you will gain some knowledge, your presentations can change in a day! The good news is, it won't take you months like it did when you learned to ride a bike. Also, I'm going to provide some hints and tips that will help you feel comfortable until you're confident.** (補助輪の写真を見せる) **These will act as training wheels for you. With these theories and tips, you'll be a great presenter in no time.**

本日は良いプレゼンテーションと良い講演者に必要なことに関する理論について話します。このプレゼンテーションが終わったとき、あなたは良いプレゼンテーションをするためにどのように準備したらいいのか、概要を理解したうえでご帰宅いただけるでしょう。知識を得て、あなたのプレゼンテーションは1日で変わることができるのです。自転車の練習のときのように数か月もかかりません。また私は、あなたが自信を持てるようになるまで、助けになるようなヒントやコツを差し上げます。それらは(立派な講演者になるまで)補助輪の役割を果たします。理論とヒントを得ることであなたはすぐに立派な講演者になりますよ。

Objectiveスライドを作らなかったとしても、Introductionに時間が多く取れる場合は、例え話やエピソードをもとにしたスクリプトを作成して、聞き手と一体感を作り出すことができます。仲間意識を感じさせるような問いかけをしたり、場が和むような話をプレゼンテーションに組み込んだりすることができます。スライドなしに話す話術についてはChapter 6 Speaking Strategiesを参考にしてください。

緊張せずにはじめの一歩を！ 

「プレゼンテーションの前は緊張して固まってしまいます」とおっしゃる方が多くいらっしゃいます。英語にThe first step is always the hardest. というイディオムがあるとおり、何事も最初の一歩が一番難しいのかもしれません。しかし、幸いなことにプレゼンテーションにはよく使われる構成や表現があります。準備を怠らず、そしてプレゼンテーションの始め方に慣れてしまえば、臆さずに話し始めることができます。**Main Bodyは毎回、内容に応じて変更しますが、Introductionは型どおりで大丈夫です。まずは基本的な流れと定形表現を覚えて身体に叩き込みましょう**。この章のENGLISHのページでさまざまな表現をご紹介していますので、ご自身の英語力に合った表現を選択して、自分なりのIntroductionテンプレートを作り、慣れるまで何度もIntroductionのスクリプトを準備しましょう。そのうち、スクリプトを書く必要もなくなります。**大切なのは、Introductionで話しすぎて時間を無駄にしてしまわないこと**。あまり話さなくていいと思えば、少しは緊張が和らぎませんか。「話を聞きに来てくれてありがとう」という気持ちを持って、プレゼンテーションを笑顔で話し始めることが大切です。

ENGLISH

歓迎を伝える表現 

TRACK 13

- **Welcome.**
  ようこそ。
- **Welcome to my presentation.**
  私のプレゼンテーションへようこそ。
- **On behalf of our team/company, I'd like to welcome you today.**
  チーム/弊社を代表してご挨拶いたします。ようこそお越しくださいました。

お礼を伝える表現

TRACK 14

- **Thank you for coming today.**
  本日はお越しいただき、ありがとうございます。
- **Thank you for your time.**
  お時間をいただき、ありがとうございます。
- **Thank you for taking time out of your busy schedule to come here today.**
  お忙しい中、当社にお越しいただくお時間をいただき、ありがとうございます。
- **Thank you for giving me the opportunity to speak today.**
  本日お話をさせていただく機会をいただき、ありがとうございます。
- **Thank you for your interest in this presentation.**
  このプレゼンテーションに興味をお持ちいただき、ありがとうございます。
- **Thank you for coming despite the terrible weather / the short notice / some issues with our registration process.**
  このようなひどい天気/急なお知らせ/申し込みシステムの不具合の中、お越しいただきありがとうございます。
- **I appreciate this opportunity.**
  この機会に感謝申し上げます。
- **I appreciate you having me here.**
  ご招待いただき、感謝申し上げます。
- **I appreciate having a chance to speak to you today.**
  本日、お話しさせていただく機会をいただき、感謝申し上げます。

自分の気持ちを伝える表現 

- **It's a great pleasure to speak to you today.**
  本日お話をさせていただくことを非常に嬉しく思っています。
- **I am honored to be able to speak to you today.**
  本日、みなさんにお話をさせていただけて光栄です。
- **I'm excited to see so many of you here.**
  こんなに多くの方にお会いできて、わくわくしています。
- **I'm a bit nervous now, seeing so many professionals here.**
  こんなに多くのプロの方を目（の前）にして、少し緊張しています。
- **I hope you'll find a lot of useful information in my presentation.**
  プレゼンテーションの中にたくさんの有益な情報を見つけていただくことを願っています。

自己紹介の表現 TRACK 16

- **You might be wondering who I am.**
  私が何者かと思っている人もいるかもしれません
- **Please allow me to introduce myself.**
  自己紹介をさせてください。
- **I'd like to quickly introduce myself.**
  簡単に自己紹介をさせていただきます。
- **I see some familiar faces, but let me introduce myself.**
  顔なじみの方もいらっしゃいますが、自己紹介をさせてください。
- **Some of you may know me, but I think it's my first time meeting many of you.**
  私のことを知っている人もいるかもしれませんが、多くの人とは初対面だと思います。
- **For those of you who don't already know me, my name is Lisa Sato.**
  私のことを知らない人のために申し上げます。私の名前は佐藤理沙です。
- **My name is Lisa Sato and I'm a senior product development manager at Ocean Palisades.**
  私の名前は佐藤理沙で、オーシャン・パリセーズ社のシニア商品開発マネージャーです。
  ※「私の名前は（名前）で、（団体名）の（職種）です」の順で話しましょう。
- **My responsibilities include overseeing all projects.**
  私の役割はすべてのプロジェクトの統括を含みます。
  ※カッコ内に職務の説明を入れましょう。

- **I'm in charge of talent development.**

  私は人材育成を担当しています。

- **I'm currently working with/at DEY as a web designer.**

  私は現在、DEY社でウェブデザイナーとしてお世話になっています。

  ※正規職員ではない場合の自己紹介に使う表現です。work with ～で「～で協業者・業務委託者として働いている」という意味、work at ～で「～の事務所に出向いて働いている」という意味です。

- **I'm wearing two hats. I'm going to speak on behalf of the sales department and the technology department.**

  私は2つの職務を兼務しております。本日は営業部門とIT部門を代表してお話しします。

  ※2つの肩書や立場のときに使う表現です。

複数名の自己紹介の表現 TRACK 17

- **Now, I'd like to introduce everyone here.**

  今から、ここにいるすべての人を紹介したいと思います。

- **Please allow me to introduce everyone.**

  全員を紹介させてください。

- **Now, each of us will introduce ourselves.**

  今から各自が自己紹介をします。

- **Now, we'd like to introduce ourselves individually.**

  今から各自が自己紹介をさせていただきます。

- **Now, Lynn.**

  次はリンです。

- **Now, I'll pass it on to Lynn.**

  それでは、話す番をリンに回します。

- **With that, I'll let Lynn take over.**

  それでは、リンに代わります。

- **With me today is Lynn, and I'll let her introduce herself.**

  今日一緒にいるのはリンです。彼女に自己紹介をしてもらいます。

プレゼンテーションの目的を伝える表現 TRACK

- **I'm here to talk about** (話す内容).

  本日は(話す内容)についてお話しするために来ました。

・**The purpose of my presentation is** (話す目的)**.**
私のプレゼンテーションの目的は (話す目的) です。

・**Today I'd like to share with you** (話す内容)**.**
本日は (話す内容) について情報共有します。

・**Today I'd like to discuss** (話す内容)**.**
本日は (話す内容) について意見を述べたいと思います。

・**I'd like to present about** (話す内容) **today.**
本日は (話す内容) についてプレゼンテーションを行います。

・**Today, I will present my findings on** (話す内容)**.**
本日は (話す内容) についてわかったことを発表します。

・**In this presentation, we will evaluate** (話す内容)**.**
このプレゼンテーションでは (話す内容) について評価 (審議) します。

・**My goal today is to help you better understand** (話す内容)**.**
本日は (話す内容) をより良く理解していただけるようお手伝いすることが私の目標です。

・**By the end of this presentation, you'll be able to better understand** (話す内容)**.**
プレゼンテーションの最後までには (話す内容) がわかるようになります。

・**I'll provide you with some background on** (話す内容) **and why it is important to you.**
(話す内容) に関する背景情報を伝え、それがなぜあなたにとって大切なのかをお話しします。

・**I will share with you some** (話す内容) **and hopefully, you will gain some insight into the issue.**
(話す内容) について情報共有し、その結果としてあなたがその件について見識を得ることができるよう願っています。

Agendaを紹介する表現 TRACK 19

・**Here's the/our agenda.**
アジェンダはこちらです。

・**Here's the outline of my presentation.**
こちらがプレゼンテーションの概要です。

・**Here's what I'll talk about today.**
こちらが本日お話しすることです。

・**I'd like to share my/our agenda with you.**
アジェンダを共有させていただきます。

・**I'd like to quickly explain the contents of my presentation.**

プレゼンテーション内容を簡単に説明させていただきます。

・**Please allow me to introduce the topics I will be discussing today.**

本日お話しする内容を紹介させてください。

・**My presentation is organized as follows: first, ...**

プレゼンテーションは以下のとおり構成されています。まず…。

・**My talk is divided into three main sections. First** (1つ目の内容)**, second** (2つ目の内容)**, and third** (3つ目の内容)**.**

私の話は3つのセクションに分かれています。まず(1つ目の内容)、2点目は(2つ目の内容)、そして3点目は(3つ目の内容)です。

・**Today I will be covering these key points. First, I will start with** (1つ目の内容)**, then I will provide you some information on** (2つ目の内容)**, and finally I will conclude with** (3つ目の内容)**.**

本日はこれらの重要なポイントについてご説明します。まず(1つ目の内容)から始め、次に(2つ目の内容)について情報を提供します。そして最後に(3つ目の内容)についてお話しして、プレゼンテーションを終えます。

質問の受け方を伝える表現 TRACK 20

・**Please hold your questions until the Q&A Session.**

質問は質疑応答の時間まで取っておいてください。

・**I will have a Q&A Session at the end. If you have questions, please wait until then.**

最後に質疑応答の時間を設けます。ご質問がありましたら、その時間までお待ちください。

・**I'm planning to take a few questions at the end of the presentation, so please hold your thoughts until then.**

プレゼンテーションの最後にいくつかのご質問をお受けしたいと思っていますので、考えが浮かんでもその時間まで取っておいてください。

・**I'm happy to answer any questions, but I do ask that you wait until the end of the presentation to ask.**

喜んでご質問にお答えしますが、プレゼンテーションの最後までご質問をお待ちいただけるようお願いします。

- **You can ask me questions any time during my presentation.**
  ご質問はプレゼンテーションの間、いつでもしていただいて構いません。
- **Feel free to ask me questions as we go along.**
  プレゼンテーションの間、いつでも気軽に質問してください。
- **If you have any questions, please don't hesitate to interrupt me.**
  ご質問がありましたら、遠慮なく私の話を止めて（質問して）ください。

資料を持っているか確認する表現 TRACK 21

- **Does everyone have this handout?**
  この配布資料はお持ちですか。
- **Please raise your hand if you're missing this handout.**
  この配布資料がない方は手を挙げてください。
- **Please take a look at the second page of the handout. The topics I will cover are listed.**
  この配布資料の２ページ目をご覧ください。私が話す内容が一覧で提示されています。

インスピレーション型プレゼンテーションで使える表現 TRACK 22

- **Here's an interesting story.**
  こんなおもしろい話があります。
- **Before I start, I'd like to tell you a story.**
  本題に入る前に、１つお話をしたいと思います。
- **I remember** (自分の経験、昔の記憶、おもしろい過去の出来事)**.**
  (自分の経験、昔の記憶、おもしろい過去の出来事) を思い出しました。
- **When I started preparing for this talk, I was reminded of** (自分の経験、昔の記憶、おもしろい過去の出来事)**.**
  このプレゼンテーションの準備を始めたときに、(自分の経験、昔の記憶、おもしろい過去の出来事) を思い出しました。
- **Before I start, let me ask you a question. How many of you have** (聞き手に聞いてみたいこと)**? Please raise your hands.**
  本題に入る前に質問をさせてください。(聞き手に聞いてみたいこと) をしたことがある方は何人いらっしゃいますか。手を挙げてください。
- **Did you know that** (おもしろいこと、驚くこと)**?**
  (おもしろいこと、驚くこと) だと知っていましたか？

・**Have you ever heard** (おもしろいこと、驚くこと) **?**

(おもしろいこと、驚くこと) だと聞いたことはありますか？

※インスピレーション型プレゼンテーションに役立つ話術は、Chapter 6 Speaking Strategies も参考にしてください。

万が一、問題が生じたときに使う表現 TRACK 23

・**Sorry to have kept you waiting. Thank you for your patience.**

お待たせしてしまい、申し訳ございません。お待ちいただき、ありがとうございます。

・**I'm sorry, we're facing some technical difficulties.**

申し訳ございません。技術的な問題が生じています。

・**I'm afraid the display is fuzzy and unclear. I'll try to explain as clearly as I can.**

残念ながら表示がぼやけてよく見えませんね。できるだけ明確にご説明できるようにいたします。

・**I'll speak without the slides today. Please bear with me.**

本日はスライドなしで話すことにします。我慢してお付き合いください。

・**Perhaps I can send you the slides later.**

スライドは後日お渡しできるかもしれません。

TIPS

プレゼンテーションで使い勝手の良い表現をたくさん覚えておきましょう。

I'm going to (present) ～ . の present (発表する) を次の語句で言い換えることが可能です。

discuss (意見を述べる)、introduce (紹介する)、explain (説明する)、illustrate (データや図で理解できるよう説明する)、report (報告する)、talk about ～ (～について話す)、show you (見せる)、go over (ざっと説明する)、provide information on ～ (～に関する情報を提供する)、suggest that ～ (～を提案する)、argue that ～ (～と主張する)、ask that you ～ (～していただけるようお願いする)、try to convince you that ～ (～だと説得することを試みる)

TRY IT

ACTIVITY 1

何か新しい商品やサービスを紹介するプレゼンテーションを行うことを想像してください。つまり、Today, I will introduce our new product/service. というのがプレゼンテーションの目的だと考えてください。この場合、どのような自己紹介をしたいですか。自己紹介スライドとスクリプトを作りましょう。下記の図をプレゼンテーションスライドの例として、自分の名前、役職、所属団体、経歴を書きましょう。フォントサイズを意識することを忘れずに。

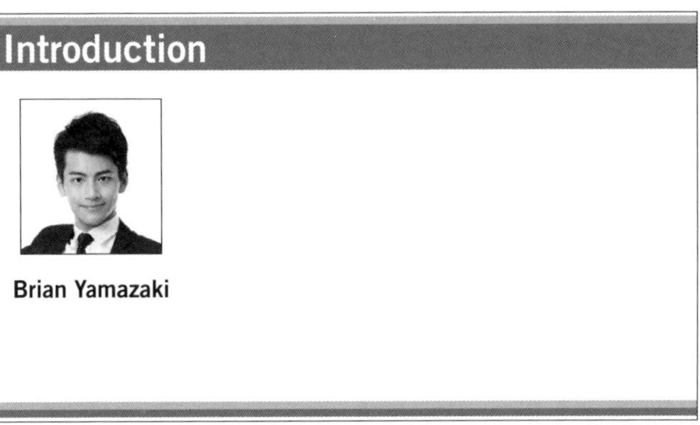

HINTS

- 組織を代表して話すときには、所属先名と名前を同じ大きさにしておくと「○○のだれだれ」とわかってもらいやすくなります。
- 男性か女性かわかりにくいお名前の場合は(Mr.)や(Ms.)を名前の後ろに入れてもいいでしょう。また、学歴や資格が重要な業界では(PhD)や(CPA)のような肩書を入れてもいいでしょう。ご自身がプレゼンテーションを行う場面の規範に合わせましょう。
- 経歴は箇条書きですっきり書きましょう。内容はプレゼンテーションに関連しそうなことに絞ります。

ACTIVITY 2

自分が小さな会社の経営者に対してプレゼンテーションをすると考えてみてください。実際の例で考えてもいいし、架空の人物の例で考えても構いません。「My-Assistantという秘書代行サービスを導入するといいですよ」という提案をすると想定し、プレゼンテーションのIntroductionのスクリプトを準備しましょう。各スライドの横またはご自身のノートにスクリプトを書いてみてください。

Title スライド	お時間をいただくお礼と今の気持ち 話す目的を紹介する
A Cost-Effective Solution Introduction to My-Assistant Brian Yamazaki ABC Corporation	
Self-Introduction	「まずは自己紹介をさせていただきます」 自己紹介内容
Introduction Brian Yamazaki	
Agenda	Agenda を紹介する 質問の受け方を伝える
Agenda 1. About Us 2. Challenges for Small Business Owners 3. New Service: My-Assistant 4. Q&A	

HINTS

・自分が話す目的はサービスを売ることですが、聞き手にとってのサービスを導入するメリットに焦点を当てて話をしましょう。

・自己紹介では、なぜ自分から話を聞くとよいのか、そのメリットを伝えましょう。

サンプル解答

ACTIVITY 1

本章p. 62の「個人の自己紹介」を参考にしてください。

ACTIVITY 2

・お時間をいただくお礼と今の気持ち

Thank you for your time. I came here hoping that I can offer some valuable information to help grow your business.

お時間をいただき、ありがとうございます。あなたの事業を拡大するために有益な情報を提供できることを願いながら、こちらに伺いました。

・話す目的を紹介する

Today, I will talk about our new service called My-Assistant. It is a cost-effective solution for busy people like you.

本日は弊社の新サービスである「マイアシスタント」についてお話しします。あなたのようにご多忙な方向けの、費用対効果の高い解決策です。

・「まずは自己紹介をさせていただきます」

Before I begin, I'd like to quickly introduce myself.

本題に入る前に、簡単に自己紹介をさせていただきます。

・自己紹介

Again, I'm Brian Yamazaki and I am a senior sales consultant at ABC Corporation. I used to run a small business before I joined ABC Corporation, so I know the excitement of running your own business as well as the overwhelming amount of work you have to do yourself.

再度のご挨拶となりますが、私はブライアン・ヤマザキと申します。ABCコーポレーション社のシニアコンサルティング営業職です。ABCコーポレーション社に入る前は小さな会社を経営しておりましたので、会社経営の楽しさも、自分でこなさなくてはならないとてつもない業務量も知っています。

・Agendaを紹介する

Now, please allow me to quickly explain what I'll talk about today. First, I will introduce our company, and next, I will discuss some of the challenges we hear about from small business owners like you. I'm hoping to hear a bit from you if you are facing any of these challenges yourself. Then I'll introduce our new service, My-Assistant.

それでは、本日お話しすることについて簡単にご説明させてください。まず、弊社のご紹介をいたします。次に皆様のような小規模企業の経営者のお客様からお伺いする大変なことについて述べたいと思います。お客様ご自身がそのいずれかの課題に直面していないか、少しお話を伺えればと願っています。それから、新サービスである「マイアシスタント」をご紹介します。

・質問の受け方を伝える

I have set aside some time for Q&A at the end, but feel free to ask questions during my presentation.

質疑応答の時間を最後に取ってありますが、プレゼンテーションの間にもお気軽にご質問ください。

COFFEE BREAK

アメリカの心理学者アルバート・メラビアン（Albert Mehrabian）が提唱した「メラビアンの法則」、別名3Vの法則をご存じでしょうか。3VとはVisual（視覚情報）、Vocal（聴覚情報）、Verbal（言語情報）のVです。英語では7-38-55 Ruleとも呼ばれています。

視覚情報、聴覚情報、言語情報がちぐはぐのときに優先される情報が何か、また人を好きだと判断したり、好きではないと判断するときに優先される情報が何かという視点で行われた研究で、以下のような調査結果が出ました。

視覚情報（Visual：55％）：見た目・表情・仕草・視線など
聴覚情報（Vocal：38％）：声のトーン・速さ・大きさ・口調など
言語情報（Verbal：７％）：話の内容など

このデータを見た人からよく聞かれるのが、「見た目がプレゼンテーションでは一番大事なのですか」という質問。私の答えは、見た目「が」大切なのではなく、見た目「も」大切です。プレゼンテーションはトータルスキル！　どれが欠けてもダメなのです。「何か違和感があるな」「言っていることとスライドに書いていることがずれているな」と思われた瞬間に、伝えている中身も良くないと印象づけられてしまう可能性があります。情報伝達力を強化するために、メッセージをわかりやすく言葉にするだけではなく、見た目も聞こえ方も工夫することで、印象に残るプレゼンテーションになります。3Vをバラバラにせずに、すべてを一致させて人の心を動かすプレゼンテーションを目指しましょう。

また、自分のビジュアル面にも配慮しましょう。ビジネスパーソン向けのプレゼンテーションでは濃い色のスーツでビシッと決めるといいでしょう。しかし、アスリートやコーチを対象とした講演会では、ポロシャツのほうがいいかもしれません。TPOに応じた服装と話し方をすべきだという点は、日常生活だけでなくプレゼンテーションにも共通しています。

CHAPTER

Main Body 3

本題

意図した内容をわかりやすく伝える

Food for Thought

Main Bodyはその名のとおり本題です。聞き手にいかにわかりやすく、共感してもらえるように伝えられるかどうかでプレゼンテーション全体の印象が大きく変わります。多くの場合、プレゼンテーションは一方的な情報提示や主張だけにとどまらず、聞き手に意思決定などの具体的な行動を起こしてもらうために行います。良質なコミュニケーションで心を動かすプレゼンテーションを目指しましょう。そのためのツールは主に視覚情報と聴覚情報です。スライドの見せ方、話の組み立て方、そして声やボディランゲージの使い方を総合的に考えて、戦略的にMain Bodyのコンテンツを作り上げてください。できるだけテキストを使わず、スライド上の情報を図式化するように心がけることで、視覚情報が充実します。長い話を聞くのは疲れるものです。効率良く、できるだけ短時間で伝えられるような工夫をすることを忘れずに。

KEY POINTS

● 3C (clear, convincing, concise)を目指してください。メッセージとその根拠をわかりやすく伝えられるようにストーリーを描きましょう。スッと頭に入り、心に響く構成を考えることが大切です。

● テキストばかりのスライドを作らず、写真、イラスト、グラフが多いスライドを作りましょう。視覚情報はプレゼンテーションを引き立てます。

● 1枚のスライドに情報を詰め込みすぎないように注意しましょう。ワンスライド・ワンメッセージが原則です。

● 最短で効果的に伝える方法を検討しましょう。時間配分に対して少し足りないくらいの情報量を準備すると、時間内にぴったり収まります。

● 長いプレゼンテーションでは特に、道筋を示す地図（アジェンダ）と、標識（つなぎ言葉）の両方を使って、聞き手が迷子にならない工夫をしましょう。

3 STEPS

STEP 1 ストーリーを決めて説得材料を集める

3C (clear, convincing, concise)を意識し、「トップダウン型」か「ボトムアップ型」のいずれかの流れでストーリーを組み立てます。また、ストーリーを強化するための説得材料を集めます。

STEP 2 視覚に訴えかけるスライドを作る

キーメッセージを支える内容の図式化や、参考となる写真などの素材を準備して、視覚的にわかりやすく、説得力のあるスライドを作ります。

STEP 3 戦略的にスクリプトの準備をする

スクリプトを考えるときは動詞を揃えることに注意するほか、適切なときに受動態を使うなど、戦略的な英語の使い方を意識しましょう。与えられたプレゼンテーションの時間に対して適切な量のスクリプトを準備します。

CHAPTER 3

STEP 1 ストーリーを決めて説得材料を集める

3C (clear, convincing, concise)

IMPORTANT スライドもスクリプトも3C (clear, convincing, concise)を目指してください。3Cを意識することで、無駄のない、わかりやすいbodyが作れることでしょう。

Clear（明確に！）

視覚的にわかりやすいスライド作りとわかりやすい話の流れを作ることが大切です。Chapter 1にあるとおり、**プレゼンテーションのスライドに載せる内容は基本的に視覚で訴えたいことに限定します**（→p. 20）。耳から入ってくる情報とセットとなり、視覚情報が生きるように話を組み立てましょう。耳から入ってくる情報とスライドの文字が全く同じでは、朗読会のような印象を与えてしまいますので、スライドは文字を読ませるための資料ではなく、写真、イラスト、図などで多くのことを伝えるためのツールであることを意識してください。

Convincing（説得力を持って！）

写真、イラスト、図などのみをスライドに載せて、話術で情報を補うのは英語上級者向け。説明をするときに英語のテキストがないと言いたいことが伝えられないという場合は、**無理をせずに、キーメッセージと追加情報（サブメッセージ）の中から必要なテキストを書き出しておきましょう。1つのメッセージに対して、必要に応じて補足の短い文の2つを使って「こうだからこう」と伝えたいことを述べるといいでしょう**。ほとんどテキストのないスライド作りをして聞き手を言葉巧みに説得するようなプレゼンテーションを目指すのは、ある程度英語力がついてから。また、忘れてはならないのは聞き手の英語力です。聞き手の英語力が高くない場合は、英文で書かれた資料もほしいと考えているかもしれませんので、ハンドアウトを別途作ったり、後日Eメールで補足したりする気遣いを忘れないでください。convincingであるためには、聞き手に対する気遣いが必要なのです。聞き手に合わせた情報提供が、convincingな「説得力のある」プレゼンテーションにつながります。

Concise（簡潔に！）

情報量が少なすぎて時間が余ることはまれです。情報量が多すぎて、途中から駆け足になるプレゼンテーションが多いので、**やや少なめに情報量を組み込み、予備の素材はAppendixに組み込みましょう。**言いたいことをできるだけ「簡潔に」、つまりconciseにまとめることを習慣化しましょう。

「トップダウン型」vs.「ボトムアップ型」構成を決める

プレゼンテーションにはストーリーが必要です。自然に流れる話を聞きながら、いつの間にか心が動かされていた！という体験を聞き手にしてもらえれば、それは目的を達成できた良いプレゼンテーションです。話の流れは大きく分けて2種類あります。「トップダウン型」「ボトムアップ型」または“key message first” “key message last”と呼びます。前者は一番伝えたいことを最初に伝え、その理由や根拠を順に提示して納得してもらう話し方です。補足情報を伝えるたびにそのメッセージが強化されます。これに対して後者のボトムアップ型は、さまざまな情報を提示し、聞き手がいろいろなイメージを持っている中で最後に最も重要な情報を伝え、納得の行く結論を述べる話し方です。最後にすべての絵を完結させるために、まるで最後まで重要なパズルのピースを取っておくような話し方です。

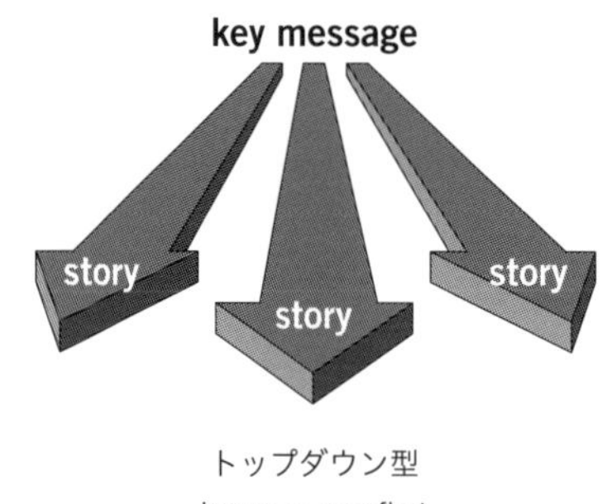

トップダウン型
key message first

ボトムアップ型
key message last

情報伝達型と提案型のプレゼンテーションでは、キーメッセージの説明をしてから、その理由となるファクトを伝え、最後にもう一度キーメッセージを伝える構成が多いです。この話し方のメリットは、万が一、聞き手の都合でプレゼンテーション時間を短く切り上げる必要があっても、重要なメッセージは最初に伝わっているため、後ほどEメールや電話で補足情報を伝えるだけで話の概要は十分に伝わるということです。

一方で、**インスピレーション型のプレゼンテーションでは驚きや気づきなどの心の動きを狙った話をたくさん前半に述べて、いろいろなことを聞き手が感じたり想像したりしている中で、最後に重要なメッセージを伝えることが多い**です。インスピレーション型のプレゼンテーションの目的は聞き手に「今までできなかったアクションを今日から起こしてもらう」など、気持ちを鼓舞したり、やる気にさせたりする狙いがあるため、大切なことを最後に伝えるボトムアップ型の話し方が有効なのです。

IMPORTANT 必ずしもプレゼンテーションタイプによって話の流れをトップダウン型かボトムアップ型に固定する必要はありませんが、プレゼンテーションの経験値が少ないうちは原則論を参考に、その話し方に慣れることから始めるといいでしょう。

ストーリーを支える情報と素材を集める

ストーリーが決まったら、次に行うことはストーリーを描くうえで重要となる素材集めです。聞き手が適切な情報を受け取り、大きな疑問を持たずに納得してもらうことがプレゼンテーションの1つのゴールです。そのために必要な2つのアクションは次のとおり。

1. キーメッセージと関連する5W1Hの中からちょうどいい分量の必要な情報を取捨選択する
2. メッセージとそのメッセージを支える情報を、どのようにセットにしてスライドに組み込むか決める

まずは、キーメッセージと関連する5W1Hについて考えてみることをお勧めします。Chapter 2のTRY ITでご覧いただいた「新サービスである秘書代行サービス『マイアシタント』の営業プレゼンテーション」を例に取り、提案型のプレゼンテーションの準備をどう行うかを考えてみましょう。まずは**5W1Hの枠組みに沿って情報を整理し、聞き手に一番必要な情報が何かを検討します。情報に優先順位をつけることで、伝えるべきことを可視化することが大切**です。

・プレゼンテーションの目的
新しい秘書代行サービスMy-Assistantの導入を提案する

・My-Assistantサービスに関する5W1H

What	何を提供するのか	格安の24時間対応可能な秘書代行サービス ・電話対応（日本語、英語、中国語、仏語） ・メール対応（他言語対応可　※応相談） ・書類翻訳（他言語対応可　※応相談）
Why	なぜ必要か	・経営者が自身の得意な業務に集中できる環境を作るため ・繁忙期に人材を一時的に雇用するのが困難なため
Who	誰に適しているか	・多忙な個人事業主や中小企業経営者 ・物理的にアシスタントを雇用することが困難な人 ・24時間体制でアシスタントが必要な人
When	いつ使用すべきか	・1か月単位で必要なときに利用可能（繁忙期のみの活用も可能） ・毎月15日までの契約で翌月対応可能
Where	サービス提供場所	・5か国のサービスセンターから世界中の業務を支援
How	利用方法	・手続きはすべてウェブサイト上で完結 ・クレジットカード決済
How Much	いくらかかるのか	月々 $380 ～（年間契約割引あり）

※営業資料を想定しているため、5W1Hにhow muchを加えています。

これらの情報の中から、あえて強調したい情報が何であるかを考えます。この例では、新しいサービスの特徴となるものを中心にスライドを組み、「優れたサービスであり、自社にとって有益である」ことを理解してもらうことが大切でしょう。もし価格の安さが最大の特徴なのであれば、類似するサービスの価格比較表を作って、安さを視覚的に目立たせるスライドを作るといいでしょう。**納得してもらうために何が必要なのかを考えて必要な情報を選定することが、convincingな「説得力のある」プレゼンテーションにつながります。**

IMPORTANT 〉**人の話を聞いて納得が行かないときは主に2つのパターンに分かれます。「本当に？」と情報そのものを疑っているときと、「それだけ？」と情報に価値を感じないとき**です。例えば、新種のりんごを売りたいと思ったときに「世界で一番おいしいりんごです」と言っても、その根拠が提示できなければ「本当に？」と疑問を持たれてしまいます。データで甘みと酸味のバランスが絶妙であることを見せたり、または試食して味覚で感じてもらったり、キーメッセージを支えるための工夫が必要なのです。また、「このりんごは色鮮やかで傷がつきにくい皮なので、きれいに育つんです」と述べたところで、りんごを食べるものだと認識している人には「それだけ？見た目がいいことは私には価値がない」と思われてしまいます。共に、伝えようとしている内容が聞き手のニーズとずれているから起こってしまう問題です。**聞き手のニーズに沿ったキーメッセージを納得の行く情報で支えることが、説得力のあるスライド作りのコツ**です。

ビジネスの世界では「営業利益を増やしたい」というときに、例えば「新規営業に力を入れて売り上げを上げましょう」と意見が出ます。そうすると誰かが「本当にそれが効果的なの？」と言い出し、他の誰かが「それだけで利益が上がるの？」と疑問を述べるでしょう。常に「本当に？」「それだけ？」の議論がされている環境にいる読者が多いのではないかと想像します。営業利益は（売上総利益－販売費・一般管理費）なので、売り上げを上げる方法も販売費と一般管理費を減らす方法も共に重要となるわけです。十分な理由やデータ、そして事例を集めて、キーメッセージが疑われないようにしっかりと準備しましょう。

聞き手のニーズに沿ったキーメッセージが決まったら、そのメッセージがより説得力のあるものとなるように、情報を加えて支えることがスライド作りのコツです。

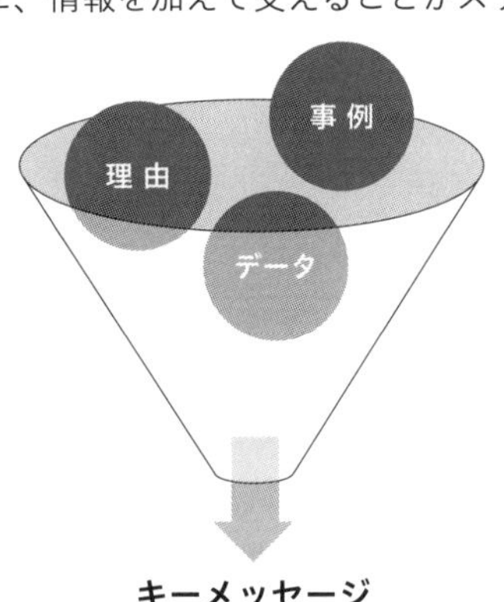

CHAPTER 3 STEP 2

視覚に訴えかけるスライドを作る

スライドのレイアウトを決める

スライドに必要なものは
・スライドタイトル
・キーメッセージ
・（必要に応じて）強調したい点などのサブメッセージ
・メッセージを支えるための視覚情報
です。この視覚情報のことを、プレゼンテーションを作成するソフトウェアでは「オブジェクト」と呼んでいます。主なオブジェクトは3つ。データを視覚的にわかりやすく伝える図やチャート、イメージを伝えるための写真や絵、そして図示しにくいものを整理して書き出したテキスト情報です。

スライドに統一感を持たせるために、**2つか3つのスライドの型を決めて、オブジェクトの配置場所を固定することをお勧めします。**よく見かけるスライドの整理方法は、キーメッセージを上に書いて、その下にキーメッセージを支えるオブジェクトを1つ提示し、必要に応じてその下にサブメッセージを書き出すものです。サブメッセージとは、キーメッセージの補足となる情報や目立たせたい情報のことを指します。もう1つのよく見かけるスライドタイプは、オブジェクトを2つ並べて書き出したスライドです。この場合、キーメッセージはあったりなかったりします。情報過多にならなければ、キーメッセージを書き出してもいいでしょう。また、**オブジェクトの強調すべきポイントの近くにアイコンや目立つテキストを加えて重要箇所を明示すると、よりわかりやすくなります。**

オブジェクトが1つの例

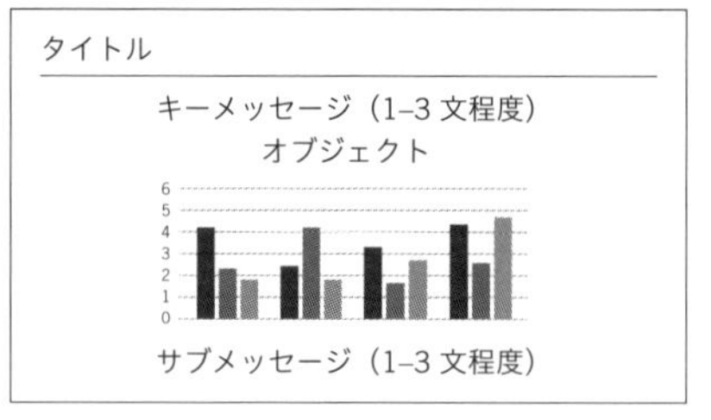

オブジェクトが2つの例

情報が多い場合は、1つのコンセプトごとにオブジェクトやテキストをグループ化し、スライドのアニメーション機能を使って順番に表示しましょう。例えば「オブジェクトが1つの例」であれば、まずはキーメッセージを表示して、伝えたいことを事前に伝えます。その後にグラフを見せて、注目してほしい点について述べます。最後にサブメッセージを表示して説明することで、順番に情報を伝えることができ、聞き手にとっては目と頭に優しいスライドになります。前ページ右の「オブジェクトが2つの例」でも、まずはオブジェクト1の日本地図だけを表示し、関連する話をしてから、次にオブジェクト2を表示してデータに関する説明をすることができます。2つのオブジェクトを説明し、次のスライドでまとめとなるキーメッセージを伝えるとよいでしょう。上記以外のレイアウトのスライドを作ってはいけないということはありません。情報量が多い場合は、型にはまるよりも、わかりやすさを最優先して、どのようにスライドを作ったら聞き手に親切かを検討してください。

IMPORTANT 一般的に、視覚情報は上から下、左から右、または時計回りに入ってくるように読む人がほとんどだと思います。この**人間の自然な目の動きに合わせて図やテキストを配置し、見やすいレイアウトでスライドを作ることを目指しましょう。**上下ではなく、左右に情報を分ける場合は、グラフを左に配置し、メッセージを右に配置するとよいでしょう。また、**図とテキストは感覚に逆らわないように注意が必要**です。例えばincrease in sales（売り上げの増加）と述べているのにそれを示す矢印の傾斜があまりついていないようではいけません。これでは横ばいのようなイメージになってしまいます。矢印が十分に斜め上向きになっているかなど、視覚イメージが伝えたいことと合っているかどうか細部まで見せ方を工夫しましょう。

ワンスライド・ワンメッセージ(1 slide, 1 message)を意識する

「ワンスライド・ワンメッセージ」の原則に沿ってスライドを作成してください。「1つのスライドに1つのメッセージを配置しましょう」という意味です。1枚のスライドに複数のメッセージを詰め込まないこと、**キーメッセージと関係のない情報やキーメッセージにそぐわないオブジェクトを配置しないことに注意**します。また、スライドにサブメッセージを書くことも可能だと前ページで述べましたが、サブメッセージを載せる前に、重要なメッセージをぼかしてしまう無駄な情報で情報過多にならないかどうかを確認してください。口頭で伝えるだけで良い補足情報は記載しないこと。これが、スライドをすっきり見せるために大切なことです。

スライドができたら、**異なるものを一緒に載せていないか最終確認**をしてください。例えば、過去について説明するスライドと未来について説明するスライドは分けたり、過去と未来の明確な比較図にするなどして、情報がごちゃごちゃしないように気をつけましょう。メッセージは1つであるべきなので、過去についてのメッセージを述べたいならば、過去についてだけのスライドを作るようにします。過去と現在との重要な差について述べることが目的であるならば、比較図を使います。どちらを選ぶかは、強調したいメッセージ次第です。「ワンスライド・ワンメッセージ」を守っていれば、スライドはわかりやすくなります。

My-Assistantサービスを例に取ってみましょう。下記のスライドはタイトルがTop 5 Tasks of Small Business Owners（小規模企業の経営者の業務トップ5）で、その内容を示す図が左下に配置されています。右側にキーメッセージのreasonably pricedがあり、その根拠として価格が書かれています。左右のオブジェクトの関係性は何でしょうか。左の図は「業務のトップ5を見ると、経営者はかなり雑務に時間を割いていることがわかります」ということを伝えるものだとしたら、キーメッセージはこの業務に関連するもの1つだけであるべきです。しかし、右側には価格に関する別のメッセージも登場してしまっています。

ワンスライド・ワンメッセージになっていない例

改善案を見てみましょう。次ページ1つ目のスライドは、左に写真、右にテキスト情報を配置し、p. 86のMy-Assistantサービスに関する“What”を示しています。キーメッセージのOffers convenient servicesは最初に伝えるために左上に配置されています。2つ目の“Why”のスライドは費用対効果について考えてもらうためのスライド例です。多くの小規模企業のオーナーが電話とEメールに毎月100時間程度費やしているというデータを提示し、「その業務の3分の1である30時間でもEメール

や電話対応をアウトソースしませんか。30時間も業務時間に回せればいくらの収益アップが見込めそうですか」と考えてもらうためのデータです。キーメッセージのIs it worth it?はデータを見てもらってから問いかけるように、右側に配置されています。「これだけの時間をメールや電話に費やす価値はありますか。他の人にお願いできるならいくら払いますか」と聞き手に問いかけてから、次に3つ目の“How much”のスライドで料金プランを見せてサービスにかかる費用を説明し、キーメッセージをreasonably pricedとしましょう。このような話の流れにすれば、What, Why, How muchを伝えるためのスライドが1つずつできあがり、すべてのスライドがワンスライド・ワンメッセージになります。

ワンスライド・ワンメッセージ例

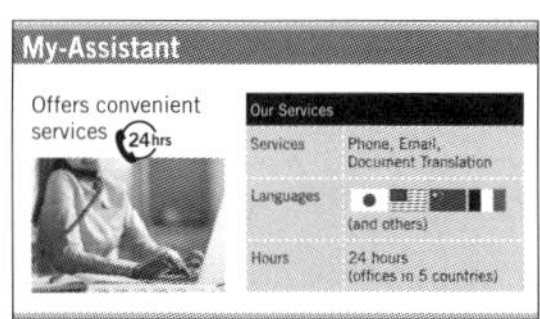

What

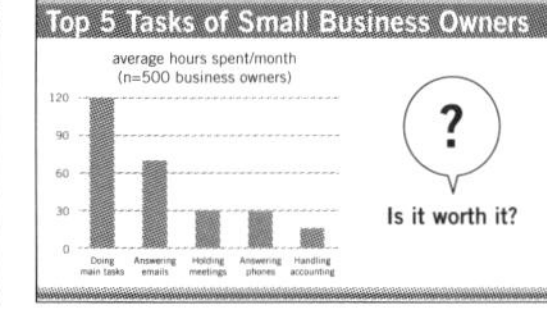

Why

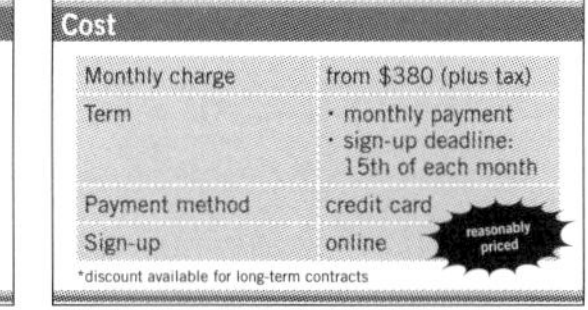

How much

IMPORTANT 大切なワンメッセージはよく見直して、言葉の与える印象を確認しましょう。**テキストは、ポジティブな言葉を使って、ポジティブなメッセージが伝わるように作られていますか。**例えば、「御社の技術力不足を補うために、弊社と提携してください」と述べるのと「弊社と提携することによって、御社の技術力はさらに向上します」と述べるのと、どちらのメッセージのほうが聞き手を前向きな気持ちにさせますか。また、伝え方の順番も大切です。「このお菓子はとても手間がかかっていておいしいです。しかし、高額です」と伝えるのと「このお菓子は高額です。しかし、とても手間がかかっていておいしいです」と伝えるのでは印象が異なります。あなたはどちらのほうが食べてみたい気持ちになりますか。聞き手が話を聞いてくれやすい雰囲気作りを意識し、心証に配慮した表現を使ってワンスライド・ワンメッセージを書いてください。

情報を図表に落とし込む

各スライドにキーメッセージを配置すると、テキストが多めのスライド一式ができあがってしまいます。聞き手が字を読むことに集中しすぎて話を聞いてくれないようではプレゼンテーションを行う意味がありませんので、テキストは多いよりも少ないほうがいいと肝に銘じましょう。視覚的に訴えるプレゼンテーションを目指すために、どのように**メッセージを視覚化できるか検討してください**。よく使われる概念の表現方法をいくつかご紹介します。いずれもプレゼンテーション作成ソフトウェアで簡単に作れますので、ソフトウェアのグラフ・チャート作成機能を存分に活用してください。

Table（活用場面：データやテキストの情報整理）

	A	B	C
1	✓	✓	×
2	✓	×	×
3	✓	✓	✓

	A	B	C
1	3.50	2.45	3.73
2	1.89	2.99	3.01
3	3.11	3.90	2.81

Flowchart（活用場面：物事の流れを表す）

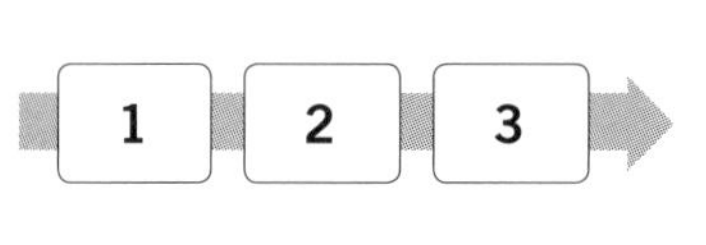

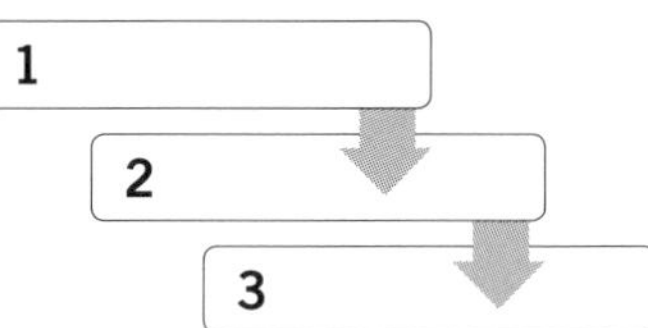

Relationship Diagram（活用場面：因果関係を表す）

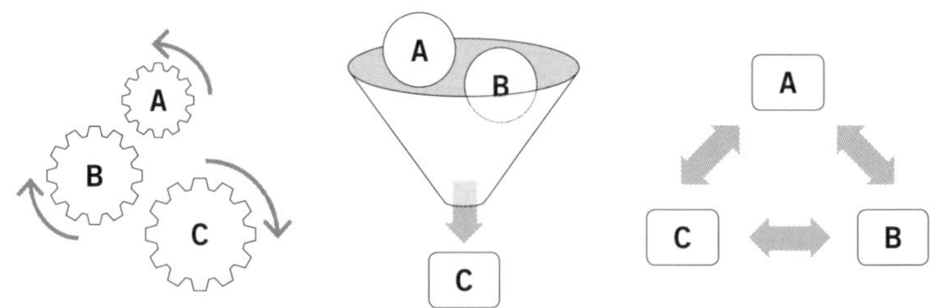

Tree Diagram（活用場面：論理構成を表す）

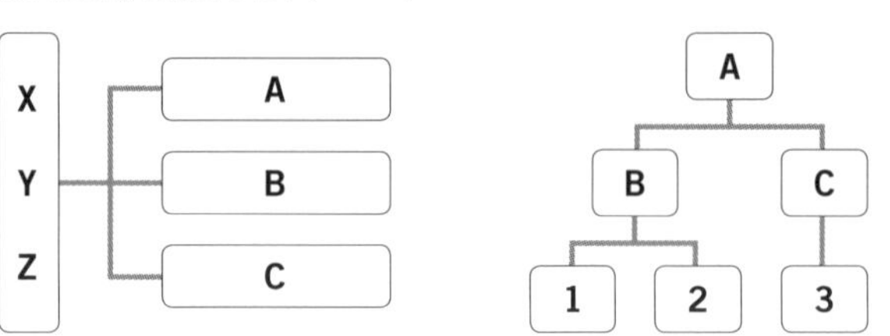

Bar Graph（活用場面：データの大小を比較する）

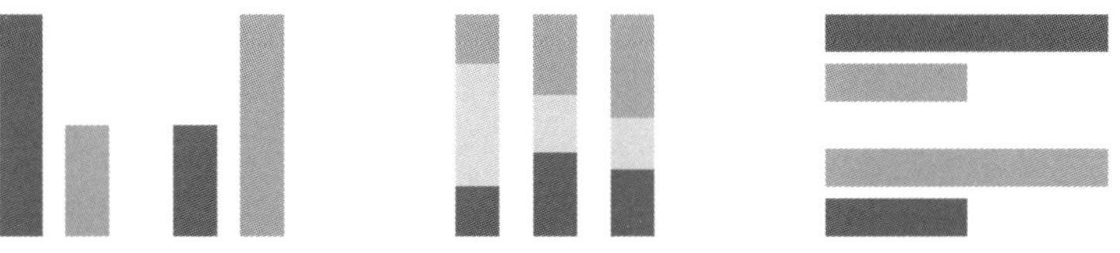

Radar Chart（活用場面：全体傾向と目立つ項目を表す）

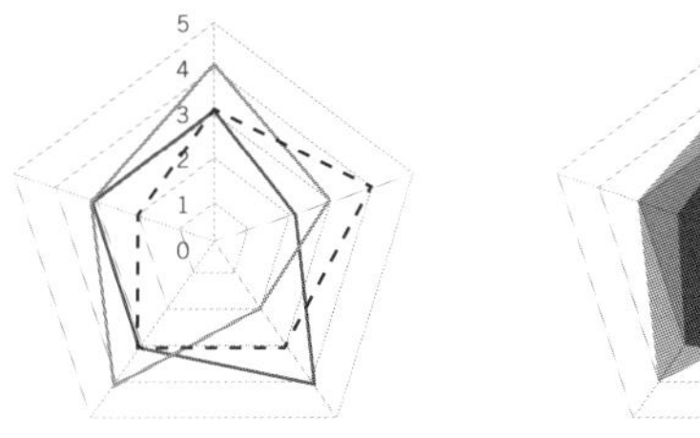

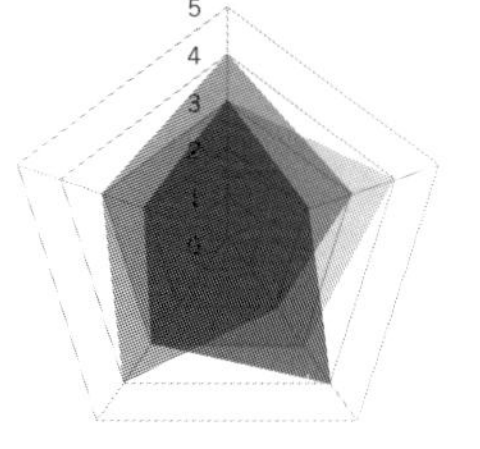

Line Graph（活用場面：データの増減を表す）

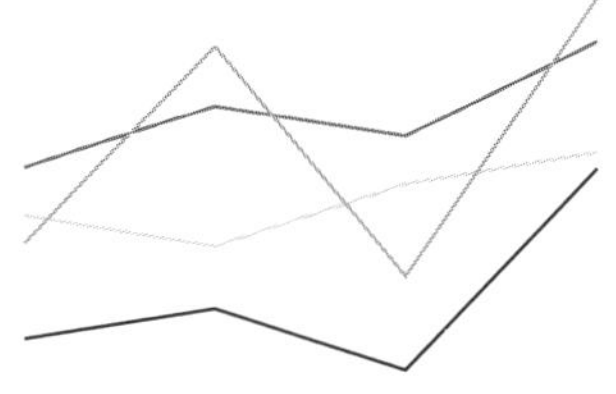

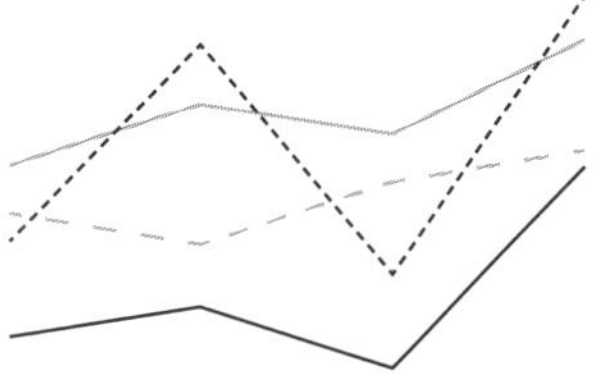

Pie Chart（活用場面：データの構成比を示す）

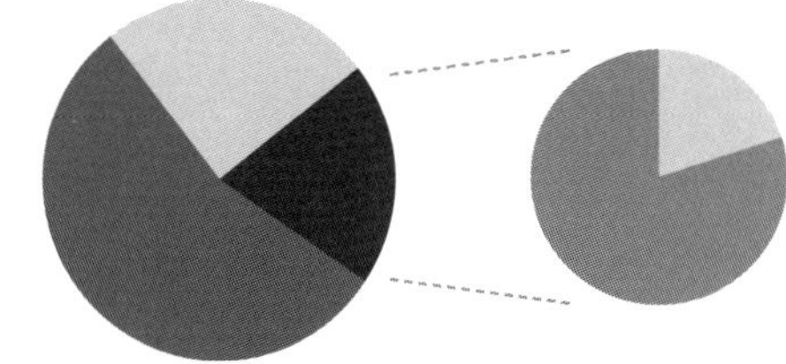

最適な図表の見せ方をよく考える

グラフを作るときには、強調したいことを見せるためにどのような描き方がよいのかを検討しましょう。次ページのSales in the European Marketの図を見てください。右と左のスライドは同じデータから作っていますが、右のデータは途中を波線で省いています。そうすることによって、上昇傾向がより強調して見せられます。このような描き方を好む人もいれば、印象操作のようであまり良くないと考える人もいますので、どのような見せ方が聞き手に好まれるかをよく考えたうえで、見せ方を決める必要があります。

波線で省いた例

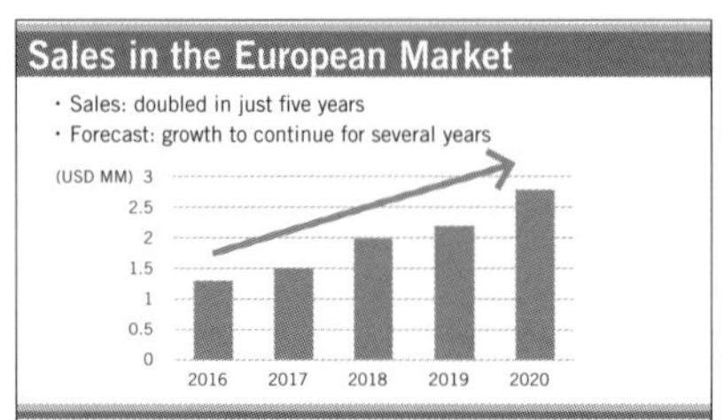

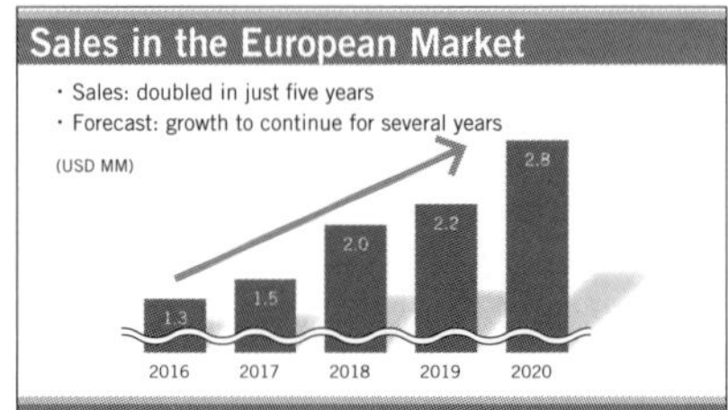

また、データの見せ方も大切です。数字は見える大きさにし、細かくて見えない可能性が高いデータは配布資料として渡せないかを検討しましょう。グラフの目盛線は広めのほうがすっきり見えますので、見せ方を工夫することも忘れずに。しつこいようですが、良いプレゼンテーションを作れるようになるためには、細部まで気にする習慣をつける必要があります。**不要な目盛線を削除し、不要な色も捨てるとすっきりします。**例えば、折れ線グラフにたくさんの色は不要ですので、使う色は最小限にすることを意識するとよいでしょう。

目盛線の幅を変更した例　※右のほうがスッキリ見えませんか。

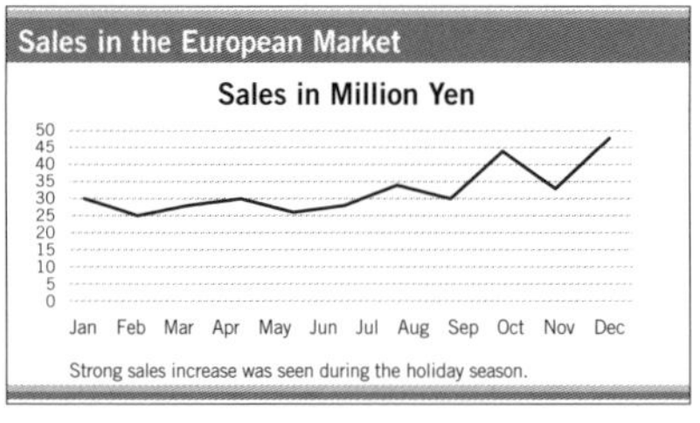

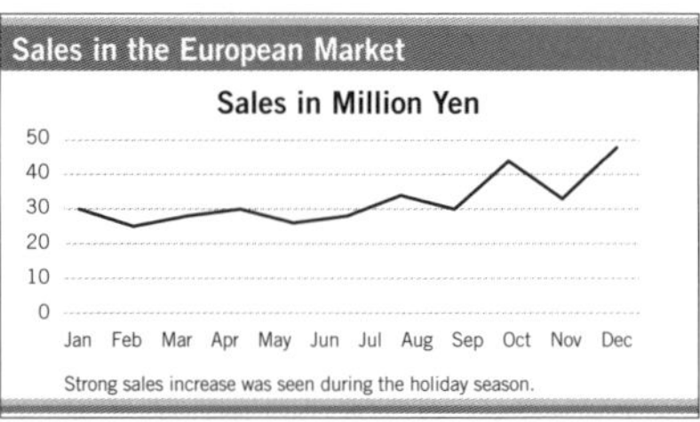

表を作るときは英語表記に要注意

英語圏では◎○△×のような「マルバツサンカク」の印が理解されない可能性が高いことに留意してプレゼンテーションスライドを作成してください。**英語圏では優劣を見せるためにABC、または1, 2, 3のように点数を使うのが一般的**なので、数値化したほうがわかりやすいことがほとんどです。また、○と×の2択の場合、英語圏では✓（チェックマーク）と×（バツ）で表すのが一般的です。

数字で表した例　　※日本語で◎○△×で表すチャート例

Best=3　Worst=0

	Supplier A	Supplier B	Supplier C
price	3	2	1
delivery speed	2	1	3
quality	0	2	3
TOTAL SCORE	**5**	**5**	**7**

our recommendation

A～Dで表した例　※日本語で◎○△×で表すチャート例

Ranked from A to D

	Supplier A	Supplier B	Supplier C
price	A	B	C
delivery speed	B	C	A
quality	D	B	A

our recommendation

チェックマークと×で表した例　　※日本語で○×で表すチャート例

	YZ Cooking Products		Competitor A's Products	
	gas stove	electric stove	gas stove	electric stove
stir fry	✓	✓	✓	✓
broil	✓	✓	✓	✓
fry	✓	✓	✓	×

テキストを書くときのポイント

スライド上にテキストを書くときにも3C (clear, convincing, concise)を意識してください。まず、**テキストをclearに「わかりやすく」するために、使う表現を統一するよう気をつけましょう**。似たような言葉を使っていると話がわからなくなりがちなので、言葉を丁寧に具体的に使うことが大切です。例えば、所属している会社が製造している電子機器に、セキュリティ機能として「指紋認証システム」と「顔認証システム」が搭載されているとしましょう。他社との比較を文字に落とし込むときに「弊社の指紋認証システムと顔認証システムは他社のセキュリティよりも信頼できるものです」と述べたら、「弊社の指紋認証システムと顔認証システム」が「他社のセキュリティ」と全く同じものを指しているのか不明瞭になります。もしかしたら、「他社のセキュリティ」は指紋認証とも顔認証とも異なる「静脈認証」かもしれません。このように別のものを比較していては、伝えていることの信ぴょう性が下がりますので、言葉を大事に使う必要があるのです。

「指紋認証システム」が指していることと、「顔認証システム」が指していることをそれぞれ明確にするためには表を作るといいでしょう。縦に競合他社と自社名を並べ、横に指紋認証システムと顔認証システムを並べます。**比較しているものが同じものかどうかの視点を忘れずに資料を作ることが、clearとconvincingにつながります**。自社の指紋認証システムを他社の指紋認証システムと比べて、特に優れた点を強調しましょう。タイトルをBest Security in the Marketとすれば自社製品が優れているというメッセージも伝わります。ちなみに、英語で“comparing apples to apples”という表現と、その対比として“comparing apples to oranges”という表現があります。いずれも、同じものを比較しないと意味がないということを表す慣用句です。

言葉を丁寧に使うのと同様に、数字も丁寧に扱いましょう。表において、数字の表示方法の統一を意識することが大切です。例えば、小数点以下の桁数が合っているか注意しましょう。以下の表で、B3のセルは3.90となっていますが、これはエクセルなどの計算ソフトで「小数点以下2桁までの表示」がされるように設定しているためです。設定していない場合はB3は3.9と表示されるはずです。他の数字が小数点以下2桁までの表示となっているため、3.9ではなく3.90と表示するほうが適切です。このような細かい点にまで配慮してスライド作りをしましょう。

	A	B	C
1	3.50	2.45	3.73
2	1.89	2.99	3.01
3	3.11	3.90	2.81

3C最後のconcise「簡潔」については前述してきたとおり、オブジェクトを使うことが一番テキストを削減できる方法です。しかし、テキストを書いておけば、スライドを参照することで何を話すべきか思い出せるので、スクリプトの補助輪としてテキストを活用したいこともあるでしょう。その場合は、**文で書くのではなく、ブレットを使って英語を書くようにしましょう**。ブレットとは箇条書きの前につく中黒「・」のことを指します。この記号が弾痕に見えることから、bullet（弾丸）と呼ばれているとされます。箇条書きをすることでテキストを削減することができるので、積極的に使いましょう。スライドタイトルは1行以内、**スライド内のテキスト量は多くても8行以内に収めたい**ところです。

漢字は1文字で意味を伝えることができるのに対して、英語はアルファベットが複数ないと単語にならないので、どうしても文字量が多くなりがちです。正式な文書には省略形は使わないのが一般的ですが、どうしてもスライドに情報を載せきれない場合で、かつ、カジュアルな場のプレゼンテーションであれば、省略形を使って単語を書き出してもいいでしょう。特に社内でのプレゼンテーションの場合は、その企業でよく使われる省略単語が使えます。w/outはwithout, b/cはbecauseなど、一般的に認知されている省略形がありますが、聞き手が理解できるかどうかで活用するか判断しましょう。本章のENGLISH（p. 121）で省略形を紹介しています。フォーマルなプレゼンテーションや、さまざまな知識レベルの聞き手が集まるようなプレゼンテーションにおいては、参加者が理解しにくいことがないように、できるだけ省略形を使わないほうが無難です。**省略形を使うのは、内輪で行うプレゼンテーションのスライド作りの最後の手段と考えましょう。**

最終確認：不要なものは捨てる

たくさんのデータを集めた人がスライドを作るときにやりがちなミスは、多くの情報を開示しすぎて、本当に大事なものが見えにくくなってしまうことです。学会などで多くのスライドが作り込まれている発表を見かけることがあります。与えられている時間の都合上、かなり駆け足になってしまって、聞き手は何を読み取ればいいのかわからないまま、たくさんのグラフや表を見ているうちにプレゼンテーションが終わってしまいがちです。このような事態を引き起こさないように、まずは**聞き手の理解を促す内容かどうかを考えて、情報をスライドのMain Bodyに入れるか判断しましょう。**3Cのconciseにも通じることですが、補足情報の扱いで十分な場合は、配布資料として渡すか、スライドのAppendixに入れてQ&Aの時間を使ってデータの話をするなど、工夫しましょう。

IMPORTANT 一度作ったスライドを確認し、どれだけのテキスト情報を1枚のスライドに載せるかを再検討してください。自分の好みと英語力によって最終判断を下します。キーメッセージとサブメッセージを加えると、相当テキストが増えてしまいますので、自分と聞き手に必要な最低限の英語の量を書き出すように心がけましょう。下記の例では、左のスライドにはキーメッセージの"Short-term Goal: Improve Customer Support ASAP"が大きめの文字で書かれていて、目立ちます。英語力が十分にある方の場合は、左側にある図について口頭説明をし、キーメッセージを伝えれば要点が伝わるでしょう。一方､右のスライドにはGood, Satisfactory, Poorとデータに関する詳細情報が書かれており、話の構成がわかるようになっています。英語に自信がない場合や、あがり症で何を言うべきかわからなくなりがちな方は、下の右側のスライドのように箇条書きの情報を追加しておくことをお勧めします。

例：キーメッセージだけのスライドvs. 詳細情報つき

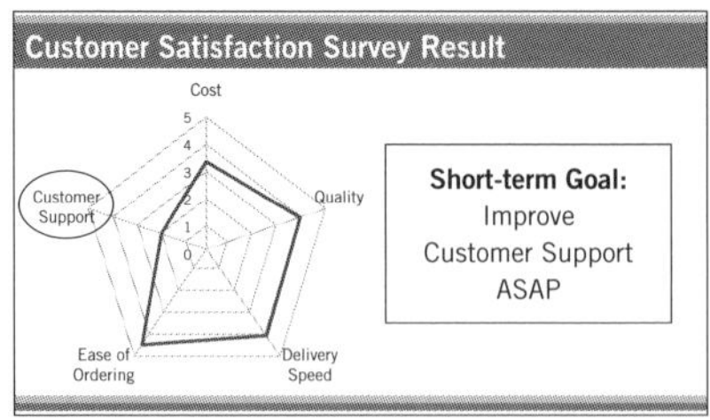

不要な情報や不要な文字を削除したら、最後に不要な飾りや色がないか、確認しましょう。たくさんの色を使いすぎて目立たせたいものが目立たなくなっていませんか。色使いをほどほどにして、少しだけアクセントカラーを使うと、すっきりしたスライドができあがります。

聞き手が迷子にならない工夫

長いプレゼンテーションを行う場合は情報量が多いので、プレゼンテーションのどのあたりにいるのか聞き手がわからなくなってしまうことがあります。As I mentioned earlier（先ほどお伝えしましたように…）などの振り返り表現を入れながら話すことで道筋を見せることができますが、口頭でどこにいるかを説明するのが自信のない場合は、セクションごとに区切りのスライドを入れましょう。区切りとして、何かの写真を入れることもできますが、ビジネスシーンではAgendaが区切りとして活用されることが多いです。話のトピックが変わるとき、例えばAgendaの1つ目の項目から2つ目の項目に移るときに区切りを入れます。話している箇所を目立たせて、その他を控えめにするだけで、どこの話をしているかを見せられる、とても簡単で効果的な方法です。

区切りとしてはさむAgendaの例

Agenda

1. Characteristics of Great Presentations
2. Skills to Become a Powerful Presenter
3. Sample Presentations and Workshop
4. Easy Techniques for Improvement

Agenda

1. Characteristics of Great Presentations
2. Skills to Become a Powerful Presenter
3. Sample Presentations and Workshop
4. Easy Techniques for Improvement

※いま話しているところの文字のみを黒く表示したスタイル

1枚のスライド内に書かれている情報量が多いと、聞き手が何に注目すべきかわからなくなってしまうことがあります。どこを見るべきかをわかりやすくするために、アニメーションをつけることをお勧めします。話の中心となっているオブジェクトを表示するアニメーションを活用したり、オブジェクト内の目立たせたい部分をアニメーションつきの矢印で指したり、さまざまな工夫ができます。会議のようなかしこまった場ではあまり動きが激しくないもの、例えば消えていた文字が表示される程度のアニメーションが好まれます。文字がスライドの外から飛び込んできたような動きの大きなものはインパクトが強いので、インスピレーション型プレゼンテーションで使われることがありますが、例えば売上報告をしている提案型プレゼンテーションには合わないでしょう。TPOに応じて選びましょう。**一般的には話をするタイミングに合わせてテキストやイラストを表示**します。インスピレーション型のプレゼンテーションではムービーのように流れる映像を組み込んだスライドを活用すると、聞き手の心にも同じように動きを与えることができて効果的です。アニメーションを使わない場合は、ポインター（→p. 179）を活用して話すこともできます。プレゼンテーション当日に自分がどのようにプレゼンテーションを行いたいかを想像して、各スライドにどれだけアニメーションをつけるか判断しましょう。

CHAPTER 3 STEP 3 戦略的にスクリプトの準備をする

スクリプト量の目安を確認する

Main Bodyのプレゼンテーションスライドが完成したら、必要に応じてスクリプトを書き出します。スクリプトをすべて書き出すことはあまりしていないという方が多いでしょう。英語力が高い方は、重要ポイントだけをまとめたメモを作るだけで十分です。しかし、スクリプトをすべて書き出すと、その単語数から情報量が多すぎるか判断することができるメリットがあります。次ページの表を参考にしてください。

一般的に、ネイティブスピーカーがプレゼンテーションを行うとき、間（ま）を取ったり、聞き手に問いかけをするなどのインターアクティブな時間を組み込むことを考慮すると、150 wpm（1分間に150単語）くらいのスピードで話します。話すことを職業にしている人や早口の人は、プレゼンテーションでも180wpmくらいで話すことができます。**ネイティブスピードで話せる方はプレゼンテーションで150wpmくらいで話すことを想定**してスクリプト量の参考にしましょう。**英語に苦手意識がある方は110wpmくらいを目安**にし、与えられた時間からスクリプトに組み込むことのできる単語数を算出しましょう。場数を踏むと、ご自身の英語力や話すスピードに応じて適切な量がわかってきます。

英語力	速度	プレゼンテーションの持ち時間		
		10分	20分	30分
上級	150wpm	1,500単語 （A4約3枚）※	3,000単語 （A4約6枚）	4,500単語 （A4約9枚）
中級	130 wpm	1,300単語 （A4約2.5枚）	2,600単語 （A4約5枚）	3,900単語 （A4約8枚）
初級	110 wpm	1,100単語 （A4約2枚）	2,200単語 （A4約4枚）	3,300単語 （A4約6.5枚）

※A4用紙に約500単語を書く場合で算出。

なお、プレゼンテーションをよく行う方は、単語数を細かく把握しなくても「自分は1スライドに3分くらい時間をかける」というような目安がわかっていると思いますので、その数値をもとにスライド数やスクリプト量を確認してください。

discourse marker（談話標識）を使ってスクリプトを書く

IMPORTANT スクリプトを書くときに意識したいのは、スライドを見る人の目の動きを意識した流れで話すことと、discourse marker（談話標識）を使って話すことです。

スライドに必要なものは
・スライドタイトル
・キーメッセージ
・（必要に応じて）強調したい点などのサブメッセージ
・メッセージを支えるための視覚情報
でした。スライドに載せた情報の流れに沿ってスクリプトを組み立てましょう。視覚情報は上から下に、左から右に理解されます。この流れに沿って話をしましょう。

話すときは、ストーリーの流れを作るdiscourse markerを使ってください。「談話標識」は言語学で使われる表現ですが、要はつなぎ言葉です。文と文との論理的関係性を示す表現（接続詞・副詞［句］・前置詞句など）の総称で、会話でよく使われるものです。会話では、前後の情報の関係性を明示するために、discourse markerを使うことが重要です。例えば、逆説を示したいときは接続詞のbutまたは接続副詞のHowever,を使うと前後関係がはっきりしますし、On the other hand,のような表現を使うと前後の情報を対比していることがわかります。**discourse markerがあれば、聞き手は話の展開を予測して聞くことができるので、わかりやすいプレゼンテーションになる**のです。

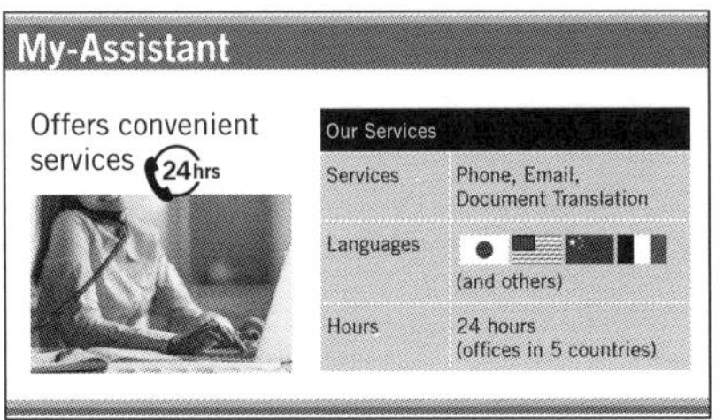

人の目の動きの順に沿ってスクリプトを書く場合、このMy-Assistantの紹介スライドでは、タイトルについて述べてから、左上のキーメッセージを伝え、右の表にある具体的なテキスト情報を紹介する流れが自然です。まずは

・First, **let me quickly introduce our new service, My-Assistant.**
まず、我々の新しいサービスである「マイアシスタント」の概要を紹介させてください。

とタイトルの表現を使いながら、何について話すのかを明確にします。First, second, third, やnext, finally, などのdiscourse marker（談話標識）を使えば、プレゼンテーションの全体的な流れを示しながらもシンプルでわかりやすい話し方ができます。次にキーメッセージを伝えます。

・**We offer convenient services 24-hours-a-day.**
毎日24時間、便利なサービスを提供しています。

そして、最後にスライドの右側の表にまとめられている具体的な情報を伝えます。

・**We answer calls, respond to emails, and translate documents on behalf of business owners. Currently, we offer full services in four languages: Japanese, English, Chinese, and French. As I mentioned, we offer our services 24-hours-a-day, which is possible because we have offices in five countries in different time zones.**

我々は、経営者の皆様の代わりに電話対応し、メールに返信し、そして書類の翻訳を行っています。現時点では日本語、英語、中国語、そしてフランス語の4か国語でこれらのサービスを提供しています。先ほどお伝えしたように、毎日24時間サービスをご提供していますが、これは異なるタイムゾーンの5か国に事業所があることで実現しています。

サービスの説明スクリプトにAs I mentioned, という表現がありますが、これもdiscourse markerです。聞き手は「先ほどの話と関連しているんだな」と気づくことができます。As I was saying, やAs I mentioned before, のように一度述べたことを思い出してもらうためのフレーズは、スライドが変わるときに特に積極的に使いましょう。ネイティブスピーカーのプレゼンテーションを見ると、ことあるごとにdiscourse markerを活用していることに気づくと思います。長いプレゼンテーションであればあるほど、話の構成を耳でも確認できるようにする工夫が必要なのです。要所要所で伝えたい内容を端的にまとめたり、すでに述べたことを再度述べておさらいをしたりすると効果的です。以下のような表現を使って、聞き手にすでに伝えたことや、あらかじめ知っているかもしれないことに触れながら理解を促すとよいでしょう。

・As I mentioned earlier, **this data is important because it tells us what the consumers really want.**

先ほどお伝えしたように、消費者が何を本当にほしがっているのかを教えてくれるので、このデータは大切です。

・As you may already know, **there are various ways to collect data.**

ご存じかもしれませんが、データ収集の方法はいろいろあります。

まずはChapter 1のENGLISH「話の流れを明確にする表現 (discourse markers)」(→p. 38) にある接続詞や副詞を使いこなせるようにしましょう。プレゼンテーションに慣れてきたら本章のENGLISH (→p. 112) に掲載した表現も積極的に活用してください。

グラフや表を説明する「型」に沿って話す

スライドを作るときには「オブジェクト」と呼ばれる視覚情報を活用すると前述しました (→p. 88)。主な3つのオブジェクトは図やチャート、写真や絵、テキスト情報、でしたね。これらについてわかりやすく伝えるために、よく使われる「型」を覚えておき、慣れるまでは基本に忠実にスクリプトを準備しましょう。慣れればプレゼンテーション中に思い出した追加情報を組み込んだり、自由に話したりできるようになります。

視覚情報はキーメッセージを伝えるためのツールなので、プレゼンテーションの流れ同様、トップダウン型かボトムアップ型かを決めて、スクリプトを書きます。トップダウン型ならキーメッセージがステップ1に入り、ボトムアップ型ならば、キーメッセージをステップ3に組み込みます。

・トップダウン型の3ステップ
1. 今から見てもらうものを紹介する意図を伝える
2. スライド内で見てほしいものと、それが何なのかを伝える
3. オブジェクトのどこに注目するのかを伝える

・ボトムアップアップ型の3ステップ
1. スライド内で見てほしいものと、それが何なのかを伝える
2. オブジェクトのどこに注目するのかを伝える
3. なぜそれを見てほしかったのか、意図を伝える

提案型プレゼンテーションを想定して、このスライドの説明方法を考えてみましょう。トップダウン型かボトムアップ型かで多少、表現が異なりますが、おおむね同じ文でスクリプトを作ることができます。

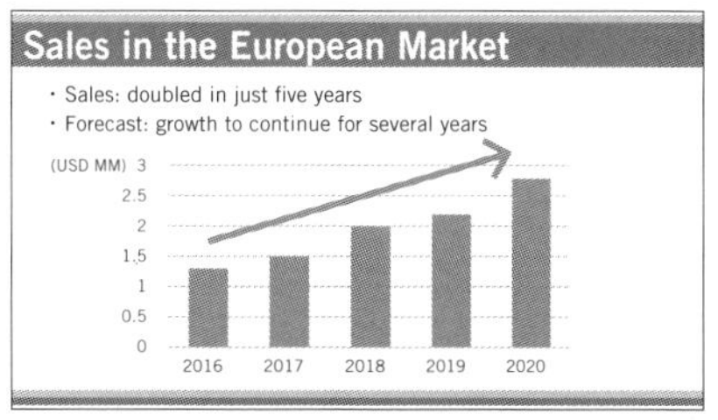

TRACK 24

・トップダウン型

1. We believe the trend in the European market will most likely continue. Therefore, we should continue to design our new products to match the needs of consumers in Europe. Here's why we think so.

私たちは、ヨーロッパ市場の傾向はこのまま続くと考えています。したがって、ヨーロッパの顧客のニーズに沿って新商品を開発し続けるべきだと考えています。その理由は以下のとおりです。

2. Please take a look at the graph. The bar graph shows the growth in sales we have been experiencing in the European market.

グラフをご覧ください。この棒グラフはヨーロッパ市場での売り上げを示しています。

3. As you can see, we are experiencing rapid growth. Sales have doubled in only five years and we were just short of three million dollars in 2020. The European market continues to be strong, so I'll propose the following business strategy.

ご覧になってわかるように、急成長を遂げています。たった5年間で売り上げは2倍になり、2020年は300万ドル近くの売り上げでした。ヨーロッパ市場は引き続き活発なので、次の事業戦略を提案します。

・ボトムアップ型 TRACK 25

1. **Now, please take a look at the graph. The bar graph shows the growth in sales we have been experiencing in the European market.**
それでは、グラフをご覧ください。この棒グラフはヨーロッパ市場での売り上げの増加を示しています。

2. **As you can see, we are experiencing rapid growth. Sales have doubled in only five years and we were just short of three million dollars in 2020.**
ご覧になってわかるように、急成長を遂げています。たった5年間で売り上げは倍になり、2020年は300万ドル近くの売り上げでした。

3. **We believe the trend in the European market will most likely continue. Therefore, we should continue to design our new products to match the needs of consumers in Europe. Our proposal follows.**
私たちは、ヨーロッパ市場の傾向はこのまま続くと考えています。したがって、ヨーロッパの顧客のニーズに沿って新商品を開発し続けるべきだと考えています。私たちの提案は次のとおりです。

研究発表などで使う図表を説明する際には、どのようにデータ収集が行われ、どのように分析したのか、具体的な情報が必要です。調査の目的、調査方法、分析方法を伝えたうえで結論を伝えるのが基本的な流れなので、以下の流れで説明しましょう。

・データに関する詳細を伝える3ステップ TRACK 26

1. 調査目的を伝える
2. データ収集方法と分析方法を伝える
3. わかったこと、考察、アクションプランを伝える

例：

1. **The objective of this research was to identify key factors that affect the consumers' decisions.**
この調査の目的は顧客の判断に影響する主要な点を見つけることでした。
※objectiveの発音がobjectになってしまわないように注意しましょう。

2. **This is how we collected data: we first conducted a survey, and then we randomly selected participants for group interviews. We reached out to 20,000 customers and got 12,010 responses...** （詳細説明）**Next, I will describe how we analyzed the data. We did a t-test...**（詳細説明）

   データ収集方法は次のとおりです。まずアンケート調査を行いました。そしてランダムにグループインタビューの参加者を選択しました。2万人の顧客にアンケートを出し、12,010名の回答を得て…。（詳細説明）次に、データをどう分析したかを説明します。t-testを行い…。（詳細説明）

3. **Fortunately, we have plenty of evidence that our customers value quality over price. However, one question we have still left open is "How can we lower the cost of the production?" Although our customers are currently interested in quality over price, we think our competitors are working on lowering their prices. Therefore, in order to keep our competitiveness, we also need to come up with some ideas.**

   幸いなことに、我々の顧客が価格よりも品質に価値を感じることがわかるデータが十分に取れました。しかし、依然残る課題はどのように価格を下げられるかです。現時点で我々の顧客は価格よりも品質に興味を持っていますが、競業他社は価格を下げる努力をしていると思われます。したがって、競争力を維持するためには、（対策）案を考える必要があります。

研究発表や調査結果を報告する機会が多い場合は、できるだけ多くの表現を使いこなせるように本章のENGLISHの表現（p. 112）を参照して、さまざまな表現をスムーズに言えるように練習してください。

動詞に意識を向けて美しい英語で話をする

文を考えるときに最適な動詞を選べると、生き生きとした表現になります。日本人は名詞をたくさん覚えているので、名詞句を使いがちですが、ぜひ**動詞を使って話す**ように意識してください。例えば、We will talk about the proposal approval in the meeting.（会議では提案事項の承認について話し合います）は何とか通じますし、文法的にも問題ないはずの文ですが、教養のある人が話すプレゼンテーション表現としてはイマイチです。会議の目的は「承認について話す」のではなく、「承認をもらう」ことではありませんか。名詞のapprovalを使わずに動詞のapproveを使い、We hope you approve the proposal in the meeting.（会議で提案事項の承認をしていただけることを願っています）と述べると自然な英語になります。

IMPORTANT 聞きやすい英語は動詞が美しく揃って使われています。**文を作るときには、同じ形に揃えた動詞を使って各アクションを説明するようにしましょう。**以下の良い例1は動詞の原型のdiscuss, approve, finalizeでアクションを明確にしています。場合によっては良い例2のように1つの動詞だけを使って文をまとめることもできますが、その場合は、動詞の後ろに続く内容をすっきりと短くしましょう。そうしないと「何をどうする」のかがわかりにくくなってしまいます。

・悪い例

× **We need to discuss the venue for our event, proposal approval, and new schedule.**

イベント会場、提案承認、そして新しい予定について議論しなくてはいけません。

※動詞はdiscussだけなので、カンマで区切られた3つの事柄がdiscussできるものである必要があります。しかし、proposal approvalの「提案承認」は「議論する」のか「承認する」のか不明瞭になり、英語のコロケーション（単語と単語のよくある組み合わせ）としてかなり違和感があります。

・良い例1

○ **We need to discuss the venue for our event, approve the proposal, and finalize our new schedule.**

イベント会場について議論し、提案を承認し、そして新しい予定を最終化しなくてはいけません。

・良い例2

○ **We need to discuss the venue, the proposal, and the new schedule.**

イベント会場、提案、そして新しい予定について議論しなくてはいけません。

さまざまな意味を含む動詞は多彩な表現に応用できますので、単語力をつけたい人はまずは使いこなせる動詞の数を増やすとよいでしょう。

主語をIにするかWeにするか決める

主語をIにするか、weにするかでニュアンスが異なります。主語は戦略的に使い分けましょう。**Iを使うとあくまでも自分１人の考えや行動であることを強調し、weを使うと会社や組織などのグループとしての取り組みだというニュアンスが含まれます**。会社に所属する営業担当はよくweを使って「我々の商品（またはサービス）」と強調しています。研究チームが成果を発表するような学会の発表でも、チームとしての功績であることが伝わり、プレゼンテーションを行っているチームの一体感が聞き手に伝わります。逆に、個人的な感想や解釈を述べる場合は全員の意見を代弁しているのではなく、あくまでも自分の意見であることを明確にするために、主語をIにしましょう。

・複数名でプレゼンテーションに参加しているとき

△ **Today, I will talk about the results of our study.**

本日は、私が我々の研究結果についてお話しします。

○ **Today, we will talk about the results of our study.**

本日は、我々が私たちの研究結果についてお話しします。

・個人の感想を述べるとき

△ **We think this is one of the most interesting findings.**

これは私たちが一番おもしろいと思っている発見です。（全員一致の意見なら○）

○ **I think this is one of the most interesting findings.**

これは私が一番おもしろいと思っている発見です。

悪い情報は受動態またはcould notで伝える

プレゼンテーションを行うときは基本的には主語をIやweにして、能動態で話します。しかし、受動態が活躍する場面があります。**良くない情報を伝えるときは受動態を使うといい**でしょう。例えば「プロジェクトを期限内に終えることができなかった」と伝えたいとき、**We did not complete our project by the deadline.（私たちは期限までにプロジェクトを完結しなかった）と言ってしまうと、意図して「終えなかった」というニュアンスになってしまいます。**受動態にすると「プロジェクトが（何らかの理由で）期限内に終わらなかった」というニュアンスになるので、不可抗力だった可能性も含まれます。**受動態を使わない場合は、could not (〜することができなかった) を使う**ことで、何らかの事情で期限内にプロジェクトを終えられなかったことを伝えることができます。いずれの伝え方を選択してもいいのですが、自分が意図的に悪いことをしたというニュアンスで伝えないように意識することが大切です。

× Unfortunately, we did not complete our work by the deadline.
残念ながら、期限までに仕事を完結しませんでした。

○ Unfortunately, our work was not completed by the deadline.
残念ながら、期限までに仕事が完結されませんでした。

○ Unfortunately, we could not complete our work by the deadline.
残念ながら、期限までに仕事を完結することができませんでした。

大切なことはすべての人にわかるように明示する

英語はlow-context languageです。対照的に、日本語はhigh-context languageと考えられています。これはコミュニケーションの概念で、context「状況」や「文脈」の理解がどれだけ求められるかを意味します。low-context languageでは状況や文脈から理解することをあまり求められません。反対にhigh-context languageでは状況や文脈から理解することが求められます。「空気を読んでよ」という高度なコミュニケーションテクニックを要求されるのはhigh-context languageを使っているときです。

IMPORTANT グローバル社会においては、low-context languageを使ってさまざまな考えの人やさまざまな背景を持つ人に対してプレゼンテーションをしなくてはいけません。**すべての人がわかるように、大切なことはできるだけ単刀直入に伝えましょう。**要点を察してもらうことを避けるように工夫するのが話し手の責務です。そこで、大切なことが伝わる簡単なテクニックをご紹介します。重要なことを言う前に「今から大切なことを言います」と前置きをしましょう。

・**Now, I'm going to say something very important.**
今からとても大切なことを言います。

・**What I'd like to emphasize is this.**
私が強調したいことはこれです。

また、前後に間(ま)を取ることも大切です。間を入れると、「次に何が来るのだろう」と聞き手は考えます。この数秒間の間（ま）で聞き手の注目を集めてから話し出すようにすれば、重要なことが伝わります。これに加えて、長いプレゼンテーションでは、大切なことをプレゼンテーションのあちこちに散りばめて何度も言及するようにすれば、聞き手の記憶に定着するでしょう。

余計なことは言わない

3Cのconcise「完結に」に関連する重要なポイントについてご説明しましょう。キーメッセージに必要ない話は組み込まないように注意しましょう。案外、これは難しいことです。「認めてほしい」という承認欲求のために「頑張ってこんなに調査しました」と多くの話を組み込んでしまうことがあります。「自分はこんなに知識があるんです」ということを見せたくて、議論とは関係のないことについて触れたくなったりしますが、話がぶれて何が一番大切かわからなくなります。**トピックに詳しければ詳しいほど、話しすぎないように気をつけましょう。**プレゼンテーション中にスライドの内容について質問を受けたり指摘されたりしたときに、言い訳に走ってしまう人もいます。「調査時間が不十分でしたので、今日はこんなスライドになっています」と言われても、聞き手にとってはメリットがありません。「ご指摘のポイントを考慮し、再度データ分析をさせていただきます」と今後について述べれば十分です。

また、提案型プレゼンテーションのMain Bodyで聞き手をやたら褒めたり、お礼を何度も述べたり「ヨイショ」をしているのが顕著な場合もあり、同席していると違和感があります。スライドに余計なものを組み込まないように気をつけるのと同様に、英語力が高い人こそ、うっかり不要なことを言ってしまわないように注意しましょう。余計な話は雑音となり、話をわかりにくくさせてしまいます。**無駄なことを言わず、言い訳をせず、要点を簡潔に述べることを常に意識**してください。

ENGLISH

Main Bodyの冒頭で使える表現 TRACK 27

・**So, let's begin.**

では、始めましょう。

・**Without further ado, let's begin.**

もったいぶらずに始めましょう。　※adoの発音はアドゥー。

・**As I just mentioned, I'll start off with our monthly sales report.**

先ほどアジェンダで申し上げたように、まずは売り上げの月次報告から始めます。

資料を見てもらうときに使う表現 TRACK 28

・**Please refer to the handout.**

配布資料を見てください。

・**Let's take a look at this slide.**

スライドを確認しましょう。

・**Please pay attention to the table.**

表に注目してください。

・**I'd like to show you our survey results.**

アンケート結果をお見せしたいと思います。

・**I think you'll notice that our market share is expanding.**

我々のマーケットシェアが増加していることにお気づきになるかと思います。

・**You can find the comprehensive data in the handout.**

配布資料の中にすべてのデータがあります。

・**This graph might be difficult to see through the projector. You can refer to page 9 in your handout. You should see the data better on paper.**

このグラフはプロジェクターを介すと見づらいかもしれません。配布資料の9ページを確認してください。データは紙のほうが読みやすいでしょう。

つなぎ表現（discourse markers） TRACK 29

・**According to ～**（～によると）

・**Compared to ～**（～と比較して）

・**As a result of ～**（～の結果を受けて）

・**Because of ～**（～のせいで、～のおかげで）
・**As a matter of fact,**（実際のところは）
・**Again,**（再度申しますが）
・**Additionally,**（それに加えて）
・**To clarify,**（より明確にするために言うと）
・**In this respect,**（この点においては）
・**As you can see here,**（ここでわかるように）
・**As I mentioned earlier,**（先ほどお伝えしたように）
・**If you remember what I said earlier,**
（先ほどお伝えしたことを思い出していただきたいのですが）
・**So far, I talked about ～ .**（ここまで～について話しました）
・**Compared to what you saw earlier,**（先ほど見たものと比べると）
・**I just covered the topic of ～ .**（～について話しました）
・**Now, I'd like to move on to ～ .**（次に～について話したいと思います）
・**On one hand ～ , and on the other hand...**（～である一方で、他方では…です）

図表の種類と図表の場所を示す表現 TRACK 30

・**table**（表）
・**graph**（グラフ）
・**illustration**（図解用イラスト）
・**line chart / line graph**（折れ線グラフ）
・**bar chart / bar graph**（棒グラフ）
・**stacked bar chart/graph または cumulative bar chart/graph**（積み上げグラフ）
・**horizontal bar chart/graph**（帯グラフ）
・**histogram**（ヒストグラム）　※棒グラフとの違いは棒の間隔がないこと。
・**pie chart**（円グラフ）
・**doughnut chart**（ドーナツグラフ）
・**Venn diagram**（ベン図）
・**radar chart**（レーダーチャート）
・**scatter plot / scatter chart / scatter graph**（散布図）
・**bubble chart**（バブルチャート）
・**area chart / area graph**（面グラフ）
・**at the top of the ～**（～の上部）

- **in the middle of the ～**（～の中央部）
- **at the bottom of the ～**（～の下部）
- **vertical axis**（縦軸）
- **horizontal axis**（横軸）
- **solid line**（実線）
- **dotted line**（点線）
- **broken line**（破線）
- **highlighted area**（色のついた部分）
- **grayed-out area**（暗くしてある部分）
- **striped area**（斜線の部分）
- **number of data**（データ数）
- **percentage**（割合）

  ※30% は30 percentと読みます。

  ※分数は上から下へ読み、母数は序数を使います。2/3 はtwo-thirdsです。例外的に、1/2 はone-half, 1/4はone-quarterという読み方をします。
- **ratio**（比率）

  ※2:3は2 to 3と読みます。
- **average**（平均）
- **distribution**（分布）

データの傾向を伝える表現

- **上昇傾向を表す表現**

  increased（増加した）, **rose**（上昇した）, **improved**（改善した）, **doubled**（2倍になった）, **tripled**（3倍になった）, **quadrupled**（4倍になった）
- **下降傾向を表す表現**

  decreased（減少した）, **dropped**（下降した）, **declined**（減少した）, **fell**（落ちた）, **has a downward trend**（下降傾向にある）
- **変化が少ないことを表す表現**

  remained the same（同じ状況を維持している）, **has been steady**（安定している）, **remained stable**（安定している）, **has leveled off**（横ばいである）, **stayed strong/weak**（そのまま強い/弱いポジションである）, **slightly increased/declined**（ほんの少しだけ増加した/減少した）

・**最高の数値であることを述べる表現**

reached a historic high/low（史上最高値である/最低値である）

・**激動していることを伝える表現**

rapidly increasing/decreasing（急増している、急降下している）, **there's a sharp increase/decline**（急激な増加/減少がある）, **numbers have soared/plunged**（数値が急増した/大暴落した）, **there was a significant increase/drop**（目に見て取れる重要な増加/減少があった）, **we've seen drastic improvement**（劇的な改善が見てとれた）, **the numbers dropped abruptly**（突如数値が落ちた）

図表を説明するときに使う表現　TRACK 32

・**Please look at this pie chart.**

この円グラフを見てください。

・**Let's take a look at this Venn diagram.**

このベン図を見ましょう。

・**I'd like to call your attention to the figure on the right side.**

右側の図に注目していただけますでしょうか。

・**This bar graph shows the growth of sales.**

この棒グラフは売り上げの増加を示しています。

・**The horizontal axis on the graph shows the year and the vertical axis shows the number of units sold.**

X軸は年を表し、Y軸は販売個数を表しています。

・**In this slide, you see some pictures I took in Las Vegas when I attended the trade fair.**

このスライドでは見本市に参加したときにラスベガスで撮った写真をご覧いただけます。

・**This table shows the advantages and disadvantages of online marketing.**

この表はオンラインマーケティングのメリットとデメリットを表しています。

・**This table demonstrates the pros and cons of introducing the new service.**

この表は新しいサービスを導入するメリットとデメリットを表しています。

※英語ではmerit/demeritを日本語と同じようには使いませんので、注意しましょう。

・**This pie chart shows which political party 20-year-old university students support.**

この円グラフは20歳の大学生がどの政党を支持しているかを表しています。

TRACK

調査目的・分析方法・結果を伝えるときに使う表現

- **The end goal of the survey was to identify key factors that affect the consumers' decisions.**
  アンケートの目的は顧客の判断に影響する主要な点を見つけることでした。
- **The objective of this research was to demonstrate that our new model is more cost-effective than our old model.**
  この研究の目的は新しいモデルのほうが古いモデルよりもコストパフォーマンスがいいということを示すことでした。
- **The study was designed to help us better understand the needs of our consumers.**
  調査は顧客のニーズをより良く理解するために計画されました。
- **This is how we collected the data.**
  これがデータの収集方法です。
- **Here is how we took the measurements.**
  これがデータの収集方法です。
- **Now, I will explain how we analyzed the data.**
  次に、データの分析方法を説明します。
- **The analysis was done using these calculations.**
  これらの計算式を使って分析を行いました。
- **This slide summarizes the key results.**
  このスライドで主要な結果を示しています。
- **Of the people who responded to the survey, only 60% were happy about our app.**
  アンケートに答えてくれた人のうち、わずか60%が我々のアプリに満足していました。
- **Our sales increased by 20%.**
  売り上げは20%増でした。
- **Our share decreased by 10%.**
  売り上げは10%減でした。
- **The number of women using our product increased to over 15,000 people.**
  我々の商品を使っている女性の数は1万5千人以上にまで増加しました。
- **The market share shrunk to 42%.**
  マーケットシェアは42%にまで落ち込みました。

・**The majority of our customers were happy with our product.**
我々の顧客の大多数が我々の商品に満足していました。

・**Only a minority of survey respondents expressed concerns about pricing.**
アンケートに答えた人のうち、少数の人だけが価格に関する懸念を表しました。

・**We found that A has an effect on B.**
AがBに影響を及ぼすことがわかりました。

・**We found that A affects B.**
AがBに影響を及ぼすことがわかりました。
※effect（名詞）とaffect（動詞）の使い分けに注意しましょう。

・**This data illustrates that A depends on B.**
AはBによって決まることをこのデータは示しています。

気づきやデータの重要な点を伝えるときに使う表現 TRACK 34

・**Looking at this information, I anticipate/expect our sales to grow.**
この情報を見ると、我が社の売り上げは増加すると思います。
※anticipate A to Bまたはexpect A to Bで（AがBすると思う）の意味。

・**We can say that the future for our company is bright.**
我が社の未来は明るいと言えます。

・**In my opinion, this graph shows that the trend will continue.**
このグラフはこの傾向が続くことを意味している、というのが私の意見です。

・**Based on our data, it's logical that we invest in this company.**
データに基づくと、この企業に投資するのは理にかなっていると思います。

・**It seems to me that this radar chart clearly illustrates where we need to make improvements.**
このレーダーチャートは我々がどこを改善しないといけないかを明確に表していると思います。

・**According to our data, we can safely say that we won't lose that many users even if we raise the service fees.**
データに基づくと、たとえサービス費用の値上げをしても、多くのユーザーを失うことはないと言って差し支えないと思います。

・**We have plenty of evidence that the number of tourists visiting Tokyo is increasing.**
東京を訪れる観光客が増加しているという証拠が十分にあります。

- **We have some meaningful data that supports the idea that more foreign investors will invest in real estate.**
もっと多くの外国企業が不動産分野に投資するだろうということを示す有意義なデータがあります。
- **We have some interesting examples that show students are studying fewer hours, but getting the same learning results.**
学生がより少ない学習時間でも同じ学習成果を得ているという興味深い事例があります。
- **A possible explanation for the decline in sales is the decrease in the number of tourists.**
売り上げの減少の原因と考えられるのは、観光客数の減少です。
- **We believe the major finding was that students prefer to do homework online than in workbooks.**
主要な調査結果は、生徒が宿題をワークブック上よりもインターネット上ですることを好むということです。
- **It's important to mention some of the assumptions I have made.**
私が立てたいくつかの仮説をお伝えすることが重要だと思います。
- **What I want to emphasize is this dataset was collected 10 years ago.**
強調したいのは、このデータは10年前に集められたということです。
- **What is crucial in our discussion is that the government policies have an effect on sales results.**
我々の議論において非常に重要なのは、政策が売り上げに影響を及ぼすということです。
- **Another point to keep in mind is there will be a change in accounting regulations next year.**
もう1つ覚えておく必要があるのは、来年度、会計上の規定に変更が生じるということです。
- **One thing you should keep in mind is that this study was conducted in a laboratory setting where no irregular activities took place. In the real world, we know that many random things occur, so the results may be a bit different.**
覚えておくべきことの1つは、この調査は一定の環境の研究下で行われたということです。現実社会においては、ご存じのとおり、さまざまなランダムな事象が起こるので、結果は少々異なる可能性があります。
- **It's important that we're all on the same page here. Let me go over the details.**
全員が同様の理解をしていることが大切です。詳細について具体的に紹介しましょう。

- **What is intriguing for us is people do not care so much about the price of the product.**

  我々にとって驚くべきことに、人々は商品の価格についてあまり気にしていないのです。

- **I know there are many studies that show conflicting results. There may be some differing viewpoints regarding this issue, but I want to trust this dataset.**

  (この結果と)相反する結果を示している多数の調査があるのを理解しています。この点においてさまざまな観点の考えがあるのはわかりますが、私はこのデータを信じたいと思います。

- **One question we have yet to answer is who benefits the most from the change in government policies.**

  まだ答えが出ていない1つの疑問は、誰が政府による政策の変更によって一番利益をこうむるのかということです。

- **One question we have still left open is "How can we lower the cost of the production?"**

  まだ答えが出ていない1つの疑問は、「どのように製造コストを下げるか？」ということです。

大切なことを述べる前に使う表現 TRACK 35

- **Now, I'm going to say something very important.**

  今からとても大切なことを言います。

- **What I'd like to emphasize is this: for our customers, price is not as important as quality.**

  私が強調したいことはこれです。我々の顧客にとって、価格は品質ほど大切ではないのです。

- **As you may have figured out, the key point is this: for our customers, price is not as important as quality.**

  もうおわかりかもしれませんが、重要な点はこれです。我々の顧客にとって、価格は品質ほど大切ではないのです。

- **Here's something I'd like you to remember: for our customers, price is not as important as quality.**

  このことを覚えておいてください。我々の顧客にとっては、価格は品質ほど大切ではないのです。

- **This is probably the most important thing I'll say today: for our customers, price is not as important as quality.**

  今から言うことが、今日私が言うことの中で一番重要な点です。我々の顧客にとっては、価格は品質ほど大切ではありません。

他の話し手にバトンタッチする表現

・**Now, let me hand it over to John.**
それでは、ジョンに代わらせていただきます。

・**Now, John will talk to you about our sales results.**
これからジョンが売り上げ結果についてお話しします。

・**Please give your attention to Mr. Brown now.**
それでは、ブラウンさんに注目してください。

・**I'd like to give you a chance to take a look at this from another perspective, so I'll hand it over to Mr. Brown.**
この点について、異なる見方をする機会を提供したいので、ブラウンさんに代わらせていただきます。

・**Mr. Brown and I haven't been able to come to an agreement on this point. I think it'll be beneficial to hear from both of us, so now I'll let him voice his opinion.**
ブラウンさんと私はこの点においては異なる意見を持っています。2人の意見を聞くのは意義があることだと思いますので、今から彼に意見を述べていただきます。

人が話しているところに割り込む表現

・**May I speak?**
話してもいいですか。

・**May I jump in?**
割り込んでもいいですか。

・**I have something I'd like to add.**
補足したいことがあります。

・**I'd like to add that Mr. Brown and I are divided on this issue.**
ブラウンさんと私はこの点については意見が異なるということを補足しておきたいと思います。

・**I'd like to make a brief comment about the data.**
このデータについて一言述べさせていただきたいと思います。

TRACK 38

時間の都合で情報を割愛する必要があるときに使う表現

- **In the interest of time, I'd like to ask you to look at your handout later for further information.**
  時間の都合により、より具体的な情報については、後ほど配布資料を見ていただければと思います。
- **Today, my time is limited so I'd like to focus on this data. You can take a look at the other dataset in the handout.**
  今日の持ち時間は短いので、このデータに焦点を当てたいと思います。他のデータについては配布資料を見ていただければと思います。

カジュアルなプレゼンテーションで使える省略形

- **b/c (because)** なぜなら
- **cont. (continued)** 続く
- **e.g. (for example)** 例えば
- **i.e. (for instance)** 例えば
- **w/ (with)** ～と
- **w/o (without)** ～なしで
- **N/A (not applicable, not available, no answer)** 該当しない、存在しない、該当なし
- **prob. (probably)** たぶん
- **desc. (description)** 詳細
- **dept. (department)** 部署
- **BU (business unit)** 事業部
- **econ. (economy)** 経済
- **govt. (government)** 政府
- **dev. (development)** 開発
- **incl. (included)** 含まれる
- **exc. (exception)** 例外
- **stats (statistics)** 統計
- **TBA (to be announced)** 後日発表予定
- **TBC (to be confirmed)** 要確認
- **TBD (to be determined)** 後日決定予定
- **EOD (end of the day)** 就業時間の終わり
- **RFP (Request For Proposal)** 提案依頼書

- **RFQ (Request For Quotation)** 見積依頼
- **QA (Quality Assurance)** 品質保証
- **QC (Quality Control)** 品質管理
- **ETA (estimated time of arrival)** 到着予定時間

TRY IT

ACTIVITY 1 TRACK 39

あなたは調理器具の開発責任者です。最近販売したばかりの商品の改良を行うために顧客の声を集めて、開発に役立てたいと考えています。まずはオンラインアンケートを実施します。その後、顧客を集めたグループインタビューと、遠方の顧客に対するオンラインインタビューを平行して行い、顧客の声を集める予定です。このことを社内のメンバーに伝えるスライド構成を考えましょう。下記の内容を、あなたなら視覚的にどのように伝えますか。

As I just mentioned when I showed you the agenda, I'll share my ideas about collecting customer feedback and what the schedule would look like. First, we'll send out an online survey. We can send out an email to all of our customers on April 11 and collect data for two weeks. On April 25, we'll close the survey and start our analysis, which will take a week or so. In mid-May, I'd like to then use focus groups to get more information from groups of customers. We'll only be able to meet people who can come in to our office, so I think we should also have online interviews with those who live far away. We can probably complete all interviews by the end of May and put together a report by June 15.

今アジェンダをお見せしたときにお伝えしましたように、顧客からのフィードバックの集め方と、そのスケジュールがどのような形になるかについて次のように考えています。まずはオンラインアンケートを実施します。4月11日にすべての顧客にEメールを送って、2週間データを回収するとよいと思います。4月25日にアンケートを終了し、分析を始めて、これが1週間くらいかかるでしょう。5月中旬にはフォーカスグループを使って、(定性)情報を顧客の一部からもっと集めたいと思います。オフィスに来られる人たちしか会えませんので、遠方に住む人とはオンラインインタビューを行うべきだと考えます。すべてのインタビューを5月末までに終え、6月15日までに報告書を作成できると思います。

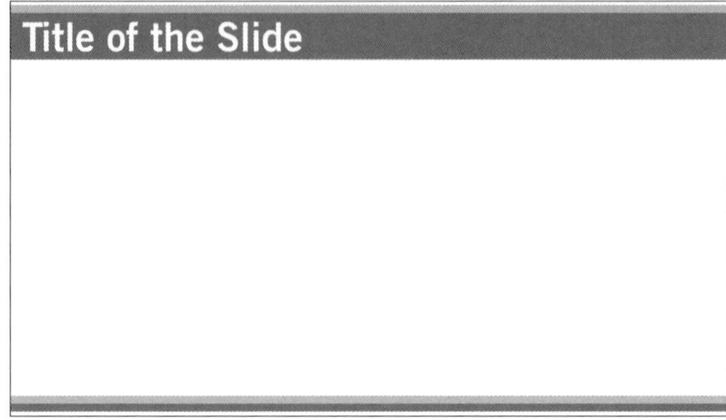

HINTS

・話の内容は何でしょうか。1文目にヒントがあります。タイトルに反映しましょう。
・スライドで示す内容は何でしょうか。スケジュールと工程がスクリプトにあります。どのように視覚的に表しますか。「情報を図表に落とし込む」の項目（p. 92）にあるスライド作成のコツを参照しましょう。

ACTIVITY 2

ACTIVITY 1に続き、あなたは引き続き調理器具の改良を任された開発責任者です。グループインタビューを行うにあたり、どのような人たちをターゲットにしたいかを説明するために、まずは現在の商品の利用者について説明してください。より多くの人に使ってもらう調理器具にしたいので、

・40代女性、50代女性
・20代女性、30代女性
・男性

の3つのグループに分けて、顧客の声を集めたいことを、スライドを参考に説明するスクリプトを書き起こしてください。

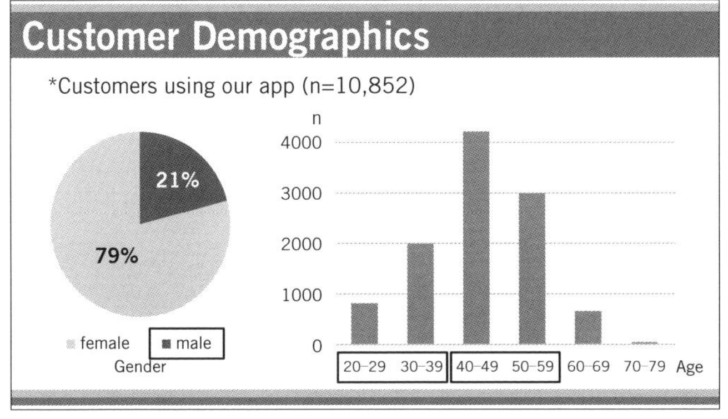

HINTS

・以下の流れに沿って、例を参考に自分ならどのように話すかを考えましょう。

1. 見てほしいものと、それが何なのかを伝える

例：「グループインタビューの対象者について、顧客層をもとに説明します」「今回の調査対象者は、我が社の調理器具購入者向けアプリを使っている10,852人です」

2. どこに注目するのかを伝える

例：「左の円グラフを見てください。我々の顧客は約8割が女性です」
「右の棒グラフを見てください。40歳から59歳までの方が主な顧客層であることがわかります」

3. なぜこれを見てほしかったのか、意図を伝える

例：「若い年齢層や男性にも使ってもらえる新商品を作りたいと考えています。まずは現在の顧客層が何に満足しているのかを知るために40代と50代の女性にインタビューをしたいと思います。次に、20代と30代の女性たちに、友達に勧めるためにはどのような特徴がほしいかなどを聞きたいと思っています。最後に、最近ではリタイア後の男性が料理を覚える機会が多いという報告があるので、60代の男性も潜在顧客だと思います。しかし、現在の顧客に男性は少ないので、年齢を問わず、男性にインタビューをして意見を聞きたいと思います。これらの3つの層にインタビューすれば、顧客層を広げるヒントが得られると思います」

サンプル解答

ACTIVITY 1

スライド例1　※流れを示す図を使うと、工程が強調されます。

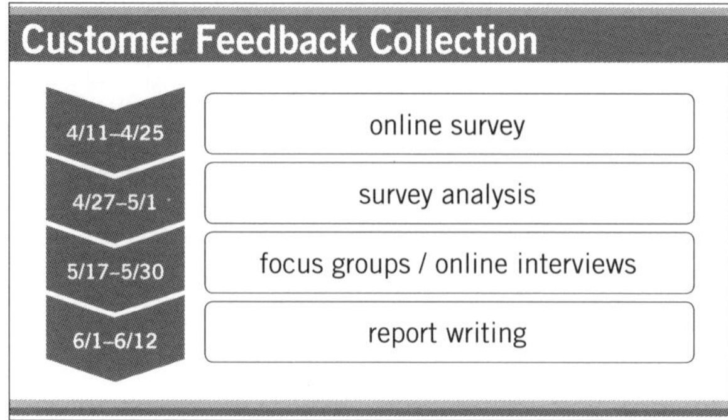

スライド例2　※カレンダーを使うと、工程よりも日程が強調されます。

Customer Feedback Collection

April

	Su	M	T	W	Th	F	S
				1	2	3	4
	5	6	7	8	9	10	11
[1]	12	13	14	15	16	17	18
	19	20	21	22	23	24	25
[2]	26	27	28	29	30		

May

	Su	M	T	W	Th	F	S
						1	2
	3	4	5	6	7	8	9
	10	11	12	13	14	15	16
[3]	17	18	19	20	21	22	23
	24	25	26	27	28	29	30
	31						

June

	Su	M	T	W	Th	F	S
[4]		1	2	3	4	5	6
	7	8	9	10	11	12	13
	14	15	16	17	18	19	20
	21	22	23	24	25	26	27
	28	29	30				

[1] online survey
[2] survey analysis
[3] focus groups / online interviews
[4] report writing

スライド1と2のどちらが自分の伝えたいことに合っているかを考えて選択しましょう。

ACTIVITY 2 TRACK 40

・スクリプト例1（基本的な話し方）

Now, I will talk about the focus group based on our customer geography. The survey participants include 10,852 people using our app. Please look at the pie chart. Nearly 80% of our customers are women. Now, please take a look at the bar graph on the right. You can see that our main customers are between the age of 40 and 59. We want younger women and men to use our new product, so first we will interview women in their 40s and 50s to learn about what they are happy about. Then we will ask women in their 20s and 30s about the features they want in order to recommend our product to their friends. Finally, there are reports that show that men have many opportunities to learn how to cook after retiring, so I believe men in their 60s are also potential customers. However, because we do not have very many male customers presently, I'd like to ask men, regardless of their age, to participate in the interview. I think interviewing these three groups will provide us some hints on how to expand our customer base.

HINTS

何について話しているのかとその目的が伝わることが大切です。初中級者は必要な情報をすべて伝えられるように、スクリプトを準備して練習しましょう。はじめに日本語で言いたいことを考えて、その後英語に訳しても構いません。

1 構成、資料作成
2 イントロ
3 本題
4 まとめ、Q&A
5 ジェスチャー、話し方
6 話術
7 オンライン
8 スライド例

・スクリプト例2（語り口調で話したい人向け）

You might be wondering about who to call in for the focus group. I'll explain based on our customer geography. When I say customers, I mean the customers who have registered on our app, which means 10,852 people. Now, the pie chart on the left shows that nearly 80% of our customers are female. The bar graph on the right shows that our main customers are in their 40s and 50s. As you all know, our goal is to improve our product so that we can expand our customer base. Therefore, in order to find out exactly what our main customers like about our current product, I would like to ask women in their 40s and 50s to participate in the focus group. I also want to target younger women and men so we can improve our product to meet their needs. I've read a report that said that men have many opportunities to learn how to cook after retiring, so men in their 60s are also a potential market. Unfortunately, we don't have very many men who are taking part in the survey, so any person, regardless of their age, can participate in our interview. If we can sell our product to these groups of people, our customer base will grow. So, again, the groups will be: one, women in their 40s and 50s; two, women in their 20s and 30s; and three, men of any age.

HINTS

上級者はたくさんの口語表現を織り交ぜながら話しましょう。話の内容とその目的が伝わることが大切なので、You might be wondering about ..., When I say (customers), I mean ..., As you all know, ...などの口語表現を加えながら、何について話しているのかを具体的に述べましょう。また、So, again, the groups will be: **one,** women in their 40s and 50s; **two,** women in their 20s and 30s; and **three,** men of any age.のように、one, two, threeと述べ、1つずつ大切なことを列挙していくかのような雰囲気も出すとプレゼンテーションらしくなります。One, two, threeと数えるジェスチャーをつけると見栄えも良くなるでしょう。

COFFEE BREAK

日本人は小学校の頃から、長い間座ったままで話を聞くように訓練されています。小さな子が45分間、私語を述べずにしっかりと話を聞けるということは結構すごいことだと思いませんか。私が通っていたアメリカの小学校では授業中にじゅうたんのエリアに座って活動する時間があったり、授業中に鉛筆を削りに席を立ったりと、多少動き回ることが許可されていました。高校と大学においては軽食を食べながら授業に参加できたりもしました。また、アメリカで教育学を学びましたが、先生はあえて静と動の時間を意識して授業を組むことが推奨されます。ところ変われば、常識も変わるのです。

さまざまな文化の下で育った人が聞き手になるグローバルな環境でプレゼンテーションを行う場合は、辛抱強く話を聞いてくれる人ばかりではないと考えておくのが無難です。特に講演などの依頼を受ける場合は、聞き手が常に集中して聞いてくれることを前提とせず、飽きさせない工夫をすることが必要です。Chapter 6 Speaking Strategiesで紹介する話術を使って聞き手の注意を引くほか、映像や音を組み込んだり、聞き手参加型の活動を盛り込んだり、または何かのデモンストレーションをするなど、話をずっと聞くだけではないプレゼンテーションとなるように工夫をするとよいでしょう。

今どきのテックカンファレンスではライブバンドを従えてプレゼンテーションを行う講演者もいます。よく知られている楽曲の歌詞からキーメッセージを選び、プレゼンテーションのところどころで該当箇所をライブバンドに演奏してもらうのです。光と音楽を使い、まるで昔のディスコのような華やかな演出をする講演者もいます。このような工夫をすると、かなり賑やかなプレゼンテーションになりますが、賑やかな時間と静かに話を聞く時間が交互に組まれていると、3時間の基調講演であっても飽きることがありません。ここまで手の込んだことはできなくても、長いプレゼンテーションを行うときには一工夫を加えられないか吟味してみましょう。

「私の英語プレゼンテーション」体験談

PART 1

長年かけて英語スキルもプレゼンテーションスキルも上達していく姿を見せてくださっている方や、グローバルビジネスシーンで活躍中の学習者の方から、英語プレゼンテーションについてお話を伺いました。

年齢層：50代
自称英語力：上級（TOEIC900点台）
業務：経営・役員業務
よくあるプレゼンテーション場面：
社内向け・クライアント向けの情報伝達型、提案型

MTさん

Mさんは海外勤務経験もあり、非常に高い英語力をお持ちですが、それでもご自身のプレゼンテーションスキル不足を感じることがあるのですよね？どんな場面でそのように感じていますか。

海外で、発表者がキーワードやチャートだけを見せて自分の言葉でうまく説明している場面を何度も見てきました。参加者が手元の資料に目を落としがちな文字数の多い日本のプレゼンテーションとの違いを感じます。どのようなスライド作りを心がければよいのかと悩んだり、図やチャートをもっと説得力のある形にしてプレゼンを進めることができたらと思ったりすることが多いです。

「結論ありきでなければ聞く側の関心を保つことはできないとわかっていても、どうしても発想が日本的になってしまい、ストーリーが日本的なままスライド作りを進めてしまいがち」とおっしゃっていましたよね。Chapter 1で述べたように、プレゼンテーションのスライド作りは目的に合わせて構成をよく考えることが大切です（→p. 15）。

そうですね。忙しいときにもしっかりと考える時間を取ることが、最終的にスムーズなスライド作りや伝わりやすいスクリプトにつながるのだとわかりました。でも、英語のスクリプトが相手に正しく意味が伝わるかどうか常に不安です。それに、仮に伝わるスクリプトであっても、内容がマンネリ化してしまいがちだと感じます。

Mさんのように英語力が高いと、悩みはネイティブスピーカーと似ていると思います。「聞き手に背中を向けてスクリーンの文字を読んではいけないとわかっていても、気がつくと正面に身体が向いていない自分に気づくことがある」とおっしゃっていましたね。聞き手にどう見えているかは、ネイティブかどうかは関係なく、英語力問わず誰もが気をつけるべき箇所です。Mさんはご自身の見え方にも非常に気を遣われていて、スクリーンが自分の左にあるときには、体が横向きにならないように必ず左手でポインターを持っているのですよね（→p. 180）。少し意識することが増えれば、大きくプレゼンテーション成果が変わることをよくご存じで素晴らしいと思います。

こう考えるに至るのに、おもしろい経験をしたんです。フランス系の金融機関に勤めていたときのこと。東京の責任者としてパリ郊外のホテルでの会議に参加したことがありました。参加してみるとかつてのアメリカの銀行時代の同僚が転職して、この会議に参加していました。各国の責任者が状況説明をプレゼンしたのですが、私はかつての同僚の次の番で、極度に緊張したまま舞台の袖で待機していました。この順番のせいで私は一層緊張していました。かつての同僚はNYの責任者という立場で、かねてより優秀な人間であったことをよく知っていたからです。

彼のプレゼンが始まってしばらくすると、横から見ていた私はあることに驚きました。彼の足はガクガクと震えていました。そのときにこう思ったことを覚えています。「優秀な英語ネイティブのアメリカ人でも、人前でプレゼンをするときに緊張するのか！」その姿を見たことで、緊張感が解けて自分なりのプレゼンを行うことができました。

プレゼンテーション力は英語だけのスキルではないですからね！　緊張していても、大きな声を出せば声は震えませんし、ジェスチャーが大きければ、たとえ小刻みに震えていても遠くにいる人は気づきません。Fake it till you make it.（→p. 138）の表現のとおり、自信があるふりをしていれば、そのように見え、プレゼンテーションは成功します。

CHAPTER 4

Ending, Q&A, Appendix

まとめ、質疑応答、別紙

終わりが肝心

Food for Thought

「終わりよければすべてよし」という慣用句がありますが、プレゼンテーションでも終わり方が肝心です。最後の印象が聞き手の次のアクションに大きな影響を与えますので、良い印象でプレゼンテーションを終えることができるようにまとめましょう。また、質疑応答をする場合は、難しい質問をしてくる人がいたり、要領を得ない言い回しで意見を述べる人がいたりするかもしれません。母語で行う場合でさえも、ハードルが高いので、穏やかな気持ちで対応できるように準備をしっかりとしておき、どうしても答えられないことがあれば、「今は答えられません」とはっきりと伝える勇気を持ちましょう。わからないことを尋ねられたら、あなたならどう対応しますか。また、その対応は聞き手にどのような印象を与えると思いますか。「終わりよければすべてよし」となるような工夫について考えてみてください。

KEY POINTS

● Endingでは主要な内容をおさらいし、次のアクションを明確にしましょう。良い印象を与えて、聞き手の心を動かすことを意識してください。

● 質疑応答対策を十分にしておきましょう。難しい質問が投げかけられても動揺せず、自信のある雰囲気を崩さずに、今は回答できないことを伝えましょう。

● Appendixを用意するかどうかはプレゼンテーションの内容次第です。表示する可能性が高い場合はThank you!のスライドの前に、表示しない可能性が高い場合はThank you!のスライドの後に加えましょう。

●「ご清聴ありがとうございました」を意味する最後のThank you!のスライドは、プレゼンテーション後にしばらく放映されていることが多いので、連絡先を書くのに適しています。最後のスライドなら、聞き手はメモを取る時間が十分にありますので、連絡先や最後にPRしておきたいことを書いておきましょう。

3 STEPS

STEP 1 Summaryのスライドとスクリプトを作る

Main Bodyで述べたことの中から再度伝えたいことや、キーメッセージを強化するために伝えたいことをスライドにまとめましょう。必ず印象に残したいことをもう一度伝える大事な時間です。

STEP 2 Q&A, Appendix, Thank you!のスライドとスクリプトを作る

Summaryのスライドの後に質疑応答の時間を取るか、また、別紙を参照する時間を取るかを考えましょう。必要と判断した場合は、スライドとスクリプトを作りましょう。いずれも不要と判断した場合は、このステップは割愛可能です。

STEP 3 十分なQ&A対策を行う

質疑応答は一番緊張感が高まる時間かもしれません。リラックスして臨めるように、最大限の準備をしてから本番当日を迎えてください。

CHAPTER 4
STEP 1

Summaryのスライドとスクリプトを作る

話の基本パターンを意識する

アメリカの小学校で作文やプレゼンテーションを学んでいるときに先生が言う合言葉の1つが「OREOで伝えよう」です。お菓子のオレオを連想させる表現なのですが、アルファベットは**O**pinion（主張・キーメッセージ）→**R**eason（理由）→**E**xample（例）→**O**pinion（主張・キーメッセージ）の頭文字です。オーソドックスな英語の話し方は、最初と最後にキーメッセージを伝える「サンドイッチ方式」であることを子どもたちに伝えるために作られた合言葉です。つまり、キーメッセージを最初と最後に伝えて、それを支えるデータなどの根拠や事例を間に挟みなさい、という意味。Ending用スライド作りをするときには、この英語の構成を意識して、説得力を高めて印象に残るような工夫をしてください。うまくまとまっているEndingスライドを作ることができれば、キーメッセージが聞き手の記憶に定着します。

Summaryのスライドを作成する

Endingの中にはSummary用スライド、Q&A用スライド、Appendixスライド、そしてThank you!スライドがあります。まずは、Summary用スライドを作ります。

Endingの目的は主に3つです。
1. 主要な内容を思い出させる
2. 次のアクションを明確にする
3. 良い印象を与えて、聞き手の心を動かす
これらができるスライドを作りましょう。

聞き手に「主要な内容を思い出させる」ために、Summary用のスライドにはキーメッセージとプレゼンテーションの要点を載せます。新しい情報を提示するタイミングではありませんので、Main Body用に作ったスライドの中から、重要な内容を抜き取って、まとめるようにしましょう。例えば、提案型のプレゼンテーションではMain Bodyで問題提起をし、その原因を説明し、根拠や事例を見せながら改善策を

伝えてきたはずです。Endingの中のSummaryではキーメッセージである改善策の主張を再度まとめます。そして、聞き手に改善策に着手するよう、アクションを促します。

スライドは、Main Body同様に少なめのテキストでまとめます。わかりやすいスライドの作り方もMain Bodyと同様です。テキストを少なくすっきりとまとめるにはブレットや数字を使うとよいということをChapter 3のp. 97でお勧めしました。**情報伝達型と提案型プレゼンテーションではMain Bodyのスライドのような構成でスライドを作りましょう。**下記のスライドは今まで紹介してきたレイアウトの応用パターンで、p. 90でご紹介したテキスト情報のまとめとイラストの組み合わせです。上にキーメッセージとサブメッセージがあり、下にイラストとテキストの組み合わせのオブジェクトがあります。

提案型Summaryスライド例

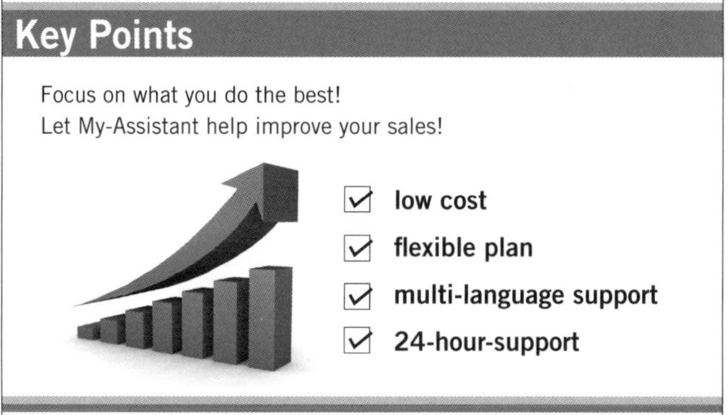

一方、**インスピレーション型の発表ではスライドに写真が使われていることが多い**です。かっこいい写真、温かみのある写真など、自分のキーメッセージと合った写真を選びましょう。写真にキャッチコピーをつけて、広告のように作るのがポイントです。写真入りのスライドを使って最後の一言を述べたいという方は、さまざまな街中の広告を参考にしてください。広告は人の購買意欲を刺激し、「これがほしい！」と気持ちを動かすために作られています。インスピレーション型プレゼンテーションも、広告と同じように人の心を動かすことが目的なので、たくさんのヒントを広告から得ることができます。

写真を撮るのが好きな人は、自分で撮った写真を使えば、オリジナリティにあふれるスライドが作れます。また、今では多くの著作権フリーサイトがあり、商業目的に使える写真がたくさん提供されていますので、写真を撮るのが好きではない人はこういったサイトを活用しましょう。著作権フリーの写真を購入できるサイトをいくつか見てみれば、自分が伝えたいことをうまく表現している写真が見つけられるでしょう。例えば、私は研修のEndingのスライドで下記の左の写真を使います。最後に伝えたいこととして、「あなたの伝え方や英語力が変われば新しいチャンスが訪れます。チャンスをつかむために、今日学んだことにコツコツと取り組んでください」というメッセージを込めています。

写真を使わない場合は、最後のスライドに慣用句や有名な人の言葉の引用を載せて、聞き手に何かを感じ取ったまま帰ってもらうように工夫するのもいいでしょう。伝えたいキーメッセージと連動した、よく知られている言葉を引用するのがコツです。例えば英語のことわざにYou can lead a horse to water, but you can't make it drink. というものがありますが、これを使うと、「このことわざをご存じでしょうか。馬を水場に連れて行くことはできても、水を無理に飲ませることはできないという意味です。講師の仕事は受講生を水場まで誘導することです。今日の研修でみなさんを、必要なスキルを得やすいところまで誘導しました。しかし、最終的に行動してスキルを身につけるのはみなさんです！」のように最後の言葉を述べることができます。

写真のスライド例

You can lead a horse to water, but you can't make it drink.

—proverb

ことわざのスライド例

写真とことわざや慣用句を組み合わせることもできます。私は「練習あるのみ」と伝えるときに、下記のように写真とことわざを組み合わせたスライドを使うことがあります。このスライドではキーメッセージがFake it till you make it.となっており、サブメッセージがPractice makes perfect.になっています。Fake itは「～のふりをしなさい」という意味で、make itは「成功する」という意味です。「成功するまではできているふりをして、自信を持ってやり続けなさい」という意味です。日本語で言う「馬子にも衣装」(身なりを整えれば立派に見える)ということわざに似ているでしょうか。見た目がちゃんとしていれば、中身もちゃんとしているように見えてくるのです。たとえ今はプレゼンテーションが得意ではなくても、まるでプレゼンテーションが得意なように自信のあるそぶりで話していれば、それがいつもの自分になっていきます。サブメッセージには、「練習あるのみ」と伝えるPractice makes perfect.を配置しています。

写真＋ことわざのスライド例

ご紹介したスライドを参考に、最後に印象づけたいことを自分らしく伝えられるEnding用スライドを作成してください。プレゼンテーションは人に何かを伝えるために行いますので、発表者はわかりやすく伝える責任を負っています。聞き手の理解力が足りないという言い訳は一切できません。一発勝負のプレゼンテーションで成功できるように、目の前にいるであろう聞き手とEnding場面を想像しましょう。どのように伝えれば聞き手は共感してくれそうでしょうか。その人たちにとって、わかりやすいメッセージの伝え方を十分考慮し、スライドに載せる内容を絞りましょう。視覚的に訴えられる工夫も忘れずに。

まとめに入ることを述べる

IMPORTANT スライドができたら、スクリプトを用意しましょう。Endingに入るタイミングで、まずは**プレゼンテーションの終わりが近いことを知らせましょう**。一言「そろそろまとめます」ということを知らせると、唐突に終わった印象を与えずに済みます。よく使われている表現は2つのタイプに分類できます。はっきりと「もうすぐ終わります」とEndingに入ることを伝えるパターンと、「終わりの時間が迫ってまいりました」と時間の観点から伝えるパターンです。時間が迫っていることを伝えたうえで「それでも最後に一言述べさせてください」とお願いするパターンは、よく聞くEndingへのつなぎです。Endingに入ることを明確にしたら、Main Bodyの説明同様にスライドの視覚情報に沿って説明してください。一度話したことのまとめなので、きっとスムーズに話せるはずです。

〈Endingに入ることをはっきり伝える表現〉

- **We're coming to the end.**
  終わりに近づいてきました。
- **We will be finishing shortly.**
  もうすぐ終わります。
- **I'm about to end my talk.**
  話を終わらせるところです。
- **Now, I'll wrap up my presentation.**
  今からプレゼンテーションのまとめに入ります。

〈制限時間が迫っていることを伝える表現〉

- **We're running out of time.**
  時間がなくなってきています。
- **My time is up.**
  時間がもうありません。
- **It's about time for me to finish.**
  私の話を終わらせる時間です。
- **Due to time constraints, I'll have to end my presentation in a minute.**
  時間の都合上、あと1分で終わらせなくてはいけません。

〈まとめることを明示する表現〉

・**Please take a look at this final slide.**
この最後のスライドを見てください。

・**Let me conclude by saying this.**
これを述べて終わりにさせてください。

・**Let me make one final comment.**
最後に一言言わせてください。

・**I'd like to conclude with a few takeaways.**
いくつかの重要な点を述べて終わりにしたいと思います。

・**Now, I'd like to quickly summarize the main points.**
今から簡単に主要な点をまとめたいと思います。

・**Let's recap and go over the main points again.**
簡潔にまとめて、主要な点をもう一度確認しましょう。

TIPS

summarize（要約する）と conclude/conclusion（結論づける）の表現だけでたくさんの言い回しができますので、英語プレゼンテーション初心者は下記の表現の中から、自分が言いやすい表現を選んで使いこなせるように練習しましょう。短い表現が口から自然に出るようになったら、徐々に長い表現にもチャレンジできるようになるはずです。

〈最低限使いこなせるようにしたい表現〉

・**To summarize, we recommend investing in Company A.**
まとめると、我々はA社に投資することを提案します。

・**To conclude, we recommend investing in Company A.**
結論を述べると、我々はA社に投資することを提案します。

・**In conclusion, we recommend investing in Company A.**
結論として、我々はA社に投資することを提案します。

アクションを促す

IMPORTANT 情報伝達型プレゼンテーションでは、重要な内容を再度伝えるだけでEndingとしては十分でしょう。しかし、**提案型とインスピレーション型プレゼンテーションではアクションを聞き手に促し、行動してもらうことがプレゼンテーションの目的**です。明るい未来をイメージしてもらい、相手の決断や選択を後押ししましょう。

提案型のプレゼンテーションであれば、「本日は弊社のサービスをご活用いただくさまざまなメリットについてお話をさせていただきました。ぜひ1か月の無料体験プランにお申し込みいただけますよう、お願い申し上げます」などと**具体的なアクションを伝えましょう**。インスピレーション型のプレゼンテーションも同様です。例えば、「本日はなりたい自分になるための習慣作りについてお話ししました。さあ、あなたも今日から変われます！　この部屋を出てからご自宅に着くまでの間に、これから1か月で取り組む3つのアクションプランを考えて、メモを取ってください。そして、毎朝そのメモを見て、1か月間継続してください。自分との約束を守るんですよ」などと話しかけます。

促したいアクションは、プレゼンテーション内容によってさまざまですが、PleaseやI'd like to ask you toのシンプルなお願い表現が使えます。

- **Please consider trying our one-month-trial program for free.**
  弊社の無料お試し1か月間プログラムを使ってみることをご検討ください。
- **Please remember to take a look at our new brochure.**
  弊社の新しいカタログを見るのを忘れないでくださいね。
- **I'd like to ask you to participate in this survey.**
  このアンケートにご協力をお願いします。

インスピレーション型のプレゼンテーションでは、お願い表現よりももう少し聞き手にプレッシャーを与えるような表現をあえて使う場合もあります。例えば、「きっと今からあなたは○○をしてくれますよね」というような表現です。

・**I'm sure that you will think about your goals on your way home and take notes.**

私はあなたがきっと帰宅するまでの間に自分の目標を考え、メモを取ると確信しています。

・**I'm counting on you to stop by a bookstore on your way home and start studying with a new book today.**

あなたが帰宅途中に書店に立ち寄って、今日から新しい本で学習を始めることを期待しています。

※count on someone to ～は「人が～してくれると期待する」という意味。

どのくらい強いニュアンスでアクションを促したいかは聞き手との関係やプレゼンテーションの目的次第ですので、適切だと思われる表現を選択するようにしてください。**多くの場合において、プレゼンテーションが成功したかどうかは、聞き手がspeakerの思いどおりのアクションをとってくれたかで測ることができます。**自分の考える結末に向けて聞き手を誘導できるように、はっきりと依頼事項を伝えることが大切です。

CHAPTER 4 STEP 

Q&A, Appendix, Thank you! のスライドとスクリプトを作る

Endingのスライドができたら、必要に応じて質疑応答（Q&A）用のスライドやAppendix（別紙）用スライドを作成します。質疑応答の時間を取る場合は、その時間に表示しておくスライドを作ることをお勧めします。Q&A対応をしているときに見せるスライドは一般的にとてもシンプルで、Q&AやAny questions?とだけ書いてあれば十分です。Q&A用の写真を著作権フリーサイトから購入してもよいでしょう。あまり文字を載せないスライドだからこそ、自分が作り出したいプレゼンテーションの雰囲気に合っているかを考えながらスライドのレイアウトを決めましょう。例えば、下記の右側の写真は虫眼鏡を持っているので、「詳細について話しましょう」といった印象を与えます。

Q&Aスライド例

後日、問い合わせをしたい人向けに、Q&Aスライドに連絡先を書く場合もあります。連絡先を書くのに適している場所は、表示時間が比較的長いこのQ&Aのスライドか、最後のThank you!のスライドです。聞き手が時間に余裕を持ってメモを取れそうなところで表示するように配慮しましょう。

Q&Aスライド例（連絡先あり）

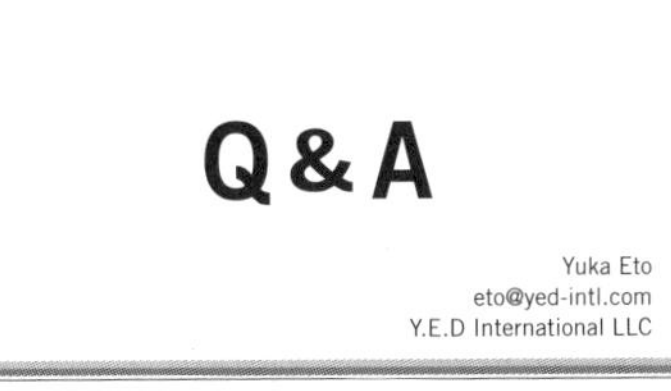

Appendixのスライドを作成する

Appendixは「別紙」の意味を持ちますので、聞き手に見せても見せなくてもいいものをこのセクションに入れます。インスピレーション型のプレゼンテーションではAppendixはあまり見かけませんが、提案型と情報伝達型のプレゼンテーションでは見かけます。**Appendixに入れるとよいものは、Main Bodyで話すには細かすぎる内容や、Q&Aで話題に上がったときに役立ちそうな情報、または、万が一プレゼンテーションで時間が余ったときに紹介したい情報**です。細かいデータやアンケート結果の詳細はMain BodyではなくAppendix に入れることが多いので、研究成果を発表する学会のような場面では多くのAppendixつきプレゼンテーションを目にします。提案型の営業資料などでは、時間が余ったときに紹介したい追加事例に関する資料などをAppendixに入れておくといいでしょう。Appendixのスライドを何枚か作る場合は、Appendix 1, Appendix 2やAppendix A, Appendix Bのように、連番で情報を整理しましょう。Main Bodyで作るスライドと同じく、何を表した情報なのかがわかるようにタイトルやサブタイトルを入れておきます。

Appendix例

Annual Average in ABC City

Year	Temperature (℃)	Precipitation (mm)	Pressure (mb)
2010	23.9	39	1009.3
2011	26.7	41	1012.6
2012	26.1	38	1009.5
2013	28.6	36	1009.2
2014	27.1	33	1010.7
2015	26.6	38	1010.6
2016	25.9	42	1009.4
2017	25.5	36	1009.8
2018	28.9	40	1010.1
2019	27.3	33	1009.2
2020	26.8	38	1011.2

IMPORTANT Appendixを加えることに決めたら、次に検討しなくてはいけないのが、どこに入れるかです。**Appendixに触れる可能性が少ない場合は、Thank you!のスライドの後**、つまりスライドの最後にAppendixを入れることをお薦めします。たくさんのAppendixを入れているものの実際のプレゼンテーションでは触れない場合、多くのスライドのページ送りをしないとThank you!のスライドにたどり着けなくなり、プレゼンテーション中に間延びして見栄えが悪くなってしまうからです。**Appendixに触れる可能性が高い場合は、Thank you!の前**に入れておき、Q&Aで参照しつつ、内容を見せるといいでしょう。使わなかったスライドのページ送りをして、最後のThank you!スライドを見せるときには「これらの資料が必要な方には別途お見せできるので、後で声をかけてください」などと話しながらスライドを早送りします。

Appendixのスクリプト

Appendixを紹介するときには、追加情報があることを伝えましょう。

- **I have some additional information for you.**
  追加情報があります。
- **Let me show you some detailed data.**
  詳細なデータをお見せしましょう。
- **It might be worth sharing this information with you.**
  この情報を共有すると有意義かもしれません。

もしすべてのスライドを見せることができずに、**時間の関係上、ページ送りをしてThank you!スライドに移動する必要がある場合は、その時間をチャンスに変えるようなことを述べたい**ものです。例えば、希望者に共有することが可能な場合は、追加資料があって共有が可能であること、どうすればその資料を入手できるかを伝えてあげるといいでしょう。きっと良心的な発表者だと思ってもらえます。また提案型プレゼンテーションの場合は、もっと有益な情報を持っていることを示唆して、次のプレゼンテーションの約束を取り付けるのに利用してもいいでしょう。例えば、Appendixのスライドのページ送りをしているときにこのような声がけをしてみてはいかがでしょうか。

- **Unfortunately, I didn't have enough time to share this information, but we took a close look at how long our clients are using our app. I can share this data with you by email.**
  残念ながら、この情報を共有する時間が十分になかったのですが、弊社の顧客がどのくらいの時間、我々のアプリを使っているか、詳細な調査を行いました。このデータはEメールでお送りできます。
- **We weren't able to cover some of the extra information I had prepared, so I hope you can give me a chance to speak to you again.**
  ご用意した追加情報のすべてを紹介することができなかったので、またお話しする機会をいただけることを願っています。

Thank you!スライドを作る

最近はよく日本語のプレゼンテーションでも「ご清聴ありがとうございました」と書かれたスライドが最後に表示されることが多くなりました。最後のスライドは**プレゼンテーション後にしばらくの間、表示されていることが多いので、連絡先を書いておくと聞き手がメモを取ることができます**。連絡先を書く場合は、文字が見やすいように、背景を一色にするとよいでしょう。また、**購入してほしい商品の購入先やウェブサイトなど、知っておいてほしいPRポイントを表示しておくこともできます**。商品やサービスの紹介をするプレゼンテーションであれば、最後にウェブサイト情報を載せたり、クーポンコードを載せたりしてもいいでしょう。必ずしも追加情報を載せないといけないわけではありません。Thank you!スライドに特別な情報を載せない場合は、発表テーマに合ったお気に入りの写真を使ったスライドにするのも1つの案ですし、Summaryのスライドを表示したままにして、口頭でお礼を述べ、プレゼンテーションを終わりにする場合もあります。その場合は、Summaryのスライドを長く見せたまま余韻を残すことができます。

Thank you! スライド例

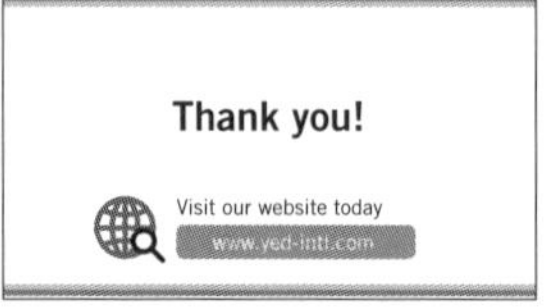

お礼の述べ方を考える

最後のスライドに自分の連絡先を入れている場合は、Here's my email. Please feel free to contact me at any time.（これが私のEメールアドレスです。いつでもご連絡ください）と述べてから、最後の一言へ移りましょう。「終わり」を示す言葉のconclude, finish, endなどの単語と「お礼」を伝える言葉のthank youやappreciateを組み合わせて、お礼の言葉とすることが多いです。例えば以下のような表現がありますので、好きな表現をスクリプトに加えましょう。

・**That concludes my presentation. Thank you for your attention.**
プレゼンテーションは以上です。ご清聴ありがとうございました。

・**Now, I'll finish up by saying thank you for your attention.**
それでは、最後にご清聴に感謝して、終わりの言葉とします。

・**And on that final note, I will end my presentation. I truly appreciate you coming here.**
以上をもってプレゼンテーションを終わります。本日はお越しくださり、心より感謝いたします。

上記のようにお礼を述べるだけでなく、自分の願いや思いを伝えてからお礼を述べる方法もあります。例えば以下のような表現で、自分の気持ちや期待などを伝えましょう。

・**I hope you've found this presentation interesting. Thank you very much.**
このプレゼンテーションが興味深いものだったと思っていただければ幸いです。ありがとうございました。

・**It was an honor to speak to you today. Thank you for the opportunity.**
本日みなさんにお話しできて光栄でした。このような機会をいただき、ありがとうございました。

・**I hope you'll consider moving on to our trial program. Thank you.**
トライアルプログラムをご検討いただければ幸いです。ありがとうございました。

お礼を述べるときは会場を見渡して、すべての人に感謝の気持ちが伝わるように意識してください。笑顔を作ると好印象です。最後の一言を述べたら、小さな会場ではプレゼンテーションで使った機材などの片づけに入りましょう。大きな講演では司会者や運営者のほうを向いて、自分が話し終わったことをボディランゲージで伝えると、司会者が再度拍手を促すなど、退場しやすい雰囲気を作り出してくれるでしょう。最後の最後まで気を抜かずに。退場するところまでがプレゼンテーションだということを忘れないように注意してください。なお、インスピレーション型プレゼンテーションでは、退場がてらPlease remember, you CAN change yourself starting from this very moment.（覚えておいてくださいね、この瞬間からあなたは変われます！）のように、最後の一押しの言葉を伝える講演者も目立ちます。

CHAPTER 4 STEP 3 十分なQ&A対策を行う

心構え

「どれだけプレゼンテーションに慣れても、Q&Aだけは得意になれない」と言う人と多く出会ってきました。ネイティブスピーカーに聞いても、Q&Aの時間は好きではないと言う人がいるほど、Q&Aは緊張が高まる時間です。想像を超えた質問が出てくる可能性もありますし、聞き取りにくい英語で質問されることもあります。また、人によっては要領を得ない質問をしてきます。たとえ、わかりにくい質問だと感じても、文脈から本当に聞きたいことを推測して答えを提示しないと、質問者には満足してもらえませんので、とても気を遣う時間なのです。

IMPORTANT しかし、プレゼンテーションを何度も練習するのと同様に、質疑応答の準備もしっかりしておけば、緊張はほぐれます。**Q&Aのためのスクリプトを完璧に作ることはできませんが、想定質問集を作って、回答を考えておきましょう。**また、自信がある雰囲気を崩さずにQ&A対応ができるようになるには、定型表現を覚えるだけでなく、Chapter 5のDelivery、特に立ち振る舞いにも注意しましょう。**答えられないような質問が出てきたときにも自信のある雰囲気を保つことが大切**です。プレゼンテーションの最後に一気にイメージダウンしないように、できる限りの準備をしてください。

質問を受ける

一般的なQ&A対応は以下の流れで行います。

〈Q&A対応の基本的な流れ〉

1. 質問を募集する
2. 質問を受ける
3. 質問をいただいたことに感謝する・質問を褒める
4. (聞き取りにくかった場合は質問を復唱してから)質問に答える

ステップ1から3まではスムーズに行くことがほとんどです。まずは、質問を受けることを以下のような表現で知らせましょう。

・**I'll be able to take some questions now.**
今から質問をお受けできます。

・**I'd like to hear your thoughts now.**
みなさんの考えをお聞きしたいと思います。

・**If anyone has any questions, I'd be happy to open up the discussion.**
ご質問がありましたら、喜んでお話しさせていただきます。

次に、具体的に手を挙げてほしいなどのアクションを求めましょう。

・**Are there any questions or comments? Please raise your hand if you'd like to ask a question.**
ご質問やご意見はありますでしょうか。ご質問がありましたら手を挙げてください。

・**Do you have any questions or comments? Raise your hand, and we'll pass over a microphone.**
ご質問やご意見はありますか。手を挙げていただければ、マイクをお渡しします。

なかなか質問が出てこない場合は、以下のような表現を使って、聞き手の背中を一押ししてみましょう。

・**I'd love to hear from you. Anyone?**
（ご意見を）聞かせていただくのを心の底から楽しみにしています。どなたか？

・**Come on! Please don't be shy.**
ほら、恥ずかしがらないで。

・**Oh, please. I want to hear from the audience.**
ねえ、お願いです。みなさんからご意見を伺いたいんです。

質問をするように促すと、数人は手を挙げてくれることがほとんどです。手を挙げやすいように、笑顔で質問を募集するように心がけてください。

IMPORTANT 誰かが手を挙げてくれたら、質問を受けましょう。英語プレゼンテーションでは、質問を受けた場合、まず質問に感謝し、褒めることが多いことを覚えておいてください。日本語のプレゼンテーションでは質問をした人を褒めることはあまり一般的でないかもしれませんが、郷に入っては郷に従え。英語プレゼンテーションでは以下のような表現を使ってみてはいかがでしょうか。

・**Thank you for your question.**
質問をいただき、ありがとうございます。

・**Thank you for your thoughtful comments.**
思慮深いコメントをありがとうございます。

・**That's a great question.**
それは素晴らしい質問ですね。

・**You raised a really good point.**
良い点を提起してくれましたね。

・**Wow, I think you're giving me new ideas.**
すごい！　あなたは私に新たな気づきを与えてくれています。

必ず毎回質問を褒めなければいけないわけではなく、すぐに質問に答えても大丈夫です。もし、何か一言言いたいけれど、That's a good question. と言うのには抵抗があるという場合は、I like that question. や I love that question! を使うことも可能です。政治家が使っているところをよく見かけます。特にアメリカの大統領選が盛り上がっている時期には、候補者が一般市民から質問を受ける town hall meeting の機会が多く設けられます。大型の town hall meeting は CNN Presidential Town Hall のような番組で見ることができます。ときには「あなたは○○の施策に賛成と言っていますが、私は納得できません。××に関してはどう対応するつもりですか」といった攻撃的な質問が出てきます。そんなときに I love that question!（その質問は大好きです！）と笑顔で答える候補者が多いのが印象的です。反対意見を持つ人に That's a good question.（良い質問です）と言うと、相手の質問の価値を見定めているような印象や、「あなたもよく考えているんですね」といった見下している印象を与えたり、皮肉に聞こえてしまったりするリスクが多少なりともあります。そのため、悪い印象を与えるリスクを避けているのでしょう。

質問に対する具体的な回答に入る前に、質問を復唱しましょう。内容を確認すると認識違いが起きませんし、聞き逃した人にも質問がわかって親切です。以下のような表現を使って質問を復唱し、認識が正しいか確認を取りましょう。

・**The question was when will we complete our research. Am I right?**
ご質問は、いつ研究を終えるかですよね。
・**The question was when will we complete our research, correct?**
ご質問はいつ研究を終えるか、で正しいですよね。

万が一、質問が聞き取れなかったり理解できなかったりした場合は、再度質問を述べてもらうように頼み、完璧に理解したうえで回答しましょう。

・**Sorry, I missed that. Can you ask your question again?**
すみません、聞き取れませんでした。もう一度質問をしてもらえますか。
・**Sorry, can you explain that a bit more? I'll try to answer to the best of my ability.**
すみません、もう少し説明してもらえますか。できる限りお答えしたいと思います。

質問に対応する

質問が正しく理解できていることを確認できたら、いよいよ質問に対する回答を述べます。スムーズに回答ができるときは、自信を持って説明をしましょう。説明をするコツはMain Bodyの説明方法と同じです。答えを述べてから、その答えを支える事例などの話を加えます。質問に答えたら、Did I answer your question?と確認すると親切です。場合によっては「実は聞きたいことと違った」と言われてしまうかもしれませんが、その場合は落ち着いてもう一度質問を受け、回答しましょう。**「回答に失敗してしまった」とまごまごしたりしないように、気持ちを強く持ちましょう。質問に答えるときは自信を持って答えることが大切**です。

IMPORTANT 〉Q&A対応が難しくなるのは、うまく回答がしにくいときです。トピックを知らない場合や答えられそうにない質問が出てきたときは、**恥じることなく、質問に答えられないと伝えてください。**機密情報に関する質問を受けた場合も同様に、質問に答えることができない旨を伝えます。しかし、ただ「答えられません」と言うだけでは印象が良くありません。できる限り応じようとしている姿勢を示せば、良い印象を与えられるでしょう。**好印象を与える対応策は2つあります。1つ目はMain Bodyで述べたことに対して補足情報を提示すること、2つ目は別の対応方法を提示すること**です。よくある別の対応方法は、「後で話しましょう」や「後日メールでご連絡します」と伝えることです。例えば、When will you complete your research?（いつ研究を終えますか？）という問いに対して、具体的に時期を回答できない場合を想定してみましょう。

〈補足情報を追加して乗り切る方法〉

・**The short answer is “I don’t know.” As I mentioned in my presentation, our data is from 2020.** 〈補足情報〉**We still need to collect about one million datasets, so it might take a few years to complete the research.**

端的にお答えすると、「わかりません」。プレゼンテーションで述べたように、我々のデータは2020年のものです。あと100万ほどの数値を集める必要があるため、研究を終えるまであと数年かかるかもしれません。

- **To answer your question, I would like to first remind you what I said. I mentioned that** 〈補足情報〉 **I think we need about one million more datasets to come up with an accurate conclusion. I believe it will take us a few more years to do this. I don't know when exactly that will be.**

  ご質問に答えるために、まず先ほどのお話を再度お伝えします。精度の高い結論にたどり着くまではあと100万ほどの数値を集めないといけないと思います。そのためにはあと数年はかかるでしょう。具体的にいつになるかはわかりません。

- **I'm sorry, that's confidential, but I can say that we have a lot of inquiries.**

  すみません、それは機密事項なんですが、たくさんお問い合わせをいただいているということは言えます。

  ※他の人からも同じ質問を受けているが、平等に「答えない」という対応を取っていることを示唆する表現です。

〈別の対応方法を提案する方法〉

- **I'm afraid I don't have enough information with me now. Let's me get back to you. Do you mind coming up here later to give me your email address?**

  残念ながら今はその情報がありません。後日ご連絡させてください。後ほどこちらでEメールアドレスを教えていただけませんか。

- **I don't have a good answer to that right now. Let me find more information on my computer after this presentation. If you can come up here, I'll share it with you.**

  今はお答えできるようなものがありません。このプレゼンテーションの後にコンピューター上でもう少し情報を探させてください。こちらにいらしていただければ、共有します。

別の対応法を提示するのは、受けた質問が会場にいる全員にとって有意義なものではないと判断したり、回答に時間がかかりすぎる複雑なものだと感じたりしたときに使えるテクニックです。複雑すぎる話になりそうなとき、以下のような表現を使って「後ほど、個別に少し話しましょう」と伝えることができます。

- **That's a complicated issue and I don't want to get into that now because we won't have enough time. I'll be very happy to discuss this with you, so why don't you come up here after we conclude the presentation. We can exchange email addresses.**

それはとても複雑な点で、今は時間が不十分なので、お話ししかねます。このことについて喜んでお話ししたいと思いますので、プレゼンテーション終了後にいらしてください。Eメールアドレスを交換できます。

IMPORTANT ストレスを感じるのは、難しい質問だけでなく、反対意見や批判に対応しなくてはいけないときでしょう。**批判的な意見が出てきたら、まずは意見を述べてくれたことに感謝しましょう。口頭で感謝を述べるだけではなく、今後のプレゼンテーションをより良くするためにヒントをもらえたと思って心から感謝の気持ちを持つことが大切**です。このようなゆったりした気持ちを持つことが、立ち振る舞いに大きく影響しますので、聞き手に与える印象を左右します。苦しいときこそ、表情がこわばらないように注意してゆったりした気持ちで乗り切りましょう。また、**大きな声で話すことを忘れないようにしてください**。緊張すると声が小さくなりがちです。小さな声は震えやすく、声が震えてしまうと、明らかに自信がないように見えるという負の連鎖が起きます。**その場で答えられない質問があるのは、恥ずかしいことではありません。落ち着いて対応しましょう。**

要注意！　否定疑問文の答え方

英語の否定疑問文の答え方は日本語と真逆だと習った記憶はありますか。国際的なカンファレンスの質疑応答で、かなり多くの日本人が間違った回答をしているのを見ていてハラハラすることがあります。日本語では「まだ疲れていないの？」と聞かれて「うん」と答えたら、疲れていないという意味になりますが、英語では「まだ疲れていないの？」という問いにYes.と答えると「疲れている」という意味になります。**日本語と英語では正反対の意味になりますので、ミスコミュニケーションが頻発**します。

IMPORTANT 英語で話す場合はとにかくシンプルに考えてください。肯定する場合はYes、否定する場合はNoで答えます。つまり、文で話すときと全く同じ答えになります。

例：**You're not tired yet?**（まだ疲れていないの？）
Yes. / Yes, I'm tired.（はい、疲れています）
No. / No, I'm not tired.（いいえ、疲れていません）

Q&Aで否定文を使って質問してくる人がいますので、自分の考えと真逆の答え方をしてしまわないように注意しましょう。例えば、経済の状況についてこう聞かれたとします。Let me confirm this: you don't believe that the economy is recovering.（確認させてください。あなたは景気が回復しているとは思っていないのですよね） 景気が回復していると考えている場合はYesと答え、回復していないと考えている場合はNoと答えます。混乱してしまいそうな人は以下のとおり、必ず文で答えるようにしましょう。

Question:

Let me confirm this: you don't believe that the economy is recovering.

確認させてください。あなたは景気が回復していると思っていないのですよね。

Answer:

・**Yes, I think the economy is recovering. We're out of the depression.**

ええ、景気は回復していると思います。不景気からは脱したでしょう。

・**No, I don't think the economy is recovering. We're still in a depression.**

いいえ、景気が回復しているとは思いません。まだ不景気のさなかです。

付加疑問文でも同様に、適切な回答方法がわからなくなってしまうという人がいます。**full sentenceで答える、またはfull sentenceを考えてから、その冒頭に来るYesかNoだけかを答える、ということを徹底したら、混乱しなくて済みます。**

Question:

You enjoyed the conference, didn't you?

カンファレンスを楽しめたよね？

Answer:

・**Yes. / Yes, I enjoyed it. I learned a lot.**

うん。/ うん、楽しかった。たくさん学べたよ。

・**No. / No, I didn't enjoy it. The speakers were not that great.**

いいえ。/ いや、おもしろくなかったよ。講演者たちがそんなに良くなかったから。

TIPS

否定文や付加疑問文に対応する自信がない場合は、Yes も No も省略して文で答えましょう。You enjoyed the conference, didn't you?（カンファレンスを楽しめたよね？）と聞かれたら、I did! か I didn't like the speakers.（講演者たちを気に入らなかった）のように答えれば、否定文や付加疑問文でも心配無用です。

ENGLISH

Endingに入ることを伝える表現 TRACK 42

・**We're coming to the end.**
終わりに近づいてきました。

・**We will be finishing shortly.**
もうすぐ終わります。

・**I'm about to end my talk.**
話を終わらせるところです。

・**Now, I'll wrap up my presentation.**
今からプレゼンテーションのまとめに入ります。

・**Unfortunately, we're coming to the end of my talk.**
残念ながら、お話の最後になりました。

・**That brings us to the end of the presentation.**
以上でプレゼンテーション（の主な内容）は終わりです。

制限時間が迫っていることを伝える表現 TRACK 43

・**We're running out of time.**
時間がなくなってきています。

・**I know I'm running out of time.**
時間がなくなってきているようですね。

・**My time is up.**
時間がもうありません。

・**It's about time for me to finish.**
そろそろ終わりの時間です。

・**Unfortunately, we're just about out of time.**
残念ながら、ちょうどお時間です。

・**Due to time constraints, I'll have to end my presentation in a minute.**
時間の都合上、あと1分でプレゼンテーションを終わらせなくてはいけません。

TRACK 44

まとめることを明示する表現

・**Please take a look at this final slide.**
この最後のスライドを見てください。

・**To sum up some of my important points, please look at this slide.**
重要な点をまとめるために、このスライドを見てください。

・**Let me conclude by saying this.**
これを述べて終わりにさせてください。

・**Let me make one final comment.**
最後に一言言わせてください。

・**Allow me to share one final thought.**
最後に1つだけ考えを共有させてください。

・**I'd like to conclude with a few takeaways.**
いくつかの重要な点を述べて終わりにしたいと思います。

・**I'd like to summarize by saying it is important to drive your business with data.**
データを使ってビジネスの方向性を決めることが重要であるということをお伝えして、まとめたいと思います。

・**In one word, my presentation should have convinced you that it's best to invest in Company A.**
つまり、私のプレゼンテーションで、企業Aに投資するのが一番いいと確信していただけたと思います。

・**The most important thing I would like you to remember from today's presentation is AI technology is getting better day by day.**
今日のプレゼンテーションの中で一番覚えておいていただきたいことは、AI技術は日に日に良くなっているということです。

・**Now, I'd like to quickly summarize the main points.**
今から簡単に主要な点をまとめたいと思います。

・**Finally, I'd like to remind you of some of the most important points.**
最後に、いくつかの最重要事項について再度述べたいと思います。

・**Let's recap and go over the main points again.**
簡潔にまとめて、主要な点をもう一度確認しましょう。

・**To end, I'd like to highlight some important ideas for you.**
最後に、重要な考えを強調したいと思います。

- **Please allow me to remind you of the most important point I wanted to mention.**
  一番伝えたかった最も重要な点について再度述べさせてください。
- **My final comments today are as follows: first, ...**
  今日、最後に述べたいことは以下のとおりです。まず…。
- **In closing, I'd like to leave you with the following important points: first, ...**
  最後に、以下の重要な点についてお話しして終わります。まず…。
- **Even after you leave this room, I'd like you to remember three key points.**
  この部屋を出た後も、3つの重要なポイントを覚えておいていただきたいと思います。

アクションを促す表現 TRACK 45

- **Please consider taking advantage of our special campaign.**
  特別キャンペーンを活用することをご検討ください。
- **I'd like you to try using our product for one month and let us know what you think.**
  弊社の商品を1か月使ってみて、ご感想を教えていただきたいです。
- **To conclude this presentation, I'd like to ask you to do this one thing. Go home and look at your bookshelf.**
  このプレゼンテーションを終わるにあたり、1つお願いしたいことがあります。ご帰宅後に本棚を見ていただきたいのです。
- **Before you leave the conference today, please take a minute to think about what you will be doing in ten years.**
  今日カンファレンスから帰る前に、10年後に何をしているかについて考える時間を取ってください。
- **I'd like to conclude by saying, you will find our service very useful, so I hope you take advantage of the free trial opportunity.**
  このサービスはとても便利だとお気づきでしょうから、無料トライアルの機会をぜひ活用していただきたいとお伝えして、終わりにしたいと思います。
- **If you would like more information, here is a list of useful resources/websites. I highly recommend you read more about the topic.**
  もしもっと情報が必要でしたら、ここに便利な資料/ウェブサイトの一覧があります。このトピックについてさらにお読みになることを強くお勧めします。

- **If anyone would like more information or has questions, please feel free to contact me at abc@xxxxxxxx.com. My email address is on the slide.**
  さらなる情報が必要な方やご質問がおありの方は、お気軽にabc@xxxxxxxx.comまでご連絡ください。Eメールアドレスはスライドにあります。
- **There's a survey on your table. Please complete it before leaving the room. You can leave it on your table.**
  アンケートがテーブルにございます。お帰りになる前にアンケートにお答えください。テーブルに置いたままお帰りになって結構です。

質問を求める表現 TRACK 46

- **Now let's move on to Q&A.**
  それでは質疑応答に移りましょう。
  ※Q&AはQuestions and Answersの頭文字。
- **I'll be able to take some questions now.**
  今からご質問をお受けします。
- **I'd like to hear your thoughts now.**
  みなさんの考えをお伺いしたいと思います。
- **Now, I'm interested in hearing from you.**
  これから、みなさんからのご意見をお伺いしたいと思います。
- **I'd like to open the floor for questions.**
  ご質問を受け付けたいと思います。
  ※open the floorは「話す権利を他の人に与える」という意味です。
- **If anyone has any questions, please feel free to ask now. I'll do my best to answer.**
  ご質問がありましたら、お気軽に聞いてください。できる限りお答えしたいと思います。
- **I've set aside some time to open up the discussion, so let's begin.**
  議論の場を設けましたので、今から始めましょう。
- **Now, I'd like to invite you to make some comments or ask questions.**
  それでは、みなさんに意見を述べたり質問をしたりしていただければと思います。
- **I'll take questions about any topic that I brought up today.**
  今日触れたトピックについてならどんな内容でもお受けします。

- **Are there any questions or comments? Please raise your hand if you'd like to ask a question.**
  ご質問やご意見はありますでしょうか。ご質問は手を挙げてください。
- **Do you have any questions or comments? Raise your hand, and we'll pass over the microphone.**
  ご質問やご意見はありますでしょうか。手を挙げていただければ、マイクをお渡しします。

質問を再度促す表現 TRACK 47

- **I'd love to hear from you. Anyone?**
  ご意見を聞かせていただくのを心の底から楽しみにしています。どなたか？
- **Come on! Please don't be shy.**
  ほら、恥ずかしがらないで。
- **Oh, please. I want to hear from the audience.**
  ねえ、お願いです。みなさんからご意見を伺いたいんです。
- **No questions? Come on! I'm sure I said something that interested you.**
  ご質問はありませんか。ほら、何か興味を持っていただけることを言ったと思うのですが。
- **Really? Nothing? I guess I gave a perfect presentation then?**
  本当に？　何もなしですか。じゃあ、完璧なプレゼンテーションをしたということですね？
  ※ジョークを述べている雰囲気を出すように、笑顔で言いましょう。

質問にお礼を言う・いい質問であると相手を褒める表現 TRACK 48

- **Thank you for your question.**
  ご質問をいただき、ありがとうございます。
- **I appreciate your comment.**
  ご意見に感謝します。
- **I like/love that question.**
  その質問は好き/大好きです。
- **Thank you for your thoughtful comments.**
  思慮深いコメントをありがとうございます。
- **That's a great question.**
  それは素晴らしい質問ですね。
- **You raised a really good point.**
  良い点を提起してくれましたね。

・**Wow, I think you're giving me new ideas.**

すごい！　あなたは私に新たな気づきを与えてくれています。

質問者を指すときに使える表現 TRACK 49

・**Yes,** （その人に手を向けながら） **please.**

はい、どうぞ。

・**Yes, the gentleman/lady in the third row, please.**

はい、3列目の男性/女性の方、どうぞ。

・**Next, the gentleman/lady with red glasses.**

はい、赤い眼鏡の男性/女性の方、どうぞ。

・**Why don't we have the gentleman/lady over there in a blue shirt ask his/her question?**

あの青いシャツを着た男性/女性の方に質問をしていただくのはどうでしょう。

質問を確認する表現 TRACK 50

・**Sorry, I missed that. Can you ask the question again?**

すみません、聞き取れませんでした。もう一度質問を言っていただけますか。

・**Sorry, can you explain that a bit more? I'll try to answer to the best of my ability.**

すみません、もう少し説明してもらえますか。できる限りお答えしたいと思います。

・**His question was "when did we collect the survey data."**

彼の質問は「いつアンケートのデータを集めたか」です。

・**Your question is do we have additional data? Am I right?**

あなたの質問は他に追加のデータがあるかどうかですね。合っていますか。

・**Let me see if I can paraphrase your question. You're asking what I think about hosting the Olympics, correct?**

あなたの質問を言い換えてみますね。あなたのご質問は、オリンピックのホストになることについて私がどう思うかということですよね。（私の解釈は）正しいですか。

※コメントが長くて質問がわかりにくい人には、このように言い換えて質問を確認するといいでしょう。

質問に答え始めるときに使える表現 TRACK 51

・**The short answer to your question is yes/no.**

あなたの質問に対する端的な答えは「はい/いいえ」です。

・**To answer your question, please look at this slide again.**

あなたの質問に答えるために、このスライドをもう一度見てください。

・**Before I answer your question, let me start by talking about this data in the Appendix.**

ご質問にお答えする前に、まずはAppendixにあるこのデータについて話すことから始めたいと思います。

質問に答えられないときに使う表現 TRACK 52

・**Sorry, I'm not very familiar with that.**

すみません、それについては詳しくありません。

・**I don't have a good answer to that right now.**

今はお答えできるようなものがありません。

・**I'm afraid I don't have enough information with me now.**

残念ながら今はその情報がありません。

・**I can't answer off the top of my head, but I'd love to look into it.**

即座に答えることはできないのですが、喜んでお調べしたいと思います。

※off the top of my headは「即座に」を意味する定型表現です。

・**I'm not sure I can answer that now. That's a very complex topic.**

今それに回答できるかどうかわかりません。とても複雑な内容なので。

・**I think that will take too long to discuss right now.**

それは今お話しするには時間がかかりすぎると思います。

・**That's a complicated issue, and I don't want to get into that now because we won't have enough time.**

それは非常に複雑な点で、今は時間が不十分なので、お話ししかねます。

・**I'm sorry, that's confidential.**

すみません、それは機密事項なんです。

・**I'm afraid I can't disclose that information.**

残念ながら、その情報は公開できません。

質問に別途対応したいときに使う表現 TRACK 53

・**Do you mind coming up here later to give me your email address?**
後ほどこちらでEメールアドレスを教えていただけませんか。

・**We should exchange emails and discuss it personally.**
Eメールアドレスを交換して、個人的に話し合いましょう。

・**If you don't mind stopping by after we've finished, I'd be very happy to discuss this with you personally.**
終わった後にお立ち寄りいただければ、喜んで個人的にお話しさせていただきます。

・**Let me find more information on my computer after this presentation. If you can come up here, I'll share it with you.**
このプレゼンテーションの後にコンピューター上でもう少し情報を探させてください。こちらにいらしていただければ、共有します。

・**Why don't you come up here after we conclude the presentation? I'll give you my business card.**
プレゼンテーション終了後にこちらにいらしていただけませんか。名刺をお渡しします。

質疑応答の終了を伝える表現 TRACK

・**We have time for just one more question.**
あと1つだけご質問を受けられる時間があります。

・**Time permitting, I'll take two more questions.**
時間が許せばあと2つだけご質問を受け付けます。

・**We're running out of time, so one final comment or question from the audience, please.**
時間がありませんので、みなさんからあと1つだけご意見またはご質問をお受けします。

・**Thank you for your questions. Unfortunately, we're out of time.**
ご質問をありがとうございました。残念ながら、時間切れです。

・**I believe we're out of time. Feel free to email me with your questions.**
時間がなくなったと思います。お気軽にご質問をEメールでお送りください。

・**Unfortunately, I didn't have enough time to take all your questions, but I will be around for a while, so please come talk to me if you have any questions.**
残念ながら、すべてのご質問をお受けする時間がありませんでしたが、しばらく（この会場に）いますので、ご質問があればお声がけください。

Appendixがあることを伝える表現 TRACK 55

・**I have some additional information for you.**

追加情報があります。

・**Let me show you some detailed data.**

詳細なデータをお見せしましょう。

・**It might be worth sharing this information with you.**

この情報を共有すると有意義かもしれません。

Appendixを紹介しきれなかったことを伝える表現 TRACK 56

・**Unfortunately, I didn't have enough time to share this information, but we took a close look at how long our clients are using our app. I can share this data with you by email.**

残念ながら、この情報を共有する時間が十分なかったのですが、弊社の顧客がどのくらいの時間、我々のアプリを使っているか、詳細な調査を行いました。このデータはEメールでお送りできます。

・**We weren't able to cover some of the extra information I had prepared, so I hope you can give me a chance to speak to you again.**

ご用意した追加情報のすべてを紹介することができなかったので、またお話しする機会をいただけることを願っています。

お礼を伝える表現 TRACK 57

・**That concludes my presentation. Thank you for your attention.**

プレゼンテーションは以上です。ご清聴ありがとうございました。

・**That brings us to the end of the presentation. Thank you for being a great audience.**

以上でプレゼンテーションを終わります。素晴らしい聞き手でいてくださり、ありがとうございました。

・**Now, I'll finish up by saying thank you for your attention.**

それでは、最後にご清聴に感謝して、終わりの言葉とします。

・**And on that final note, I will end my presentation. I truly appreciate you coming here.**

以上をもってプレゼンテーションを終わります。本日はお越しくださり、心より感謝いたします。

- **I'd like to conclude my presentation with my sincere gratitude.**
感謝の意をもってプレゼンテーションを終えさせていただきます。
- **I hope you've found this presentation interesting. Thank you very much.**
このプレゼンテーションが興味深いものだったと思っていただければ幸いです。ありがとうございました。
- **I hope you found my presentation to be meaningful. I hope to see you again soon.**
このプレゼンテーションが有意義だったと思っていただければ幸いです。また近いうちにお目にかかれますように。
- **It was an honor to speak to you today. Thank you for the opportunity.**
本日みなさんにお話しできて光栄でした。このような機会をいただき、ありがとうございました。
- **I hope you'll consider moving on to our trial program. Thank you.**
トライアルプログラムをご検討いただければ幸いです。ありがとうございました。

TRY IT

ACTIVITY 1

Summaryのスクリプトを作る練習をしましょう。Chapter 3のACTIVITY 1で、調理器具の開発責任者として社内プレゼンテーションをすると想定したスライドを作成しました。スケジュールのとおりに進めることで、商品の改良と開発のために有益な顧客の声を集めることができる、ということを再度聞き手に伝えてください。そして、新商品の企画会議を7月に始めたいので、スケジュールにあまり余裕がなく、この場で懸念点や課題について議論して、可能であれば承認を受けたいと伝えてください。また、承認後はすぐにユーザーアンケートの素案を作る予定であることも伝えましょう。

スライド例

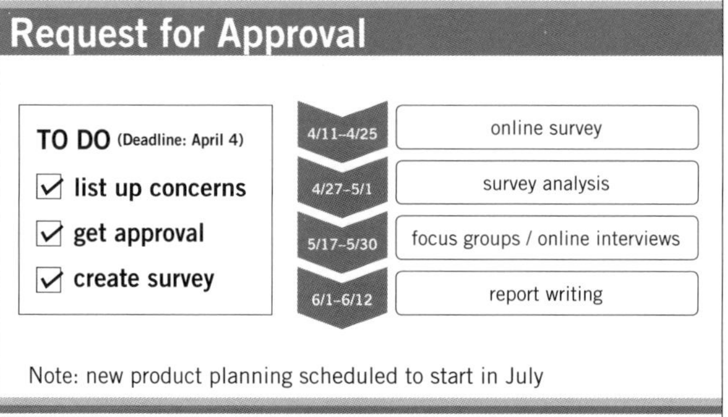

HINTS

・社内プレゼンテーションなので、あまりフォーマルな印象を与えないスクリプトが自然です。口語のwrap up「まとめる」やquickly summarize「簡単にまとめる」といった表現を使うといいでしょう。

・ここまでがあまり長いプレゼンテーションではなかったと想定し、プロジェクトの工程については最小限の振り返りをすれば十分です。

1. 終わりに近づき、まとめることを伝える

2. 工程について再度述べる

例：お伝えしたように、4月11日からアンケートを始めたいと思っています。
7月から新商品の企画に入るので、あまり時間はありません。

3. アクションを求める

例：承認を得られたらすぐにアンケートの素案作りに着手する予定です。この後、懸念点や課題について議論して、承認をいただきたいと思っていますが、いかがでしょうか。

4. 質疑応答・ディスカッションに入る

例：これからみなさんのご質問やご意見を聞かせてください。

ACTIVITY 2

Q&A対応の際に答えが見つからない場合、何と述べたらいいか考えましょう。

1. 質問が理解できなかったので、後で個別に話したい場合

2. 情報が足りず、答えられない場合

3. 機密情報なので答えられない場合

4. 時間がなくて答えられない場合

HINTS

・いずれも、答えられないけれども、「断固対応しない」という印象は与えないように注意して答え方を考えましょう。

サンプル解答

ACTIVITY 1 TRACK 58

1. 終わりに近づき、まとめることを伝える

Now, I'd like to wrap up my presentation.

今から、プレゼンテーションをまとめたいと思います。

※wrap upは包装するというイメージどおり、まとめていく作業のことを指します。

2. 工程について再度述べる

As I mentioned, I'd like to start a survey on April 11. We don't have much time because we are going to start planning for the new product in July.

お伝えしたように、4月11日にアンケートを始めたいと思っています。7月から新商品の企画に入るので、あまり時間はありません。

※アンケート期間について述べる場合はI'd like to conduct a survey from April 11 to April 25.のようにfrom A to Bと述べます。

3. アクションを求める

Once this plan is approved, I'm going to start writing a draft of the survey. I'd like to ask that we discuss any concerns or issues after this and get your approval. Does that sound OK?

承認をいただけたらすぐにアンケートの素案作りに着手する予定です。この後、懸念点や課題について議論し、承認していただきたいと思っています。いかがでしょうか。

※ここではアクションを求める表現としてI'd like to ask that you ～.を使っていますが、Please give me some time to discuss any concerns or issues.のようにPleaseを使って述べてもいいでしょう。

4. 質疑応答・ディスカッションに入る

So, I'd like to open the floor now. Can I take your questions and hear your thoughts?

では、みなさんにお話しいただく機会を設けたいと思います。ご質問やご意見を聞かせてください。

※open the floorは「すべての人に話す権利を与える」という趣旨の内容で、会議の場で頻繁に使われる表現です。プレゼンテーションではopen the floor for questions「聞き手からの質問を受け付ける」が使われます。

ACTIVITY 2 TRACK 59

1. 質問が理解できなかったので、後で個別に話したい場合

Thank you for your question, but I'm sorry, I think I'm not understanding your question well enough. Is it OK if we discuss this afterwards? I'll be happy to talk about it then.

ご質問ありがとうございます。しかし、申し訳ありません。ご質問を十分に理解できていないと思います。後ほどお話をさせていただけますでしょうか。喜んでご説明させていただきます。

2. 情報が足りず、答えられない場合

Thank you for the question. Unfortunately, I don't have enough information to answer your question now, but I think it's very interesting. You've given me a good idea for further research.

ご質問ありがとうございます。残念ながら、現時点であなたの質問にお答えするための十分な情報がありません。しかし、非常に興味深いと思います。さらなる研究のアイディアをくださいました。

3. 機密情報なので答えられない場合

I'm glad you asked that. I'm afraid I can't give you that information because it's confidential, but I can show you some data from five years ago. It's on this website.（ウェブサイト情報を提示する）

その質問をしてくださり、助かりました。その情報は機密事項なのでお伝えできないのですが、5年前のデータならお見せできます。こちらのウェブサイトにあります。

4. 時間がなくて答えられない場合

That's a great question, but I think we're running out of time. I'd be more than happy to discuss this with you after the presentation if you can come up here.

その質問は素晴らしいのですが、時間がなくなってしまったようです。プレゼンテーションの後にもしこちらにいらしていただければ、喜んでお話しさせていただきます。

COFFEE BREAK

p. 136で、インスピレーション型のプレゼンテーションのEnding用スライドに、写真を活用した作り方があることを紹介しました。一方、情報伝達型や提案型プレゼンテーションでも写真を組み込んだスライドがかなり増えています。今ではデジタルカメラやスマートフォンでの撮影が簡単になり、多くの著作権フリーサイトで商業目的に使える写真がたくさん提供されています。写真を活用したスライドが作りやすくなったために、こうしたスライドも増加傾向にあると思われます。すべてのスライドに写真を組み込むと混沌とした印象になってしまいますし、テキストを写真にかぶせるとテキストが読みにくくなる難点がありますので、写真を活用する場合は、場所をよく検討してください。初心者の方は、例えば、長いプレゼンテーションのセクション区切りに写真を使うことから始めてみてはいかがでしょうか。

プレゼンテーションスライドの背景色も変化してきました。私がビジネスコンサルタントとしてプレゼンテーションの研修を受けた頃は、スライドの背景色を白にするのが一般的でした。今でも定番と言えば白い背景かもしれませんが、最近は黒を背景としたプレゼンテーションスライドが増えているように感じます。プロジェクターの質が良くなり、スライドが明るく映るようになりましたので、白い背景が少々眩しく感じることがあります。Chapter 1でも述べたように、その解決策が黒い背景です（→p. 22）。暗い部屋では黒い背景のスライドが会場の暗さに溶け込んで、白文字が浮き出ているような雰囲気になります。ただし、黒い背景を使う場合に注意したいのは、そのままでは印刷に不向きという点です。配布資料は黒背景だとかなり読みにくいうえ、大量にインクを使ってしまいます。

プレゼンテーションをするためには、さまざまなツールを使いますので、時代の流れやテクノロジーの進化に合わせたトレンドを意識していくことも大切です。自分らしい基本的なプレゼンテーションスタイルが決まったら、これからの時代に合わせ、自身も進化を遂げていく必要がありそうです。

「私の英語プレゼンテーション」体験談

PART 2

英語が特段得意ではなかったものの、プレゼンテーションの場数を踏み、今では英語力を活かして国際業務についているSYさん。英語についての悩みやプレゼンテーション準備に関する悩みを伺いました。

SYさん

年齢層：30代
自称英語力：中上級（TOEIC800点程度）
業務：海外オフィスの人事
よくあるプレゼンテーション場面：
情報伝達型（社内向け研修）、インスピレーション型（新入社員研修）や提案型（決裁者へ承認をもらうための説明）

Sさんとはじめてお会いしたときは、まだまだ英語プレゼンテーションのご経験は浅かったと思うのですが、その後何百回もこなしてきましたよね。今でも困ることはありますか。

スライド作りでは日本語から英語にしようと思うとデザインが崩れるのが悩みです。「承認」は2文字で済むのに“Approval”は8文字。日本語だと1行で収まる文が、英語だと2行以上になりがちです。社内プレゼンテーションが多いので、少しでも短くするために積極的に略語を使いたいのですが、すっと出てこないんです。

なるほど。公式な場で使う資料で略語を使うことは避けたいですが、社内用の資料であれば、略語を使っても問題ありません（→ p. 97）。department「部署」をdept.としたり、approximately「おおむね」をapprox.としたり、included「含まれている」をincl.としたり。どの表現が許容されるかは社風によります。インターネット上で“business words abbreviation”のような検索キーワードで調べると、使える略語がたくさん出てきます。

スクリプトを作るうえで圧倒的に難しいのが接続詞と前置詞。英語力の向上が大切だなと思います。いつも同じ言葉を使ってしまって、幼稚な文になりがちな認識があります。気づくとand... and... and... と連発していたり。適切な接続ワードを使いこなしたいです。

Chapter 1 のENGLISHの「話の流れを明確にする表現(discourse markers)」(→ p. 38) を参考に、表現のバリエーションを増やしてくださいね。あとは数字や単位の読み方 (→ p. 114) に迷うことがあるとおっしゃっていましたね。

いまだにパッと出ないときがあります。それに、話すのは自分、投影は外国人社員、指示は英語という状況で「スクリーンに映している画面を小さくして」「大きくして」などと指示するのが難しいです。特に「斜めに動かして」のように、普段あまり使わない表現に困ります。

もちろん指示の出し方 (→ p. 39) はしっかりと覚えておきたいところですが、the table on the upper right「右上の表」やthe data on the bottom left「左下のデータ」のように上下左右を表す言い方の組み合わせで、どこのことを伝えているか表現できるものですよ。心の中では焦っていても、落ち着いて指示を出しましょうね。

はい。Q&Aでは今でも相手が何を言っているのかわからず、質問が持ち帰りになってしまうこともあるので、今でも英語力の向上を意識しています。ネイティブに助言を求めることもありますが、これがなかなか大変で (笑)。当時一緒に働いていた英語ネイティブのイギリス人とアメリカ人の2人に練習を見てもらったのですが、あるパートに入ったとき「発音が良くない」とイギリス人が最初にアドバイスをくれました。その後、今度はアメリカ人がアドバイスをくれたのですが、単語同士をあまりつなげずハキハキ話すイギリス風の話し方と、単語同士をつなげて話すアメリカ風の流暢な話し方と、相反するアドバイスを2人から受けて混乱しました。どっちに寄せたらいいか非常に悩み、どちらのアドバイスもむげにできないので「後で練習して直しておく」と言い、とりあえずその場を収めました (笑)。

そういうこと、ありますよね！「どこの英語に合わせるか」は判断が難しいです。自分がなりたい姿、目指したい人物像を見つけ、その姿に近づくためのアドバイスだけを取捨選択して改善するといいでしょう。また、プレゼンテーションはコミュニケーションの一種なので、人によって好きなコミュニケーションスタイルが異なります。構成や内容について同僚や上司と意見が一致しないこともあるでしょう。最終的には聞き手の好みを最優先に考えて、どのようなスタイルが最適なのか考えるのが一番いいですよ！　Sさんは英語を日々使うグローバル企業にお勤めなので、たくさんのプレゼンテーションをこなし続けることで今後もどんどん上達しそうですね！

CHAPTER 5

Delivery

ジェスチャーと話し方

プレゼンテーションを輝かせる届け方

Food for Thought

ここまでの章ではプレゼンテーションの準備のコツをご紹介してきました。スライドとスクリプトを用意して、たくさん練習をしたら当日話すだけ！　さて、本章では、実際にプレゼンテーション中に注意すべきことについて焦点を当てています。「何を話すか」だけではなく「どう話すか」が良いプレゼンテーション結果につながります。準備したプレゼンテーションが輝くような立ち振る舞いを心がけましょう。現実的にはあまりない状況かもしれませんが、「耳が不自由な人がプレゼンテーションを見ていたらどう感じるかな」「目の不自由な方が会場に来たら、伝えたい雰囲気が言葉だけで伝わるかな」と考えてみると、個別の要素により磨きをかけることができます。あなたのプレゼンテーションを輝かせるには何が必要かをよく考え、最高の伝え方をしましょう。

KEY POINTS

- トラブルの芽がないかを念入りに確認し、ホームベースを決め、プレゼンテーションの基本姿勢を取ります。45度を意識してときどき動きをつけましょう。
- 英語圏出身の人に対してプレゼンテーションをするときは、ジェスチャーをつけるのは必要不可欠。まずは4大ジェスチャーを活用し、少しずつバリエーションを増やしましょう。また、ジェスチャーの大きさと速さについても戦略的に考えましょう。
- 英語らしい発音、リズム、イントネーションで話すトレーニングをしてからプレゼンテーションに臨みましょう。本章で紹介しているポイントを意識してください。ミスコミュニケーションが発生しないよう、特に強勢とイントネーションに注意しましょう。
- 声の大きさの変化、静寂、アニメーション音やBGMなどの音、そしてアニメーションなどの視覚情報をうまく活用しましょう。

3 STEPS

STEP 1 戦略的にジェスチャーを加える

会場入りしたら、ホームベースを決めて動きやすい動線を確保しましょう。また、4大ジェスチャーを参考に、適切なタイミングでふさわしいジェスチャーを加えましょう。プレゼンテーション中の立ち振る舞いで印象が大きく変わります。

STEP 2 聞き取りやすい英語を話す

英語の話し方のルールを理解したうえで、きれいな発音、わかりやすいリズム、そして誤解を与えないイントネーションで話しましょう。また、耳障りなfillerの癖を直すように心がけましょう。

STEP 3 戦略的に静寂と音を操る

注目を集めるために静寂を使いこなしましょう。さらに、話すときの声の大きさや速さを変え、意図的にスライドに音を加えるなど、戦略的に音を使いましょう。

CHAPTER 5

STEP 1 戦略的にジェスチャーを加える

ホームベース（本拠地）を決める

プレゼンテーション現場に到着したら、はじめにすべきことは会場内を見渡して、自分の動きを想像することです。自分が動きやすい動線を考えてください。まずは自分の基本的な立ち位置を決めましょう。この場所を英語のhome base「本拠地」にちなんでホームベースと呼びます。**ホームベースは演台の後ろかスクリーンの横、この2か所のどちらかに決定することが多い**です。演台がある場合は、それを使うか使わないか決めれば、ホームベースが決めやすくなります。演台を使うと、手元にあるものが聞き手から隠れますので、資料や電源コードなどで手元がごちゃごちゃしていても見栄えが悪くならないメリットがあります。しかし、演台は狭く感じることが多いのと、いつもそこにいると聞き手との距離ができるので、心の距離も保ったままの印象を与えてしまうデメリットがあります。プレゼンテーションには動きがあったほうがダイナミックに見えますので、私は演台の後ろはあまり好みではありません。講師という特性上、受講生のワークを見て回ることが多いので、聞き手に近いほうが都合がいいというのもその理由です。

その一方で、威厳のある雰囲気を保ちたい場合は演台の後ろにいるのが最も適切かもしれません。地声では会場全体に声が届かないような大きな会場での公演は演台にしかマイクがないため、そこに留まらざるを得ない場合もあります。**会場の制約と自分のスタイルを考慮したうえでホームベースを決めてください。**ちなみに多くの場合、アメリカと日本では演台の位置が異なります。日本では聞き手から見て右前にあるのが一般的です。これは講師が上座にいるべきだからというマナー上の考えがあると聞きました。アメリカでは多くの場合、演台は聞き手から見て左前にあります。この理由は、英文を左から右へ読む人間の目の動きに合わせて、読み始めのスタート地点である左側を聞き手がよく見るからだそうです。あえて、よく見てもらえる場所に立つべきだということです。

演台を動かすのは難しいでしょうから、その会場の演台の場所に合わせて話しましょう。**スクリーンを指す手が利き手ではなくなる可能性があるので、どちらの手でも自然にスクリーンを示せるように日頃から練習をしておくといいでしょう。**また、演台を使うなら、ジェスチャーはスクリーンを指したり、指で数を数えたりする程度で、全般的に控えめにならざるを得ません。身動きがあまり取れない分、視覚情報の工夫はスライド内に加える必要があることを覚えておきましょう。

トラブルの芽を摘んでおく

「このあたりかな」とホームベース候補を決めたら、必ずやってほしいことがあります。プロジェクターの電源を入れてから、ホームベースで手を広げてください。プロジェクターの光に手がかかりませんか。左右に数歩動いただけで光が顔にあたりませんか。プロジェクターの光を遮らない場所をホームベースとし、左右に動ける範囲を確認して記憶してください。次に、会場を動き回ってみてください。このときにトラブルの芽を発見し、事前に摘んでおく必要があります。ジェスチャーをするときにぶつかりそうなものはありませんか。歩くときに踏んでしまうものはありませんか。足元に電源タップがある部屋ではコードが出ていたり、電源タップでつまずきやすくなっていたりします。つまずきやすいものは片づけるか、そこを通らないように動線を考えましょう。電源コードをつなぎ直してもいいのであれば、邪魔にならないところにつなぎ直しておくのもトラブル防止策の1つです。また、机は障害物となり得ます。お尻がぶつかるとかっこ悪いですし、自分の通り道と聞き手の座っている場所があまりに近いと圧迫感を与えてしまいますので、聞き手と近すぎる場所も避けて通るなど、事前に決めておきましょう。

IMPORTANT 会場の下見段階で、聞き手の立場から考える必要もあります。スクリーンはどの席からもよく見えますか。**四隅の席に行ってみて、十分にスクリーンが見やすいかを確認してください。**会議室によってはスクリーンが壁に設置されていて、フレームがついていることがあります。このフレームが出っ張っていると、最前列の両端の席からはスクリーンが見づらいかもしれません。席に余裕があることがわかっている場合は、椅子を抜いてそこに座れないようにしておいてはいかがでしょうか。配布資料がある場合は、座ってほしい席だけに配布資料を置くようにすることもできます。運営担当者がいる場合は、座席の場所を決めさせてもらってもいいかを相談し、聞き手が良いプレゼンテーション体験ができるように、自ら行動してください。

ポインターを準備する

手や指でスクリーンの中のものを指すと、プロジェクターの光を遮るのでとても見栄えが悪いです。資料を指す必要がある場合は、ポインターを使うように習慣づけましょう。ポインターとはその名のとおり「指すもの」であり、映しているスライドで注目してほしい箇所を目立たせるようにする道具です。多くのメーカーがさまざまな種類の商品を販売しているので、自分が使いやすいものを選びましょう。昔ながらのポインターはレーザーポインターです。数十メートル以上離れた場所でも光で指すことができるので、暗い会場では非常に使いやすいです。

レーザーポインターは赤と緑のものが一般的。昔からある赤いものはお手頃価格の商品が増えています。緑のほうが見やすいとされていますので、大型会場でのプレゼンテーションが多い方は緑色のものを持ち歩くことをお勧めします。今では青色のレーザーポインターも見かけるようになりましたが、価格は高めです。今後、他の色の商品が出てくるかもしれませんが、見やすさで選ぶといいでしょう。また、どの色でも、持ち手の形状が多種多様です。ペン型と指の形にフィットするような形状をしたフィンガータイプが最もよく見かけるタイプです。乾電池式のものは軽くて持ち運びやすいうえ、電池切れとならない限り、動かなくなることはめったにありません。**性能の良いものを持ち歩いている人も、万が一それが動かないときの場合にシンプルなものを予備として持ち歩くことが多い**ようです。

シンプルなものに加えて、今ではページ送り機能や時間のお知らせ機能がついた高性能のレーザーポインターも安く販売されています。このタイプのポインターを使うと、パソコンから離れてプレゼンテーションができ、歩きながらダイナミックなプレゼンテーションができますので、1つ持っておくことをお勧めします。最近ではソフトウェアと連動して使うポインターも商品化されています。パソコンのスクリーンにポインターを向けるとスライドの目立たせたい箇所にスポットライトが当たるタイプのポインターがあり、私はそれを愛用しています。ほとんどの高性能レーザーポインターはUSBかBluetoothでパソコンと接続します。テクノロジーは日々進化しており、小型で軽量なだけではなく、ユニークなもの、色鮮やかなデザインのものなど、たくさんの種類がありますので、プレゼンテーションがしやすくなるお気に入りのものを見つけてください。

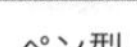

ペン型

フィンガータイプ

高性能 USB 付属型

IMPORTANT 高性能なポインターの多くはパソコンと接続できるUSBまたはBluetooth機能がついています。まれにそれらがパソコンに認識されず、トラブルが起きる可能性があります。**プレゼンテーション会場に到着したら、設営時にポインターをUSBやBluetoothでパソコンにつなぎ、ポインターが問題なく作動することを確認しておきましょう。**万が一どうしても作動しない場合は予備のポインターに切り替えるか、ポインターなしでプレゼンテーションをする方法を考える必要があります。大型会場であればシンプルなレーザーポインターの貸し出しをしているかもしれません。どのように対応するかを判断するためにも、早めに確認することが大切です。

ポインターを使うときに注意すべきことは、聞き手に背中を見せないようにすることです。p. 177でも書きましたが、演台の一般的な位置は国によって異なります。スクリーンに近いほうの手でポインターを持ち、体を横向きにひねらずに、正面に向けたままでスクリーンを指せるようにしましょう。

基本姿勢

聞き手が集まったら、いよいよ話を始めます。横にふらふら揺れてしまわないように、肩幅に足を広げ、猫背にならないように肩を開き、上にひっぱられているように意識して立ってください。こうするとグラグラせずに立てます。手は身体の両手を横にぶら下げるのではなく、ジェスチャーをつけやすいようにおへそよりも上の位置に片手もしくは両手を上げておき、肘を少し曲げましょう。これが話すときの基本姿勢です。長いフォーマルなプレゼンテーションにおいては特に、途中で気が抜けて、片足を出した休めのポーズを取ってしまわないように注意が必要です。疲れたら少し歩いてからホームベースに戻り、基本姿勢に戻しましょう。カジュアルなプレゼンテーションであれば、少し足の体勢を崩しても、上半身がだらしなくなければ十分きっちりして見えますので、**上半身の見え方の決め手となる両手に注意しましょう。**

立ち姿を見比べてみましょう。

マイナスポイント

- 座ったオーディエンスからは見上げる形になるため、足を開きすぎると高圧的に見えます。
- 手は自然に重ねましょう。指先を合わせての指をもぞもぞと動かすような仕草をする人がいますが、見栄えが悪いです。

マイナスポイント

- 両手を体の横に下ろしたままではだらしなく見えます。

- 話しているときにジェスチャーをつけやすいように、両手または片手を身体の前に出しておきましょう。

マイナスポイント

- 手の位置が低すぎます。
- 手の握り方がだらしなく見えます。
- 猫背に見えますので、肩を開いて背筋を伸ばしましょう。

- 肩を開いて肘を少し張りましょう。手はおへそよりも上に。
- 手はおへその上あたりが適切です。おへその上に手を置いても、スカートの腰の位置が高い場合はこのように、相対的に手の位置が低く見えてしまうため、もう少し手を上に組んでもいいでしょう。

- 片手がおへそよりも上にあるとバランスがいいです。ポインターやクリッカーを持つ手を上にしましょう。
- 長いプレゼンテーションでは特に、安定する足幅で立ちましょう。

両手は基本的におへそよりも上にあるようにしてください。日本人は両手を組んでお辞儀をする文化があるので、手の位置が低くなりすぎてしまう傾向があります。手を下に組む姿勢は謙虚に見えますが、プレゼンテーションでは注目してもらいたいので、謙虚すぎる姿勢はいけません。自信がないように見えてしまいます。また、**英語で男性がよく言われるのがDon't draw attention to the wrong place.（間違ったところに注目を集めないようにしてください）**です。これは手を組む位置が低すぎて、股間に手を置いているように見えてしまう人がいるためです。聞き手から見ておかしなところに手がないか、注意が必要です。**男女共に手は頻繁に動きがつけやすい位置にあるべきなので、基本的にはおへそより上に上げておくように意識**してください。肘が曲がらずに手がぶら下がっているようでは手の位置が低すぎます。慣れるまでは手をおへその上あたりで組み、軽く肘を張るように意識するといいのですが、ずっと手を組んだままでは緊張しているように見えます。ポインターを持っている場合は、その手をおへそよりも上に出しておき、もう片手の手は体の横の自然な位置に下ろす時間も作りましょう。

手の位置

◎ 

◎ 

× 

手の位置が低すぎます

プレゼンテーション中は片方の手でジェスチャーをすることが多いので、使わない手をどうしたらいいか悩む人が多いようです。使っていない手は体の横に添えてもいいですし、手のベース位置であるおへその近くにおいてもいいでしょう。それではそわそわして落ち着かないという場合は、手を軽く腰に置くこともできます。欧米では片手を腰に当てている人がそれなりにいますので、日本人が心配するほど横柄には見えません。欧米では人によっては片手をポケットに入れていることもあります。自分はどのような立ち姿になりたいですか。写真を参考にしてください。

使わない手の位置

使っていない手は
身体の横

使っていない手は
おへそより上

使っていない手は
軽く腰に

使っていない手を
ポケットに

プレゼンテーション中は手癖に気をつけましょう。本人は気づいていないかもしれない些細なことですが、一度気になり出したらずっと気になってしまうのが人間の心理です。聞き手に余計なことを考えさせないように注意しましょう。男女問わず、髪、頬や顎、おでこを触ってしまう人がいますし、緊張していると手を重ね合わせて揉むように動かしている人もいます。また、使わない手の位置が定まらず、太ももをさするように上下に動かしている人も見かけます。鏡の前で自分の立ち姿を確認して、違和感のない、自分らしい基本姿勢を見つけてください。

手を動かす範囲を決める

ボディランゲージには男女差があると言われています。まずは原則論に基づき、プレゼンテーション中に手を動かすべき範囲についてお伝えします。縦軸はおなかから耳の横あたりの高さまで、横軸は両手を軽く曲げて広げられるところまで、というのが基本的な動きの範囲です。そして、大きく広げたほうが自信があるように見え、小さ目に動かしていると謙虚に見えます。**男性は手を力強く大きく動かすほうがプレゼンテーションにインパクトを与えられてよい**と、私が高校生の頃に学校で教わりました。この点については、21世紀になった今でも考え方に変化はありません。

大きく変化したのは女性のボディランゲージに関する考え方です。私が学生だった1990年代は「女性は体の前で両手を自然な幅に広げましょう。左右の動きは自分の体よりも少し広い程度に抑え、上下の動きはおなかから首元あたりの範囲とし、優雅にゆっくり手を動かすと素敵なレディになれます」という趣旨の話を先生から教わりました。女子校の進学校に通っていたので、将来男性と同様のビジネスシーンに女性が出ていくことを想定し、先生はそのように教えていました。しかし**現代においては、ビジネスパーソンは男女共にプロフェッショナルに見えるべき**、つまり自信があるように見えるべきだというのが通例です。**女性も自信のある立ち姿でプレゼンテーションを行うべき**だと言われるようになりました。

自信のある立ち姿を作るために、まずは体を大きく見せましょう。縮こまらないように、体を開いておくことが大原則です。ジェスチャーをするときには胸を開き、手の平を開いて上、または相手に向けておき、オープンな雰囲気を体で作っておきます。そして、この基本姿勢から、大切なところでは指を指すために手の位置を上げる、聞き手に考えてほしいときには指でこめかみを指すなど、イレギュラーな動きをすることで変化がつきます。**メリハリのある動きが大切です。**

男女別、原則的な手の可動域

従来、女性の手の動きの
幅は脇が開かない程度

欧米では今は女性も
男性同様の幅

男性は今も昔も
広く手を開く

ジェスチャーの大きさは、与えたいインパクトと会場の広さを考慮して決めましょう。男女共に、現代のトレンドは手を動かす幅を大きくすることなので、大きな会場で話す場合は、大げさなくらいにジェスチャーを加えましょう。**劇場のような大きな舞台上では極端なくらいのジェスチャーのほうが、会場の広さに対してバランスがいい**です。欧米人と比べるとアジア人は小柄なので、大きな会場で一緒に講演すると、どうしても小さく見えて、存在感が薄れてしまいます。とは言え、**体格差はジェスチャーの大きさで補うことができます。**以前、大型のカンファレンスで、小柄なアジア人男性が費用の高さを表すために、自分の頭よりも上まで手を伸ばし、The cost was really high.（費用が非常に高額でした）と述べていました。かなり強調したアクションだったので、話のインパクトや堂々としたたたずまいは体格の良い他の講演者たちに引けを取らないと感じました。大きな舞台に立つ小柄な人は、存在感を出し、メッセージが強く伝わるように大きめのジェスチャーを心がけましょう。

存在感の出し方に興味がある方は、エイミー・カディ (Amy Cuddy)氏が研究したパワーポーズが参考になります。研究内容をもとにした書籍が日本語にも翻訳されているので、一読をお勧めします。彼女は手を腰に当てたり、手をテーブルについて前のめりになり少し攻撃的な姿勢を取るといった、いわゆる「偉そうなポーズ」のことをパワーポーズと呼んでいます。大切な話をしているときや、特に聞いてほしいところ、威厳を感じてほしいところなどで両手を腰に当てれば、メリハリをつけることもできます。カディ氏の研究によると、パワーポーズを取っていると自信がつくだけではなく、実際にホルモン値などへも影響を及ぼして、自信が出てくるそうです。聞き手への影響ではなく、話し手に焦点を当てた研究ですが、威厳のありそうなパワーポーズを取ると、聞き手にも力強い印象を与えることでしょう。

ジェスチャーの重要性を意識する

欧米の人は子どもの頃から手の動きをつける習慣があります。日本人は日本語で話すときにあまり手を動かしませんが、**欧米の人からすると手に動きがないのは不自然に見えていることを認識しておきましょう**。ヴァネッサ・ヴァン・エドワーズ氏率いるScience of Peopleというグループが2010年のTED Talksを研究しました。この研究で、視聴回数の多い人気動画と視聴回数の少ない動画を比較したところ、同じ時間内に手の動きが2倍近くあったと述べられています。この研究は、ジェスチャーを伴った話のほうが聞き手に人気があるのではないかという考えを検証したものです。同時に、最初の7秒でプレゼンテーションの「好き」「嫌い」がおおむね決まってしまうことも研究結果に挙げています。プレゼンテーションは最初が肝心であり、ジェスチャーが最初の印象に大きく影響を与えるということを常に意識するのが重要です。このため、**演台の後ろで話をする場合でも演台の後ろに棒立ちしているだけではいけません。手を聞き手に見えるように動かしましょう**。手を演台の上に置きっぱなしにしないためには、肘を曲げて縮こまらなくてもよい場所に移動するとよいでしょう。演台にぴったりとくっつかず、マイクが声を拾うくらいのところまで下がって、手を上げて演台よりも上に出すか、少し広げて演台よりも外に出すといいでしょう。身動きが取りづらいと思ったら、思い切って、演台を使わない判断をすることを検討してください。

4大ジェスチャーをマスターする

日本語を話すときにはあまり手を動かしませんので、ジェスチャーをつけるようにと言われても、どうしたらよいのかわからないかもしれません。プレゼンテーションを光らせるためには、ジェスチャーがプレゼンテーション内容と合っている必要があります。英語の4大ジェスチャーを紹介しますので、適切なタイミングを把握しておきましょう。

・手を広げる vs. 指でつまむ仕草をする

大きさや幅を示すときに使うジェスチャーです。大きなものや数の多いものについて話しているときは手を広げて、その幅を示しましょう。小さなものや数の少ないものについて話すときには両手を体の前で合わせるようにしてもよいですが、人差し指と親指でつまむようなジャスチャーのほうがよく見られます。

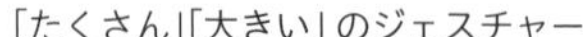

「たくさん」「大きい」のジェスチャー

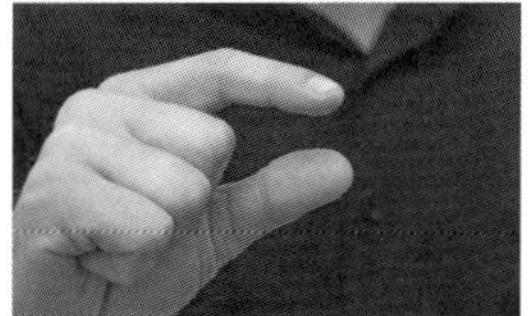

「小さい」「少し」のジェスチャー

・両手をくるくる

糸巻き巻き♪と子どもの頃に歌った方もいるかもしれません。手を重ねるのではなく、広めに離して手をゆっくり回転させることで、何かが継続していることや、何かが動き続けていることを表現できます。右手と左手をずらして回転させたり、両手のタイミングを合わせて下から上にしたり、そして聞き手側に動かすような動きもできます。片手で行うことも多いジェスチャーです。

くるくる回すジェスチャー

両手を同時に回すジェスチャー

・上下に動かす

手を下から上に上げると何かが増加したことを表現することができます。上から下に下げると、何かが減少したことを表現することができます。ダラダラと手が上下に動くとインパクトを与えづらくなりますので、起点をしっかりと決めて始まりの地点と終わりの地点で静止してはっきりとした動きになるように注意しましょう。また、大きめの会場では、前述したように、大きめにジェスチャーを加えたほうが見栄えがいいので、頭上まで手を伸ばしてもいいでしょう。垂直に上下するよりも斜めに上下するほうが動きを見てもらいやすいです。p. 190の「45度を意識して動く」を参照してください。

増加の幅をイメージする
ジェスチャー

大きな増加を表す
ジェスチャー

・指を立てる

数を数えるときや一番大切なことを強調するときに使います。指は常に上に向けておき、人に向けないように注意しましょう。日本でも子どもがよく「人を指してはいけません」と注意されるように、英語圏でも指で指されると失礼に感じる人が多いので、プレゼンテーションでも人を指してはいけません。

指を立てるジェスチャー

多くのネイティブスピーカーは自然とジェスチャーを使っていますので、さまざまなプレゼンテーションを見ていると、ジェスチャーをつけるタイミングやどのタイプのジェスチャーが自然に見えるかがわかってきます。日本では偉そうに見えるジェスチャー、例えば腰に手を当てることなどが、英語圏では偉そうに見えないのは前述したとおりです。**日本語でプレゼンテーションをする場合は日本語文化に合わせて、英語でプレゼンテーションをする場合は欧米のスタンダードに合わせてジェスチャーを選択できるようになったらプレゼンテーション上級者**です。

ジェスチャーの速さを戦略的に変える

動きの速さにも意識を向けてください。手を早く強く動かすと力強く見えます。指を立てて何度か早く振ると威厳があるように見えます。肩をすくめ、両手を広げて素早く上下に振り、Why?と言われたら、ジェスチャーなしにWhy?と聞かれるよりも、力強く質問されているように見えませんか。手を小刻みに速く動かして強調することは特に男性がよくやるプレゼンテーションのジェスチャーですが、女性も**戦略的に動きの速度を調節してみましょう**。ただし、手を速く力強く動かす際に、目線と足はゆっくり動かすようにしてください。手と同時に目線も足も速く動いていると、緊張していて落ち着きがないような印象を与えてしまって逆効果です。基本的にはゆっくりと動き、メッセージを強調したいときは手の動きと声の大きさで力強さを表現するように意識するといいでしょう。

聞き手の文化背景を考慮する

英語でプレゼンテーションを行うときには基本的に英語圏のジェスチャーに合わせて動くといいでしょう。しかし、**聞き手が特定の国の人だけだとわかっている場合は、自分が行う予定のジェスチャーが別の意味を持たないか下調べをしましょう**。例えば、親指を上げたgoodのサインは一般的に英語圏では良いことを表すときに使いますが、中東、南米、アフリカなどでは侮辱を意味するジェスチャーになるそうなので注意が必要です。また、数字の2を表すのにVサインを作るときには聞き手に手のひらが向いているようにしてください。自分に手のひらを向けた逆ピースはイギリス、オーストラリア、ニュージーランドなどのイギリス英語圏では侮辱の意を示します。同じ英語圏のネイティブでもアメリカ人のジョージ・ブッシュ（父ブッシュ）元大統領はオーストラリアで裏ピースをしてしまい、失敗したという話が有名です。また、Vサインはギリシャでは「くたばれ」を意味するそうなので、ギリシャ人を対象にしたプレゼンテーションではVサインは控えましょう。

指を使うジェスチャーで最もよく登場するのは数に関するものでしょう。数の数え方は世界中さまざまなものがあります。first, second, thirdと述べるときに、日本同様に人差し指を立て、次に中指、薬指、小指と進み、最後に親指を立てる数え方のほか、手を閉じてから1は親指を上げる、2は人差し指を開く、3は中指を開く、4は薬指を開く、5は小指を開くという順で表す方法もあります。欧米では両方使われますので、どちらでも構いません。聞き手の出身国がわかっている場合は、インターネット上の動画などを検索して、**聞き手の文化ではどのように数えるのかを確認してはいかがでしょうか**。「このように数を数えるんですよね」と尋ねながらプレゼンテーションをすれば、聞き手との心の距離も縮まるでしょう。

欧米式　数の数え方パターン1

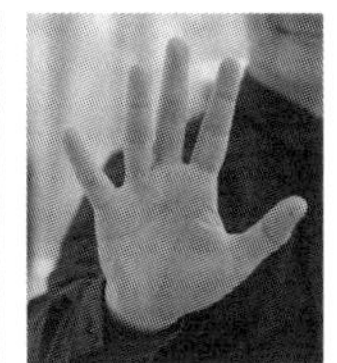

欧米式　数の数え方パターン2

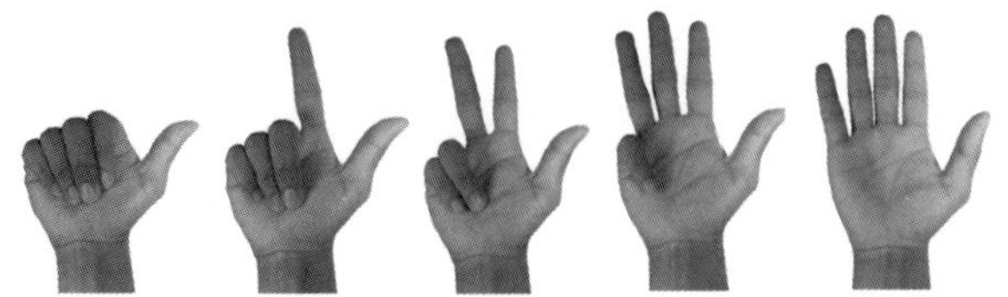

45度を意識して動く

手をずっとおへそあたりに置いておこうとすると腕が疲れますので、ジェスチャーをつけたり手を使ったりしながら自然と腕を動かしましょう。足も同様に、ずっとホームベースにいると疲れます。直立不動ではなく、**「45度の動き」を意識してホームベースから離れてみてください。**ホームベースから45度右に数歩前に出て、しばらくして戻るように少しでも歩くと疲労感は少し和らぐはずです。また、動かずに聞き手に対して常に一定の距離を取り続けるのも、もったいないことです。聞き手に問いかけるときや共感を持ってもらうようなことを言いたいときは、物理的にも近づくと心理的な距離が近づきます。そのようなタイミングで少しホームベースから離れてみましょう。

45度を意識するメリットは、**少し斜めに歩けば聞き手に威圧感を感じさせないことです。**無言で人が近寄ってくると緊張感が高まりますので、**話をしながら動きましょう。**言葉と同時に前後に動くと自然です。例えばWhat do you think?（どう思いますか）と問いかけながら、斜め前に出てみましょう。スライドを変えるためにパソコンに近づかなくてはいけないときには、Let's move on to the next slide.（次のスライドに移りましょう）と言いながらパソコンのほうに戻ると、聞き手に動きの意図が伝わり、緊張感を高めないで済みます。

正面から質問された
イメージ

斜めから質問された
イメージ

笑顔であっても威圧感がありませんか。

45度の法則はジェスチャーにも役立ちます。手を真横に広げてもいいですが、相手は居心地悪く感じるかもしれません。**両手でジェスチャーをするときにも斜め45度前に腕を伸ばすことを意識して開くと、体におかしな負担はかかりません**。また、体を大きく見せられるので、自信のある雰囲気を作ることができるはずです。例えば「数値が上昇している」ということを伝えるなら、顔の前で手を下から上に動かすよりも体の斜め下から斜め上まで動かしたほうが大きなジェスチャーとなります。**気をつけないといけないのは、聞き手と向き合って話しているので、左右反対に動きをつける必要があるという点**です。左手を使って体の右下から左上まで手を動かすと↗の動きになります。45度の動きを意識して、いろいろな動きをつけてみましょう。

目線と表情に注意する

プレゼンテーションでは声が届くように大きな声でハキハキと話しますので、多少顔に力が入ってしまいます。表情を柔らかくすることを意識して話しましょう。大きい声で、ジェスチャーに勢いをつけたうえで厳しい表情をしていると、少々威圧感を与えてしまう可能性があるためです。プレゼンテーションははじめと終わりが肝心だとお伝えしましたが、特に**最初と最後の表情と目線に注意しましょう**。はじめの挨拶の後には全体を見渡して感謝の気持ちを1人ひとりに伝えましょう。終わりの挨拶のときも同様です。**目線は自分がゆっくりすぎると思うくらいゆっくりと動かしましょう**。あまり早く頭を動かすと慌てている印象を与えてしまいますので、**数人と1秒以上目が合うくらいのスピードで顔を動かすといいでしょう**。

Main Bodyの中では、大切な話をしているときに特に強くゆっくりとアイコンタクトを取ってください。データについて語っているときよりも、その意味することやキーメッセージを伝えているときに聞き手をしっかりと見るように努力します。そうすることで、相手にキーメッセージを訴えかけているような印象を与えられます。また、プレゼンテーションはコミュニケーションを取るために行うものなので、**普段のコミュニケーション同様に表情を豊かに変えましょう**。例えば質疑応答のときにThat's a great question.で腕を組み、少し目線を上に向ければ、本当に良い質問を受けたように演出できます。

質疑応答での表情例

緊張すると、表情が硬くなるだけではなく、手癖や後述のfiller（→p. 212）などの悪い癖が出がちです。緊張したときは、熱心に聞いてくれていそうな人のほうを積極的に見ましょう。1人くらいは頷いてくれる人がいますので、その人は昔からの友人であると自己暗示をかけ、少しの間、その人の目を見ながら話して落ち着きましょう。口頭でも自分の緊張を柔らげることを言ってもいいでしょう。例えばI saw a few people nodding, so I know some people have had the same experience.（何人かが頷いているのが見えたので、この中に私と同じ経験をした人がいることがわかります）と言ってみたり、ちょっとカジュアルな場面ではOh, I see some people nodding. Maybe you can do the presentation for me!（あ、頷いている人がいますね。プレゼンテーションを代わりにやってもらおうかな）などとジョークっぽく言うこともできます。場の雰囲気が和めば自分の気持ちも和むはずです。緊張してきたときこそ、聞き手が笑顔になるようなことを言ってみましょう。良い反応を得られたら、自分も笑顔で話を続けやすくなります。

自主練あるのみ

たくさんのカンファレンス動画がインターネット上にあふれていますので、表情豊かに、ジェスチャーを多く使って話している人の動画を見て、研究しましょう。自分でも取り入れられそうなジェスチャーを中心に練習してください。そして、いくつかのジェスチャーを取り入れて、自分のプレゼンテーションを一度、撮影してみましょう。もじもじしないこと、猫背にならないこと。言われると当たり前に聞こえますが、案外できていないかもしれません。動画を確認すると姿勢に関する癖がわかります。私の悪い癖は、右利きなので右手を多く動かしていて、左手側の聞き手を見る回数が少ないことです。一部の聞き手をないがしろにしているようで、印象は良くありません。動画撮影をすれば、手癖だけではなく、同じ方向ばかり見がちなことや、後述する自分のfillerの癖についても知ることができますので、自主トレーニングとして非常にお勧めです。また、硬い表情を続けていると少し攻撃的な印象を与えてしまっている場合があります。その際は口を真一文字に結んでしまうよりも、少々口を開いているくらいが笑顔に見えますので、口元を緩めておく癖をつけましょう。口を結びたい衝動があるときは、思い切って広角を上げて、笑顔を作ったほうがいいでしょう。

CHAPTER 5 STEP 2 聞き取りやすい英語を話す

発声の仕方

癖の強い話し方は聞き取りにくいので、できるだけリンガフランカ（世界の共通語）の話し方に近づけましょう。「内容に興味があるから」ではなく「聞き取りにくいから」という理由で聞き手が一生懸命に話を聞かなくてはいけないとなると、聞き手は苦痛を強いられます。心地良くプレゼンテーションを聞いてもらえない状況は避けたいものです。また、英語がうまくないと感じただけで、その人を見下す人がいるのも事実。できるだけスタンダードに近い英語を話すことのメリットは大きいので、脱日本人英語を目指して練習し、プレゼンテーションを最大限に輝かせましょう。

発声の仕方を少し変えるだけで、英語が聞きやすくなります。ボイストレーナーの知人が「ほとんどの日本人の英語講師は声量があって、腹式呼吸をしています」と言っていました。英語力の高い人すべてがそうなのかはわからないのですが、多くの英語上級者が、英語を話すときの発声方法と日本語を話すときの発声方法を変えているようです。私は英語の声のほうが日本語の声よりも低いことを認識しています。この傾向は多くのバイリンガルの人に共通しています。バイリンガルのラジオDJを聞いていると、歌の紹介のときだけ英語になるなど、英語と日本の切り替えが多いので、声の高さの変化が顕著に聞き取れると思います。

IMPORTANT バイリンガルDJ同様に、**英語プレゼンテーションの声は日本語を話すときよりも低くすることをお勧めします**。理由は2つ。1つ目の理由は、英語にイントネーション、つまり文レベルでの音の高低差をつける必要があるからです。高い声を自然に出しやすいようにベース音を少し低めにしておいたほうがいいでしょう。2つ目の理由は英語圏の文化的な考え方に関連します。低い声のほうが高い声よりも説得力があると考えられています。マーガレット・サッチャーが首相になってから声を低くしたのは有名な話です。インターネットを検索すれば聞き比べ動画が複数ありますので、ぜひ見てみてください。低音で響く張りのある声で話すと説得力が増すと考えられているため、英語圏のアナウンサーや政治家は、大勢に向けて話すときに日常会話の地声よりも低めの声を使います。プレゼンテーションのように人を説得する場面では、不自然にならない程度に声を低くし、響かせるように意識してみましょう。

カタカナ英語からの脱却：子音

日本人が話す英語を聞き慣れていない外国人は、努力しないとカタカナ英語の聞き取りができません。言い方を変えれば、カタカナ英語を話している人の英語そのものが理解できないということです。どんなに素晴らしい内容を伝えようとしていても、そんな話し方をしていてはプレゼンテーションの内容が伝わりません。これは非常にもったいないことなので、カタカナ英語を作り上げる3つの要素を理解し、カタカナ英語から脱却しましょう。**カタカナ英語を生み出す3つの要素は「子音と母音が日本語の影響を受けている」「英語特有の強弱がない」「イントネーションがない」**です。

多くの日本人が、アルファベットを覚えるときに正しいアルファベットの個々の音を学んでいません。phonics「フォニックス」を知っていますか。欧米圏の子どもたちがアルファベットの書き方を学ぶときに読み書きルールとして学ぶ「発音と文字の関係性」のことです。フォニックスを理解していて、個々の音をきれいに出せる人はこのセクションは読み飛ばしてもよいでしょう。個々の音について学んだ経験のない人は読み進めてください。

まず、日本人が子音を発音するときにやってしまう一番の悪い癖について説明します。**「カタカナ英語発音」の一番の特徴は子音に母音がくっついていること**です。これは**子音のみを発音しない日本語の影響によって生じる問題**です。子音は「母音以外」を指すので、まずは母音が何かを理解しましょう。母音は「声帯の振動で生じた有声の呼気が、咽頭や口腔内の通路で閉鎖や狭めをうけずに響きよく発せられる音」(『スーパー大辞林3.0』、三省堂)です。簡単に言うと「大きな声が出せる音」が母音です。日本語の母音「あいうえお」をサッカーフィールドの端から端まで聞こえるように言おうと思えば、声量がある人なら声を届けることができます。一方、英語の子音のkやtをどんなに声量がある人が言っても、サッカーフィールドの端から端まで届けることができません。子音は「発音に際して発音器官のどこかで閉鎖、摩擦・せばめなど、呼気の妨げがある音」(『スーパー大辞林3.0』、三省堂)であり、響かない音だからです。

日本語の特徴は、「あいうえお」が母音で、それ以外の文字は「子音と母音の組み合わせ」だという点です。ローマ字を使って確認すると、日本語はka, ki, ku, ke, ko, sa, si, su, se, soのように、「ん」の音を除いて必ず母音のa, i, u, e, oがすべての文字に入っていることがわかります。**日本語に子音のみを発音する単語が存在しないわけですから、日本語話者は単体の子音の音を発声する練習が必要です。**「子音を切り分ける」練習をしないと、日本語っぽい英語の発音になってしまいます。アルファベットはたった26文字で、そのうちの5文字(a, e, i, o, u)が母音、21文字が子音を表します。catのcとkeyのkが同じ音だったり、qが2つの子音のkwの音だったり、xが2つの子音のksの音だったり、sh, ch, thなどの2文字で音になるものがあったり、実はyは母音にもなったりするというさまざまなルールがありますが、専門的なことはここでは述べません。覚えていただきたいことは「単体の子音の音に母音の音をくっつけてはいけない」ということです。たとえばkはkuとは発音せず、kの音のみを発音します。母音の音を最後にくっつけずに、次ページのTRACK 60の単語を言ってみてください。母音をくっつけずに音を切った子音の音で終わらせられますか。

TRACK 60

report（報告する）	**explain**（説明する）	**introduce**（紹介する）
confirm（確認する）	**level**（レベル）	**honor**（光栄）

lで終わるlevelとrで終わるhonorは、うまく発音できましたか。lとrの発音について質問を受けることがよくありますので、音を出すコツをご紹介します。まず、lは日本語の「らりるれろ」をもとにして練習すれば、すぐにうまく発音できるようになります。「らりるれろ」と何度も言いながら、舌の位置を歯に当たるまでどんどん下ろしていきましょう。英語らしいla, li, lu, le, loになりましたか。上の歯と下の歯の間に舌がつくような位置で発音すればlの発音になります。

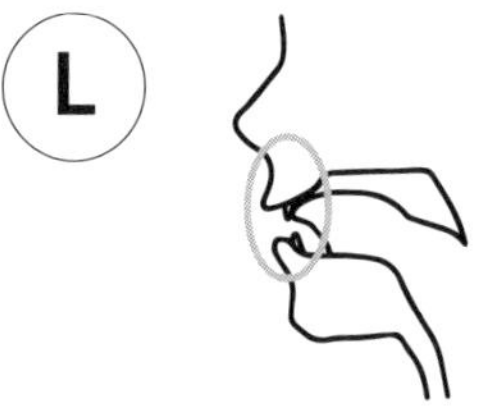

舌を歯に当てて
はじくような感じで
音を出しましょう。

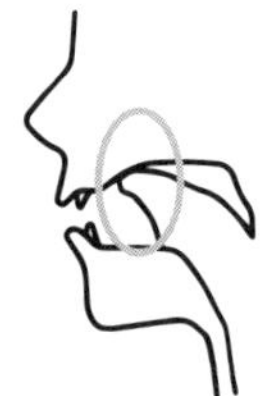

英語の「L」　　日本語の「ラ行」

rの発音は日本語にない口の動きをしないと出せません。口をすぼめてひょっとこのように尖らせてください。そしてウーと音を出し続けながら、徐々に舌を持ち上げて、舌の真ん中が高くなるような山の形にしましょう。それがrの音です。実は、rの音を発するのは英語ネイティブの子どもたちにとっても難しいです。rの音を出すために口をすぼめる必要があるので、口の形はwの音を出すのに似ます。このことから、rが言えない小さい子どもたちはwでrを代用します。I want strawberries.と言えない2才児がI want stwabewies.（アイワンッスタワーベウィーズ）と言っているのを聞くと、とてもかわいらしいです。ネイティブにも難しいのですから、ノンネイティブの私たちがたくさん練習する必要があるのは当然です。1つひとつの音を丁寧に言う練習をすれば、きれいな発音を手に入れられるでしょう。

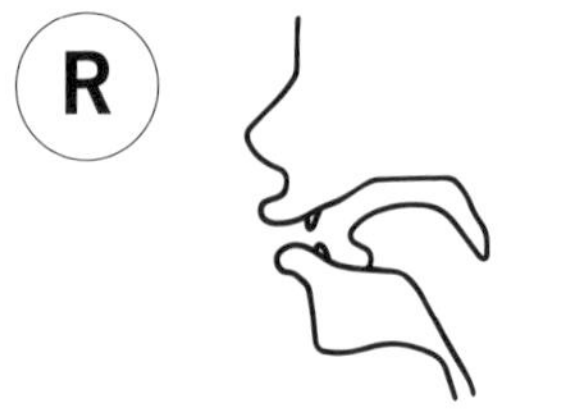

口をすぼめてから、舌を持ち上げて
口の中で山型になるようにして
音を出しましょう。

Rはネイティブの子どもにも難しい！
※wの音に近い

カタカナ英語からの脱却：母音

残念ながら、日本人は母音の使い分けが非常に下手です。私はこれをカタカナの弊害だと考えています。カタカナの表記ルールは英語の音と異なりますので、カタカナは日本語だと割り切って、一度忘れてください。例えばchocolateをチョコレートと表記せずチャークレッと表記するようにしていれば、日本人の発音はもっと英語らしくなっていたはずです。外来語をカタカナにするときに、文字をローマ字のように読んでいることが多いので、実際の音とかけ離れてしまうのです。

アメリカ英語の場合はoの発音はオの音よりもアの音に近いのに、カタカナではオと表記するので、oの発音には注意が必要です。例えばofficeをオフィスではなくアーフィスと言えばアメリカ英語に近づきます。子音＋aのカタカナ表記もあてにならないことがあります。特にmaの発音に注意してください。「マ」ではなく「メ」の音が近いでしょう。例えばmarried（結婚している）はマリードゥではなく、メーリードゥのような感じで発音されます。また、carryはキャリーではなくケーリーのような感じです。whをホワと言う人も目立ちます（最近では年配の方以外でこのような発音をする人は減りましたが）。例えばwhatをホワット、whichをホイッチと言っていると聞き手は非常に聞き取りにくいですので、前にホの音をつけないようにしましょう。

母音は前後の音によって変化をすることが多い音なので、すべてのルールを覚えることは音声学の世界に身を置きたいと思わない限り、効率が良くありません。聞き手を混乱させない発音ができるようになるためには、たくさんの音を聞いて、まねして発音するのが一番です。よく音を聞き取るために効果的なのが、発音メモを取ること。カタカナの代わりになる自分の表記ルールを作って、ネイティブが発音したものを聞こえたとおりに書き出すトレーニングをしてみてはどうでしょうか。過去に指導した小学生はthの音を★で表していました。このような書き出し作業をすると、注意して聞く癖がつきます。注意して聞き取れたら、リピーティングをして、自分でも発音できるようにしましょう。

プレゼンテーションのスクリプトの中に、他の単語と似た音の単語がある場合、特に注意して正しく発音できるように練習しましょう。別の母音で発音してしまうと、意味が異なってしまいます。母音の長さで意味が変わる単語もあります。**伸ばす音は少し長すぎるかなと思うくらい伸ばしたほうが英語らしい音になります。**次の単語を聞いて練習してみてください。

TRACK
61

- **coat**（コート）コーウトゥ　**cot**（小屋）カートゥ　**cut**（切る）カットゥ
- **wall**（壁）ワール　**well**（うまく）ウェル　**will**（意思）ウィル　**wool**（羊毛）ウール
- **wet**（濡れている）ウェットゥ　**wait**（待つ）ウェイトゥ　**wit**（とんち）ウィットゥ　**wheat**（麦）ウィートゥ
- **leave**（去る）リーヴ　**live**（住む）リヴ
- **reach**（届く）リーチ　**rich**（裕福な）リッチ
- **future**（未来）フューチュー　**feature**（機能）フィーチュー

カタカナ英語からの脱却：シュワ (ə)

きれいな英語を目指す人に必ず知っておいてもらいたい発音記号があります。逆さまのeの発音記号は、辞書を引くと頻出なので、きっと見たことがあるでしょう。**この「ə」の記号はschwa（シュワ）と呼ばれます。「あいまい母音」とも言われ、英語において非常に大事な音**です。聞き取りやすい英語を話す人は間違いなくシュワをうまく使いこなせています。「シュワを制する者は英語発音を制す」と言っても過言ではないので、ぜひマスターしてください。口を半開きにして脱力した感じで出す、とても弱い音ですが、母音の仲間です。前述のchocolateがチャークレッと発音される秘密はこのシュワにあります。

IMPORTANT 英語では、**強勢のない箇所の母音がシュワに変化**します。強勢のないところでは口を緊張感なく開いて、声を軽く出しましょう。**cho**colateの強勢は前半に置かれています。アメリカ英語のoはアの音ですから強勢のあるchoのチャーははっきりと言います。その後ろのcolateは強勢のない部分ですので、母音がすべてあいまい母音に変化してしまい、早く言うとクレッになるのです。以下の単語を発音してみましょう。第1強勢が青字になっています。

TRACK
62

photography（写真）
フターグラフィー

economy（経済）
イカーナミー

politics（政治）
パーリティックス

political（政治的な）
ポリティコー

politicsとpoliticalで最初の音が「パ」から「ポ」に変化することに気づきましたか。politicsはpoに強勢があるため、oを本来の「ア」の音で発音しますが、politicalではpoに強勢がないので、本来のoの音ではなく、口を半開きにして、あいまいな音を出します。そのため「パ」が「ポ」に変化するのです。このように、母音の使い分けを適切にできることがカタカナ英語からの脱却の秘訣の1つです。

英語のリズムをマスターする：単語の強勢

以前、大学入試で使われていた「センター試験」の英語試験では、単語の強勢箇所に関する問題がありました。日本の学校教育制度に単語の強勢を教えることが組み込まれていましたので、みなさんも強勢の存在はご存じでしょう。単語レベルの強勢には第一強勢と第二強勢がありますが、第一強勢のつけ方を理解していることが大切です。「『第一強勢は強く言いましょう』と中学校の先生が言っていた」と教えてくれた研修参加者がいましたが、**「第一強勢は長く言う」**と表現したほうが適切だと思います。力強く言っても、短く言っていると音が聞き取りづらいですし、不自然な発音になります。

IMPORTANT chocolateの発音は「チョ」のように短い音で始まるのではなく、チャークレッというように、チャーの音を長く伸ばします。このことからも、強勢は「音の長さ」で表すことがわかります。音の長さで強弱をつけるのは日本語にはない感覚なので、少し大げさなくらいに強勢箇所を伸ばして話す練習をしてください。そのうち自然な英語に近づくでしょう。**第二強勢は第一強勢のように長く発音する必要はありませんが、さきほど学んだシュワの音にはなりません。**第二強勢部分も強勢がある箇所なので、母音の持つ音で発音することがポイントです。

単語の強勢でよくある間違いは、1つの品詞の音を覚えたら、他の品詞でも同じ強勢で読んでしまうことです。英語は品詞によって強勢位置が変化することがあるのです。よくある間違いが、名詞と動詞の強勢位置の区別がついていないことです。**原則、名詞は第1音節に、動詞は第2音節に強勢があります。どちらが第1強勢か忘れてしまったら、ピースサインをしてください。ピースサインはアルファベットのVにも見えますし、数の2を数えるときの指にも見えますね。「Vのverb（動詞）が第2音節に強勢」と覚えてください。**

TRACK

名詞	動詞
present（贈り物）プレーゼンッ	**present**（発表する）プリゼントゥ
project（プロジェクト）プラージェクッ	**project**（放映する）プロジェクトゥ
record（記録）レーコドゥ	**record**（録画する）リコードゥ
contest（コンテスト）カーンテスッ	**contest**（意義を唱える）コンテーストゥ
produce（農産物）プロードゥス	**produce**（生み出す）プロドゥース

この他、よくあるのが複合語の強勢間違いです。複合語は2つの単語が組み合わさって1つのものを意味すると考えてください。2つの単語が結合して1語になっている場合と、間にスペースが入って2語になっている場合とがあります。例えば1語のsoftware（ソフトウェア）も2語のice cream（アイスクリーム）も複合語です。**複合語は最初の言葉に強勢を置きます。**例えばtraining center（研修所）は1つの場所のことですから、複合語と考えてtrainingを強く言います。

TRACK

複合語例

bookmark（しおり）ブックマーク
showcase（展示の場）ショウケイス
courthouse（裁判所）コーウトゥハウス
gateway（通路）ゲイトゥウェイ
mailing address（郵送先住所）メイリンアドゥレス
training center（研修所）トゥレイニンセントゥー

英語のリズムをマスターする：文のリズム

単語レベルの強弱については辞書を引けばすぐにわかりますが、英語の文にも強弱があります。この強弱について学んでいない人が多いので、日本人の英語はわかりにくいと言われているように思います。**カタカナ英語で文を話すと聞き取りにくいのは、英語が強勢拍リズムを大事にする言語なのに、日本人の英語にはこれが欠けているから**です。日本語は「モーラ」の概念がある言語の1つです。「モーラ」は日本語のかな1文字を発する時間的長さの単位のことで、日本語は1文字で1つの音を発するのが特徴です。しかし、英語は文字数や単語数ではなく、「音節」に基づいて音を発します。例えば、会議は「かいぎ」の3文字で、音も3つです。英語はmeetingで7文字もあるのに音はmeet・ingの2音節だけです。日本語には「っ」や「ゅ」のような小さなひらがなもありますので、厳密に言うと文字数と音の数が完全に一致しているわけではありませんが、このような細かい点よりも日本語と英語の構造が異なるということを覚えておいてください。英語は日本語と異なり、リズムが何よりも大事な言語なのです。

英文をきれいに話すためには正しいリズムで話せることが非常に重要です。わかりやすいように、ここでアクティビティをしてみましょう。手を叩きながらone, two, three, fourと言ってください。そのリズムを崩さずに、下記の表にある太字以外の語を拍から外した間に組み込んでください。手拍子はone, two, three, fourのところです。単語が入れば入るほど、言いにくくなるはずですが、どのようにしたらうまく言えるかを考え、工夫してみてください。

TRACK 65

1拍目	2拍目	3拍目	4拍目
one	**two**	**three**	**four**
one and	**two** and	**three** and	**four**
one and a	**two** and a	**three** and a	**four**
one and then a	**two** and then a	**three** and then a	**four**

いかがでしょうか。andの音が変化することに気づきましたか。one and two and ...と言うときには辞書で発音されるとおりのand（エーンドゥ）の発音ができます。one and a two and a...となると、エーンダのような形でandとaの発音を合体させる必要が出てきます。and then aはアゼナのように音を省略しないと1拍の中に収めることができません。

なぜこのようなことが起きるかを簡単に言うと、**単語が役割によって「重要な単語」と「重要ではない」単語に分類される**からです（文脈による）。文の中の**英単語はcontent word（内容語）かfunction word（機能語）に分類されます。**内容語は、拍に乗って強調される「重要な単語」です。内容語がないとメッセージが伝わりません。先ほどの例だと、one, two, three, fourが内容語で、増やしていった単語が機能語です。thenは本来は副詞ですが、ここでは合いの手のような間投詞的な役割を担っているので、内容語ではないと考えます。

内容語：名詞、動詞、形容詞、副詞、疑問詞、指示代名詞、数詞などの情報を伝えるのに重要な単語＋否定の言葉（can't, haven'tなど）
機能語：助動詞、be動詞、人称代名詞、前置詞、接続詞、関係代名詞、関係副詞、冠詞などの文法的な役割を担っている単語

単語の強勢と同様に、文中の強勢も長く言います。否定の言葉は内容語であることに注意しましょう。例えば、I can meet the deadline.（期限に間に合います）とI can't meet the deadline.（期限に間に合いません）のリズムは異なります。canは助動詞なので機能語ですが、can'tは否定の言葉なので、内容語です。したがって、以下のようにキャンとキャーントゥの長さを変えて発音する必要があります。

・**I can meet the deadline.**　アイキャミーダデッラーイン.
・**I can't meet the deadline.**　アイキャーントゥミッダデッラーイン.

また、can'tを強調して対比するために、肯定文では強く発音されるmeetが若干弱くなります。このような音の変化をマスターしていけば、英語らしく話すことでプレゼンテーションが伝わりやすくなります。

以下の文では、強く言う内容語が青字になっていますので、リズムに合わせて読んでみましょう。

TRACK
66

・**It's** time**, so let me** begin **my** presentation**.**

時間になりましたので、プレゼンテーションを始めましょう。

・Thank **you for** having **me** here**.**

このような機会をいただき、ありがとうございます。

・Here **are the** topics **I'd** like **to** discuss**.**

こちらが意見を述べたい話題です。

※'d (= would) like to はフレーズ。フレーズ内の like にのみ強勢があります。

・Please **take a** look **at your** handout**.**

配布資料をご覧ください。

※take a look はフレーズ。フレーズ内の look にのみ強勢があります。

・**I'd** like **to** conclude **my** presentation after **I** summarize **my** points**.**

要点をまとめた後にプレゼンテーションを終えたいと思います。

・**I can** meet **the** dead**line.**

期限を守れます。

・**I** can't meet **the** dead**line.**

期限を守れません。

自然なリズムで話せましたか。内容語と機能語がわかると、発音がきれいになって正しいリズムで話せるようになるだけではなく、戦略的に話せるようになります。**あえて機能語を強く言うことで、何らかの意図を伝えることができる**からです。内容語と機能語を理解し、適切に使いこなせるのは、コミュニケーションにおいて非常に重要です。中級者以上は日頃からネイティブの話す文の強弱を意識してください。映画の字幕がしっくり来るようになると思います。

TRACK 67

IMPORTANT プレゼンテーションでよく**あえて強く言う機能語は接続詞や接続副詞のandやbut、howeverと人称代名詞**です。接続詞や接続副詞を強調することで、続く内容が重要であると伝えることができます。例えば、

Our latest product is more durable than our previous model, and we can now offer it at a significantly lower price.

と強調して述べることで「我々の新製品は前のモデルよりも耐久性に優れており、それだけではなく、なんと、劇的に安く提供できます」というニュアンスになります。また、**人称代名詞は基本的には機能語ですが、強調したいときには内容語に変化します。この仕組みをうまく使うことがプレゼンテーションで正しく、そしてわかりやすくメッセージを伝える秘訣**です。例えば、

Did you think about the future when you were young?

「あなたは若いときに将来のことについて考えましたか(私は考えませんでしたけど)」というように、自分の意図を示唆することもできるのです。ここでは自分対あなたを際立たせるためにyouを強く言います。

ネイティブスピーカーのプレゼンテーションを見て、強調している単語に着目し、真のメッセージが何なのかを考える癖をつけると、文の強弱をずらす戦略が自分でも使えるようになるはずです。

英語のリズムをマスターする：文中の音を適切に変化させる

英文では拍を重要視する必要があるので、リンキングされた(つながった)音、消える音、変化する音があります。これらを適切に発音できないと、各単語を羅列しているだけのリズムの欠けたカタカナっぽい発音に聞こえてしまいますので、それぞれがどのような現象かを理解する必要があります。また、このルールに対する理解不足が、リスニングの弊害になっていることもあります。**質問が聞き取れず、質疑応答がうまく行かない人は音の変化に意識を向けてください。**

リンキング

音の連結によって、音が変化することです。主に、「子音で終わる単語」と「語頭が母音の単語」の間にリンキングが見られます。**前置詞は機能語ですから、前の単語にくっついてリンキングすることが非常に多い**ので、前置詞の発音には特に注意しましょう。例えば**Come up** to the podium.（演台に来てください）はカムアップではなく、カマップトゥダポーディアムのような感じで発音しましょう。to theは機能語なので、ネイティブが早く話すときはほとんど聞こえなくなります。

消える音

to theがほとんど聞こえないようになるように、英語では多くの消える音、聞こえづらくなる音があります。破裂音と呼ばれる音は息をたくさん吐き出さないと音がしないので、**早く話しているときには単語の最後の破裂音は特に聞こえなくなります。p, b, t, d, k, gが破裂音**です。子音に母音をくっつけたカタカナ発音だと、これらの音がとてもよく聞こえてしまいます。そうすると音が聞こえないネイティブの話し方とは対照的になるので、カタカナ英語はネイティブにはわかりにくいのです。単語の最後に破裂音があるときには、その音を言わないくらいの意識で話したほうが英語らしい話し方になります。例えば、名詞と動詞で発音が変わるcontestの最後の音はtですが、あまりはっきりtの音を出さなくて大丈夫です。カタカナで書くと、名詞（意味：コンテスト）がカーンテスッ、動詞（意味：意義を唱える）がコンテースッのような感じになります。

変化する音

最後にこれをマスターして、自然な英語でプレゼンテーションをしましょう。yから始まる単語が後ろに来ると、発音が変わることが多いです。kで終わる単語にyが続くとthank you「センキュー」のようにキューの音に変わります。tで終わる単語にyが続くと、get youが「ゲッチュー」になるように、チューの音に変化します。dで終わる単語にyが続くと、would you「ウッジュー」のようにジュに音が変化します。流暢に話せるようになれば、自然と発音できるようになります。**言いにくい箇所があれば、ネイティブの発音を意識して、まねてみてください。**

日本人の苦手な音の変化に気をつける

日本人の英語を聞いていると、**過去形の-edがついた単語の発音の間違いが目立ちます。**すべての単語の-edの発音をエドゥのような音で発音しているためです。eがローマ字ではエなので、日本人は間違ってエドゥと言いがちですが、厳密に言うとイドゥのような感じで発音すべきです。また、この発音になるのはtとdの後だけであり、多くの場合はdだけの音、またはtの音で発音するのが正しいです。p, k, f, θ（thの音）, s, ʃ（shの音）, tʃ（chの音）, hで終わる単語に-edをつけたら、-edはtの音で発音します。今まですべてをエドゥの音で発音していたという方は、その癖をすぐに直しましょう。聞き手に負担をかけているかもしれません。過去形の-edに関するルールは以下のとおりです。

TRACK 68

・単語の語尾がt, dの音なら-edはɪd（イドゥ）の発音

presented（発表した）プリゼーンティッドゥ
resulted in 〜（〜の結果となった）リザールティッディン
needed（必要だった）ニーディッドゥ
decided（決断した）ディサーイディッドゥ

・単語の語尾がp, k, f, θ (th), s, ʃ (sh), tʃ (ch), hの音なら-edはt（トゥ）の発音

dropped（落ちた）ドラープトゥ
looked（見た）ルックトゥ
missed（外した）ミッストゥ
finished（終わった）フィニッシュトゥ

・単語の語尾がその他の音なら-edはd（ドゥ）の発音

trained（訓練した）トレーインドゥ
improved（改善した）インプルーヴドゥ
examined（確認した）イグザーミンドゥ
studied（研究した）スタディードゥ

質疑応答のときに質問が聞き取れない1つの原因として、tの音の変化が関連している場合がありますので、tのルールも覚えておきましょう。比較的有名なルールは、**アメリカ英語においてtがdの音に変化する**ことです。これはtが母音の後にあるときやrの後にあるときに起きる変化です。例えばwater(水)はウァードーと発音され、partyはパーディーのように発音されます。flapped tと呼ばれる現象です。こういった音を一度は耳にしたことがあるのではないでしょうか。

しかし、tの音が消えがちだということを知らない方がいます。これが、質疑応答で単語が聞き取れない弊害になっていることがあります。p. 205「消える音」で、**tが単語の最後にあるときにはtの音が消えがちだという話をしましたが、nの後にtがある場合も音が消えがち**です。例えばcenter（中心）はセナー、international（国際的）はイナナーショナルのように発音されます。What's the point of it?（その意図は何？）はワッツダポイナヴィのような発音に変化します。

IMPORTANT 1つひとつの単語を書き出せば理解できても、音がたくさん変化すると聞き取れなくなり、質疑応答がうまく行かないことがあります。自分が話すときにはtの音を発しても問題ありませんが、聞き手の質問を聞き取る妨げにならないように、tが消えるということは知っておきたいものです。また、音の変化に慣れれば、聞き取れるようになりますし、自分でもきれいに発音できるようになります。まずは、はっきりと発音されたときの音を辞書の音声で確認しましょう。次にネイティブスピーカーの発音のバリエーションに慣れましょう。無料で使えるおすすめツールはhttps://youglish.com/ のサイトです。単語を検索すると、その単語が使われているYouTube動画が検索できますので、いろいろな人がどのようにその単語を使い、どのように発音しているかを確認することが可能です。**その音をまねて、自分でも同じように発音できるように練習しましょう。**

なお、単語の最後のtは消えがちですが、メリハリのないダラダラした話し方をしてしまわないように、適度な落とし方をしましょう。フォーマルな話し方をするときには丁寧さを出すために、あえてしっかりとtを発音するネイティブも多いです。特にl の後のtは舌の位置が同じなので、しっかりと空気を出してtの発音をしようと心がけないとだらしない音になります。result（結果）やdifficult（難しい）など、プレゼンテーション頻出用語の発音は丁寧に、きれいにできるように練習しておきましょう。

イントネーションを意識する

イントネーションとは文単位の音の上げ下げのことです。日本語にはpitch accent「高低アクセント」と言われるものがあり、「橋」と「箸」の音は異なりますが、これは単語のアクセントです。一方、**イントネーションは「文全体にかかる音の上下」**です。単語レベルではないことを理解しておきましょう。英単語は名詞の**pre**sent（贈り物）と動詞のpre**sent**（発表する）のように強勢の場所で意味の違いが伝わります。文の意味はイントネーションで伝わります。英語は意図しているニュアンスを、イントネーションを変えることで表現できる言語なのです。

日本語同様に、英語の発音にもイントネーションに地域差がありますが、ここではアメリカの西海岸で一般的な話し方に合わせてルールをご紹介します。大きく分けて**3つのイントネーションパターン**があります。

上げ調子 TRACK 69

Yes/No疑問文と確認のための付加疑問文は上げ調子で話しましょう。また、if節やbecause節など、文節の後のカンマや何かを列挙しているカンマは上げ調子で話します。

〈Yes/No疑問文例〉

Does the room have a projector?（↑）

部屋にプロジェクターはある？

〈確認のための付加疑問文例〉

The deadline has already passed,（↓）**hasn't it?**（↑）

もう期限が過ぎているんじゃなかったっけ？

〈文節の後のカンマと列挙のカンマ〉

If you don't have a handout（↑）**, please raise your hand.**（↓）

配布資料がお手元になかったら、手をあげてください。

We'll talk about the project cost（↑）**, the schedule**（↑）**, and new members.**（↓）

プロジェクトの価格、スケジュール、そして新メンバーについて話します。

下げ調子 TRACK 70

肯定文、WH Question、皮肉や不満を述べるための付加疑問文は下げ調子で言いましょう。文として切れる場所にカンマがある場合は、肯定文同様にカンマは下げ調子で言います。

〈肯定文〉

We need more handouts. (↓)

配布資料がもっと必要だ。

〈WH Question〉

What's the room number? (↓)

部屋番号は何？

〈皮肉や不満を述べるための付加疑問文〉

The deadline has already passed (↓)**, hasn't it?** (↓)

もう期限が過ぎているよね。最悪だ…。

〈文として切れる箇所のカンマ〉

As a matter of fact (↑)**, this data is old** (↓)**, so we shouldn't use it.** (↓)

実のところ、このデータは古いので、使うべきではない。

上がって下がる TRACK 71

選択肢の提示や「～なんだけどね」の含みを持たせる文は途中で上がって、下がるイントネーションで言いましょう。

〈選択肢の提示〉

Do you want to present on the first day (↑) **or the second day?** (↓)

初日と2日目、どちらの日にプレゼンテーションをしたい？

〈「～なんだけどね」を示唆する〉

This could (↑) **be** (↓) **a solution.** (↑)

これは解決策かもしれないけど…現実的ではないよね。

IMPORTANT インネーションの使い分けができるかどうか、確認しましょう。例えば、ランチを食べるために訪れたレストランで、ウェイターがこんな質問をしました。どのような意味でしょうか。

TRACK 72

Would you like soup or salad?

パターン1：上がって下がる　**Would you like soup**（↑）**or salad?**（↓）

パターン2：上げ調子　**Would you like soup or salad?**（↑）

イントネーションのタイプで意味が異なりますので、話し手が意図していることも違います。まず、パターン1は上がって下がっているので、どちらかを選択肢してほしいという意図が含まれています。きっと頼んだ食事にどちらかがついてくるので、どちらを選びたいかを聞かれているのでしょう。パターン2は語尾上げですので、Yes/No疑問文です。「スープかパンはいかがでしょうか」という意味ですので、「はい、せっかくなので両方つけてください」や「いいえ、結構です」といったやり取りが続きます。ちなみに、soup or saladは音がリンキングされますので、スーポーサラッのように発音されます。「スーパーサラダ」という名の料理があるのかと思ったと、ある生徒さんが言って笑わせてくれました。

次のように話しかけられたときも、2つの状況があり得ます。

TRACK 73

It's raining now, isn't it?

パターン1：上げ調子　**It's raining now**（↓）**, isn't it?**（↑）

パターン2：下げ調子　**It's raining now**（↓）**, isn't it?**（↓）

パターン1は上げ調子ですので、Yes/No Questionや確認のための質問です。本当に雨が降っているかを知りたくて質問をしていると考えられますので、天気に関する情報提供をしてあげるのが適切な答え方です。パターン2は「皮肉や不満を述べるための付加疑問文」ですので、雨にうんざりしている様子が伺えます。そんなときの返しは、I can't wait until we see some sunshine.（太陽が見られるのが待ち遠しいよね）のように共感してあげたり、I actually like it.（実は結構雨が好きなんだ）と会話を始めたりするのが適切な対応でしょう。

このように、イントネーションで大きく意味が変わりますので、プレゼンテーションを行うときには自分が意図していることが聞き手に伝わるように、イントネーションに注意が必要なのです。ミスコミュニケーションが起きないように注意するほか、聞き手に良い印象を与えるためにも、すべての文のイントネーションを十分意識しましょう。イントネーションは表現力とも捉えられます。古い記事ですが、『PRESIDENT』2012年7月16日号に日本音響研究所所長・鈴木松美氏の英語イントネーションに関する分析が掲載されていました。スピーチがうまいとされていた故スティーブ・ジョブズ氏の英語プレゼンテーションと、同じくスピーチがうまいとされている経営者の方々の日本語プレゼンテーションを比較したところ、スティーブ・ジョブズ氏は日本人経営者の方々と比べ、音域に大きな差があることがわかったとのことです。話している言語は異なるので、当然ではありますが、**英語のイントネーション幅は日本語よりも圧倒的に広いので、意識して高低差をつける必要がある**ということがわかるでしょう。

話者	周波数	低・高の差
スティーブ・ジョブズ	101 〜 321Hz	3.18倍
孫正義	128 〜 303Hz	2.37倍
柳井正	80 〜 182Hz	2.28倍
豊田章男	121 〜 205Hz	1.69倍
稲盛和夫	87 〜 147Hz	1.69倍

※日本音響研究所所長・鈴木松美氏の分析
『PRESIDENT』2012年7月16日号

IMPORTANT プレゼンテーションにおいて最初の印象は非常に大切なので、Good morning, Good afternoon, Hello everyoneなどの**挨拶はフラットな音ではなく、高低差をつけて、明るい声で言いましょう。**強勢のあるポイントを長く言うことで、声の高さに変化をつけることが可能になります。イントネーションを変えることで印象が変わるというのは実は日本語にも精通します。「おはようございます」と挨拶をするとき、一般的には「お」から「す」まで音の高さがあまり変わらず、尻つぼみになります。しかし、結婚式の司会者や子ども番組のMCの人は「は」を高く言っていますので、元気の良い、明るい声に聞こえます。英語を話すときは声の高低差によって英文の意味が変わりますが、それだけではなく、話し手の印象も変えてしまうことを心に留めておきましょう。

Fillerに注意

fillerは「穴埋めするもの」という意味ですが、言語学におけるfiller「フィラー」は話の中に登場する「あー」「えー」「あのー」など、本題とは関係ない音のことです。英語ではuh「ア」やum「アム」のような短めの音が一般的です。**十分に準備して、自信を持って話しているように見せるためには、これらのfillerが最小限に抑えられるように練習してからプレゼンテーションに臨みましょう。**

IMPORTANT soがfillerになっている日本人をよく見かけますが、実はこれはとても耳障り。なぜなら、soは意味のある言葉だからです。「だから」「ということで」などの意味があるので、soがあなたの口癖だと気づくまで、聞き手はsoの前後関係を必死に考えてしまいます。**soだけではなくandも意味のある接続詞なので、fillerとして使わないように注意しましょう。**まずはfillerを使わなくても話ができるまでプレゼンテーションを練習すること、そして、意味を持つ単語をfillerの代わりに使わないことを意識してください。

CHAPTER 5 STEP 3 戦略的に静寂と音を操る

効果的な間の取り方

英語を話すときの「間（ま）」の役割を意識しましょう。まずは適切な息継ぎをするようにしましょう。英語では意味のまとまりで話しますので、英文を読むトレーニングの手法であるスラッシュリーディングと同じ要領で、間が必要な場所を考えます。例えばthatなどの関係代名詞、becauseなどの接続詞、またto不定詞の前などにスラッシュを入れます。スラッシュリーディングの場所で間を取って話せば、意味のかたまりがわかりやすく伝えられます。ただし、話すときは読むときと異なり、これらのキーワードの後に間を入れるネイティブスピーカーも多いです。この場合、キーワードは少し伸ばして言います。特に接続詞のand, or, soは短い単語であり、普段は機能語として目立たない単語だからこそ、重要なことを述べるときにはゆっくり長く、そして間を取って言うと効果的です。英語を話すことに慣れてきたら、メッセージの重要性によって、どこで区切るかを使い分けてみてください。

TRACK
74

関係代名詞のある文

This is due to the fact that the data was gathered only in Japan.

これは日本でのみデータが収集されたという事実によって起きたことです。

〈スラッシュリーディングの場合〉

This is due to the fact / that the data was gathered only in Japan.

〈話す場合〉

This is due to the fact that （thatを伸ばす＋間） **the data was gathered only in Japan.**

接続詞のある文

We need to gather more data because we need to take cultural differences into consideration.

文化的な違いを考慮する必要があるので、もっとデータを集めなくてはいけません。

〈スラッシュリーディングの場合〉

We need to gather more data / because we need to take cultural differences into consideration.

〈話す場合〉

We need to gather more data because （becauseを伸ばす＋間を入れる） **we need to take cultural differences into consideration.**

不定詞のある文

We need to continue working hard to achieve our goals.

目標を達成するためには努力し続ける必要があります。

〈スラッシュリーディングの場合〉

We need to continue working hard / to achieve our goals.

〈話す場合〉

We need to continue working hard to （to ＋間を入れる） **achieve our goals.**

日本語で句読点のところで息継ぎをするのと同様に、英語でもカンマのある場所とピリオドの場所で間を取ります。**カンマは1秒、ピリオドは2秒の間を置くと考えましょう。並列関係にあることが列挙されているときや、first, second, thirdの序数の後には少し長めに2秒くらい間（ま）を取る**と、聞き手は頭の中で情報を整理しやすいので効果的です。序数を言うときは本章のジェスチャーに関するヒントを参考に、指を使って数えるジェスチャーを加えるといいでしょう。

自分で考えてみても間の取り方やスラッシュの入れ方がわからないという場合は、テキスト読み上げ用のウェブサイトなどを活用してみてはいかがでしょうか。インターネット上で"text to speech"と検索をかけると、自分が入力したテキストを機械音で読み上げてくれるサイトがたくさん見つかります。機械音なので、完璧な発音ではありませんが、技術の進歩により、最近では間の取り方の精度がかなり高まったように思います。

静寂と声の変化を使いこなす

IMPORTANT 自然な息継ぎ方法が習得できたら、間を戦略的に加えるようにしましょう。**大事なことを言う前には、少し不自然なくらいの長さで間を加える**と注目が集まります。意図的に組み込む間は、**話の核心部分のキーワードの前に3-4秒くらい**が適切でしょう。ゆっくり3-4秒数えられるくらいの時間では会場が静寂になるほどのことはなく、しかし、注目を集めるには十分な時間です。**その日のハイライトであるようなキーポイントは間を5秒くらい**長く取り、沈黙してください。そして、そのタイミングで聞き手と**アイコンタクトを取ってください。**必ずメッセージを受け取ってほしいという空気感が伝わると、聞き手は話に耳も心も傾けます。静寂は緊張感を生み出します。この緊張感を使って、注目を集めましょう。聞き手と目線を合わせずに、何かを考え込んでいるように上を見上げたり腕を組んで下を向いたりしても緊張感が高まる効果があります。このようにボディランゲージと組み合わせて静寂をうまく使いこなしてください。

声の出し方も雰囲気作りに重要な役割を担います。まずは「ベースの声」を決めましょう。プレゼンテーションを始める最初の一声でベースの声が決まります。すべての聞き手に届くような大きく通る声を出すようにしましょう。そして、そのベースの声の大きさと話すスピードに戦略的に変化をつけましょう。情報伝達型プレゼンテーションではあまり声に変化をつける必要はないかもしれませんが、提案型プレゼンテーションやインスピレーション型プレゼンテーションでは聞き手を引き込みたいタイミングがあるはずです。日常生活で大きな声で速く話すときは興奮状態であることが多いので、**強く、大きな声で、早口で話すと、聞き手もそのようなわくわくした心理になります。反対に、よく理解してほしい大切なことはゆっくり、はっきりと伝えましょう**。また、声を小さくするとよく耳を傾けなくてはいけないので、聞き手が話に集中し、次に何が述べられるのか、期待が高まります。重要な話に入る直前に少し声の大きさを下げ、重要なポイントで声を大きくし、ゆっくりと話すといいでしょう。

声だけではなく、**息継ぎも期待を高めることに活用できます**。会場が静かになり、話し手が下を向いてふっと笑ったとしましょう。その後にどんな話が続くと思いますか。これから、ちょっとおもしろい話がある、または皮肉のようなブラックユーモアが登場するかもしれないと感じませんか。このようなことは、普段コミュニケーションを取るときに自然とやっているはずです。**日常的なコミュニケーションでよく見かけることをプレゼンテーションにも組み込むと、自然な伝え方になります**。英語学習者が完全にネイティブの発音になるのは不可能に近いものの、すべての人に理解してもらえる英語を話すことは可能です。多くのノンネイティブスピーカーが誰にでも伝わる英語を使って、プレゼンテーションやスピーチの場で輝いています。**高いコミュニケーション力を駆使して工夫するのが、聞き手の心を動かす話し手への近道**です。

アニメーションや音を効果的に使う

音をうまく活用するために使えるツールは自分の声や息だけではありません。スライドに効果音を組み込むこともできますし、ボディランゲージの視覚情報の代わりに、スライドに動きをつけて注目を集めることもできます。アニメーションを使う場合、一般的には説明の流れに合わせて、気づかれない程度の目立たないアニメーションをつけ、話、つまりプレゼンテーションの内容に注目してもらうように設定します。しかし、「フライスルー」や「スライドイン」のようにスライドが飛び込んでくるような設定に音を加えると、確実に注意を引きつけられるメリットがあります。文字を1つずつ表示させることも、拡大することも、点滅させることもアニメーション機能を使えば簡単にできますので、**注目を集めたいときに、スライドにも仕掛けを組み込むことを検討してください**。インスピレーション型プレゼンテーションではBGMをかけてもいいでしょう。スライドのオブジェクトの動き、または自分の動きの雰囲気と音の印象が揃っていれば、力強いメッセージを発信できます。

輝くプレゼンテーションのために

プレゼンテーションでは、伝え方が成功を大きく左右します。注目を集めたいときにはボディランゲージだけではなく、話のスピードの変化、声の大きさの変化、静寂、そしてアニメーションと効果音を戦略的に使って、聞き手の注意を引きつけましょう。プレゼンテーションの目的に合わせて、内容 (verbal information)と視聴覚情報 (visual information, vocal information)をいかに合わせることができるかを考え、あらゆるものを駆使して戦略的に伝えます。それに加えて、**わかりやすい英語で語りかければあなたのプレゼンテーションはきっと輝くことでしょう。**

ネイティブに近づけるように英語力を向上させるには努力あるのみ。せっかく準備をした素晴らしい内容を完璧に伝えられるように、発音をきれいにする努力を日々行ってください。そして、強弱、イントネーション、間の取り方のすべてを研究して、誰がどう聞いても英語らしい英語を話せるように努力しましょう。多くの英語スピーキング試験に音読のパートがありますので、スピーキング試験の対策書などを活用して、**prosody (プロソディー) を意識したリピート練習や音読練習をすることをお勧めします。プロソディーとは「韻律」のことで、英語の拍 (リズム)、アクセント (強弱)、イントネーション (高低差) などのすべての音の特徴のことを指します。**例えばTOEIC® スピーキングテストのトレーニング書などを手にしてみてはいかがでしょうか。伝わりやすい音で英語を話す努力をすることは無駄になりません！　輝くプレゼンテーションは工夫の賜物、英語力の上達は努力の賜物です。

TIPS

欧米では幼少期からスピーチのトレーニングを受けている人がほとんどです。

しかし、すべてのネイティブが得意なわけではありませんので、人前で話すのが苦手な人向けのトレーニングビデオなどが多くインターネット上で公開されています。ボディランゲージや話し方に磨きをかけたいときに、ぜひ参考にしてください。検索キーワードとして以下の単語を入れると、さまざまな動画を見つけることができます。

presentation tips（プレゼンテーションのコツ）
public speaking（演説法）
body language（ボディランゲージ）
verbal cues（言語的な合図）
non-verbal cues（言葉を使わない合図）
non-verbal communication（非言語コミュニケーション）

TRY IT

ACTIVITY 1

プレゼンテーションで下記を述べるときに、あなたならどんなジェスチャーをつけますか。また、どの単語を強く言い、どこで間（ま）を取りますか。強く言う単語に線を引き、間を入れるところに印をつけてください。

1. Good morning. Thank you for having me here.

おはようございます。このような機会をいただき、ありがとうございます。

ジェスチャー案：

2. As you can see from the graph, sales increased from 2.3 million dollars to 4.1 million dollars in just one year.

グラフを見てわかるように、売上高はわずか1年間で230万ドルから410万ドルにまで増加しました。

ジェスチャー案：

3. Now, I'd like to talk about our future plans.

では、今後の計画についてお話をさせていただきます。

ジェスチャー案：

4. First, we will start expanding our network of global partners. Second, we will start B to C sales in Europe. Third, we will start operating three new factories in China within two years.

1つ目に、世界的なパートナーのネットワークを広げます。2つ目に、ヨーロッパで一般消費者への販売を始めます。3つ目に、2年以内に中国で3つの工場を新たに稼働します。

ジェスチャー案：

5. I'd like to open the floor for comments. I'd like to hear your thoughts.

コメントをいただく時間にしたいと思います。みなさんの意見を聞かせていただければと思います。

ジェスチャー案：

HINTS

・ジェスチャーはp. 186の4大ジェスチャーを参考に考えてみましょう。
・強く言う単語は、内容語とあえて強調したい単語です。
・間を効果的に入れられる場所があるか考えましょう。

ACTIVITY 2

戦略的な話し方をするためには、単語が強調されるとどのような意味になるかを把握していることが大切です。ネイティブスピーカーが部下を叱っている場面に遭遇したとしましょう。一番長く発音されていた単語、つまり強調されていた単語が青字になっています。ネイティブスピーカーの意図を推測し、部下はどのような失敗をしたか想像してください。

I told you to go buy a box of letter-size paper.

私はあなたに箱入りのレターサイズ用紙を購入するように言いました。

1. I told you to go buy a box of letter-size paper.

起きたと思われること：______

2. I told you to go buy a box of letter-size paper.

起きたと思われること：______

3. I told you to go buy a box of letter-size paper.

起きたと思われること：______

4. I told you to go buy a box of letter-size paper.

起きたと思われること：______

5. I told you to go buy a box of letter-size paper.

起きたと思われること：______

1 構成、資料作成
2 イントロ
3 本題
4 まとめ、Q&A
5 ジェスチャー、話し方
6 話術
7 オンライン
8 スライド例

HINTS

・本来強勢があるべき単語はどれですか。まずはスタンダードな言い方を考えてから、アクティビティに取り組みましょう。

サンプル解答

ACTIVITY 1 TRACK 75

1. Good morning**.** Thank **you for** having **me** here**.**

言い方：

morningは長めに少し声を上げて、明るい声で言いましょう。Thank youのthankも少々長めに言うと感謝の気持ちが強調されます。Good morningは1つの単語のようにグッモーニンと言い、goodとmorningを分けて言わないように注意しましょう。

ジェスチャー例：

手を基本姿勢のおへそよりも上に置いておくだけでもいいですし、手を上向きにして斜め45度前に腕を広げ、「みなさんありがとうございます」という姿勢を示してもいいでしょう。

2. As you can see **from the** graph**,** sales increased **from** 2.3 million dollars **to** 4.1 million dollars **in** just one year**.**

言い方：

As you canはアジュキャンのように音がくっついて変化します。graphの後に1、2秒の間を置き、グラフに注目してもらう時間を作りましょう。2.3 million dollarsと4.1 million dollarsは数字の間違いがないようにはっきりと言い、toの前後に1秒くらいの間を入れることで2つの数字を強調します。快挙だというニュアンスを加えたいときにはjust one yearも強調しますが、予測どおりであれば強調しなくても問題ありません。

ジェスチャー例：

see from the graphでグラフのほうを指すようにするとよいでしょう。また、数字の増加を示すために、おへそ横あたりで起点を作り、肩の高さあたりを終点にして増加のジェスチャーをしてはどうでしょうか。または自分の身体の右下から左上に線を引くように手を動かしてもいいでしょう。そのときに大切なのは、メリハリのある動きです。起点と終点で、手で空気を切るような動きを加えると遠目にもよくわかります。ジェスチャーをつけるのではなく、ポインターを使ってスライド上の数字を強調してもいいでしょう。

3. Now, **I'd** like **to** talk **about our** future plans.

言い方：

この文のNowは「今」を意味しているのではなく、話題を変えたりするときなどに文頭に登場する「さて」や「では」のnowです。話題を変えていることを聞き手に理解してもらうために、nowの後のカンマのところでは少し長めに2-3秒の間を取るといいでしょう。talk aboutはターカバウのようにまとめて言いましょう。plansの最後のsのような単数複数を分ける音は単語の意味を分けますので、はっきりと言いましょう。プラーンズのズの音が消失しないように注意してください。

ジェスチャー例：

future plansの箇所で継続や将来を意味する円を描くジェスチャーをするとよいでしょう。ここでは、継続性ではなく未来の話をしているだけなので、何度も手を回すのではなく、半円を描いて前に手を出すのが適切です。

4. First, **we will** start expanding **our** network **of** global partners. Second, **we will** start B to C sales **in** Europe. Third, **we will start** operating three new factories **in** China **within** two years.

言い方：

first, second, thirdは少し長めに言い、強調してメリハリをつけましょう。具体的なビジネス戦略を話している大切なところなので、全体的に少しゆっくりと、そして大きな声で話しましょう。

ジェスチャー例：

first, second, thirdのときに数えるジェスチャーを加えることができます。手を閉じてグーにしてからfirstで親指を立て、secondで人差し指を立て、thirdで中指を立ててもいいですし、日本の数え方のように手を閉じてグーにしてから人差し指、中指、薬指の順に指を立ててもいいでしょう。

5. **I'd** like **to** open **the** floor **for** comments. **I'd** like **to hear** your thoughts.

言い方：

1文目の後に3秒程度の間を入れて、聞き手を見渡し、意見を聞きたいという意思を理解してもらう時間を作るとよいでしょう。そのうえで、2つ目の文を述べ、その際にyourを強調することが大切です。本来hearは動詞なので強調されますが、your thoughtsを強調するためにhearを少し弱めに言います。

ジェスチャー例：

open the floorのイメージのとおり、手を前で広げてはどうでしょうか。手を聞き手の方向に広げるとyour「あなた方の」というイメージにも合います。

ACTIVITY 2 TRACK 76

1. I told you to go buy a box of letter-size paper.

「私が」あなたに箱入りのレターサイズ用紙を購入するように言いました。

Iが強くなっていることから、用紙を間違って別の人に届けてしまった場合にこのような話し方をするかもしれません。または、「私の言うことが聞けないのか」というような意味で、権力があることを示したい人はこのような話し方をします。

2. I told you to go buy a box of letter-size paper.

私は「あなたに」箱入りのレターサイズ用紙を購入するように言いました。

youが強くなっていることから、別の人が購入しに行ったという場面が想像できます。

3. I told you to go buy a box of letter-size paper.

私はあなたに箱入りのレターサイズ用紙を「購入する」ように言いました。

buyが強くなっていることから、「購入する」という行動に注目します。購入せずに用紙を譲ってもらったり、どこかから持ってきたりしたという推測ができます。

4. I told you to go buy a box of letter-size paper.

私はあなたに「箱入りの」レターサイズ用紙を購入するように言いました。

boxという単位と梱包方法が強調されているので、用紙を1パックだけ届けたような場面が想像できます。

5. I told you to go buy a box of letter-size paper.

私はあなたに箱入りの「レターサイズ」用紙を購入するように言いました。

紙のサイズが強調されているので、用紙サイズが間違っていたことがわかります。

COFFEE BREAK

エイミー・カディ氏（→p. 185）のTED Talk「Your Body Language Shapes Who You Are」は注目を浴び、カディ氏はBBCが毎年発表するBBC 100 Womenにも選出されました。彼女の研究によると、2分間のパワーポーズを取れば、気持ちの変化だけではなく、ホルモン値が変わってしまうくらいの生理的な変化も起き、人生を大きく変えられるような自信を持つことができるそうです。また、心に変化が起きると行動の選択にも影響があると述べています。

この研究は、話すのが苦手な人に朗報でした。自分の姿勢やジェスチャーを変えることで、心の状態にいい変化を与えることができるわけですから、人前で話すのに苦手意識があったり、毎回緊張してしまったりする人は、2分間だけパワーポーズを取ってから話をするようにすればいいというのです。カディ氏の著書が和訳されていますので、自信がなくて人前で話すのが苦手だという方は、『〈パワーポーズ〉が最高の自分を創る』（早川書房）を読んでみてはいかがでしょうか。

カディ氏はボディランゲージの研究を専門にしています。カディ氏自身のボディランゲージではパワーポーズも取り入れていますが、女性らしい柔らかい手の動きなどもうまく残していますので、女性にとって彼女のプレゼンテーション動画は参考になるでしょう。

男性のボディランゲージ研究者は非常に多いので、男性は「こうなりたい」という人を見つけて、動画の動きをまねるといいでしょう。Body Language SpecialistやNonverbal Communication Specialistというキーワードで専門家を検索することができます。アジア人男性のお手本が観たい場合、2020年のアメリカ大統領候補だったアンドリュー・ヤン（Andrew Yang）氏の動画が参考になるかもしれません。また、日本人経営者が英語でプレゼンテーションを行っている動画も多いので、例えば指を立てるタイミングなど、自分がまねたい動作の一覧を作りながら動画を見ると、良い勉強になります。

CHAPTER 6

Speaking Strategies

話術

戦略的な言葉の使い方

Food for Thought

私は職業柄、「もっと伝わる話し方をするためには英語力の底上げをするしか手はないのでしょうか」という相談を頻繁に受けます。英語でプレゼンテーションをする以上、高い英語力があるに越したことはありません。英語力の底上げをするためには、語彙力をつけ、より多くの構文を使いこなせるようになる必要があります。しかし、英語力が高くてもプレゼンテーションがうまくできるとは限りません。伝わりやすい話の組み立て方や人を引きつけるコツは、英語力とは別に学ぶ必要があります。この章ではプレゼンテーションに役立つさまざまな話し方のテクニックを紹介します。すべてのテクニックを1つのプレゼンテーションに組み込むのは大変ですし、すべてのテクニックが万人に合ったものでもありません。取捨選択をし、プレゼンテーションにどんな要素を足したら自分らしいプレゼンテーションになるかを考えましょう。

KEY POINTS

● 親しみやすさを演出するために、聞き手に質問をして巻き込み型のプレゼンテーションをしたり、笑ってリラックスしたりできる時間を作りましょう。

● インパクトのある視覚情報を活用して、聞き手に考えてもらう時間を作りましょう。

● storytellingのテクニックを使って、聞き手の頭の中に色鮮やかなイメージを描いてもらいましょう。

● 共感できそうなたとえ話やエピソードを活用することで、聞き手の知識を活用して理解を促しましょう。

● わかりやすい具体的な説明をするために、概要から詳細へと話し、PREPの構成で話をしましょう。ビジネスシーンでよく使われる分析フレームワークに沿った話し方も、情報をわかりやすく伝えるために効果的です。

● 聞き手の心を動かすためにpower words、ギャップ、pep talkを活用しましょう。この章で紹介しているテクニックのどれを使ってもいいので、プレゼンテーションを印象的に終えましょう。

3 STEPS

STEP 1 聞き手の心の声に耳を傾ける

入念な下調べをして聞き手が口に出さない思惑（ニーズ）を把握したうえで、適切な話し方を決めましょう。

STEP 2 話術で聞き手の心をつかむ

プレゼンテーションの目的と聞き手の心理を考慮して、どのテクニックをプレゼンテーションで使うかを決め、話を組み立てましょう。

STEP 3 ロジカルに聞き手の頭に訴えかける

事前に用意した話をしながら聞き手の様子に気を配りましょう。反応が悪ければ、その場で話の仕方を切り替えましょう。

CHAPTER 6
STEP 1 聞き手の心の声に耳を傾ける

口に出さない思惑（ニーズ）を把握する

心地良く話を聞いてもらうのはプレゼンテーションの大前提です。人間の心理として、聞いていて不快な気持ちになったら、その時点で心を閉ざしてしまうものです。特に提案型プレゼンテーションにおいては、聞き手の気持ちを考慮したうえで話を組み立てることが大切です。どんなにたくさんのプレゼンテーションテクニックを知っていても、聞き手のことがわからなければ適切なタイミングで適切な話し方ができません。**聞き手の心の声によく耳を傾けましょう。**

私のビジネスコンサルタント時代の同期たちは、顧客先で仕事をしていることが多いので、聞き手の気持ちや考えを把握するのが得意です。口には出さない聞き手の心の中にまで目を向けて、耳を向け、プレゼンテーションを行っています。例えば組織改編のような人事のプロジェクトでは、業務効率やビジネスの成長機会を主な判断材料として計画を進めます。しかし、組織改編は人事に関することでもあるので、意思決定者の社内での立ち位置にも影響を及ぼす可能性があります。その場合、当然、意思決定者の立場を脅かすような判断はなかなか下されません。このような組織改編プロジェクトで提案型プレゼンテーションを行うときに大切なのは、意思決定者の社内での立ち位置がどうなるのかという補足情報をしっかり伝えることです。プレゼンテーションの主目的は会社にとってのメリットである、組織改編におけるコストダウンや業務効率アップ、新たなビジネス成長機会の創出などですが、聞き手の本当の関心事はこれらの大義名分に加えて、自分が組織内でどうなってしまうのかという点です。その説明に時間をかけないと、なかなか判断が下されないはずです。相手の気持ちになって話すコツの1つは、このような気遣いをすることです。

セールストークを行う提案型プレゼンテーションでも同じことが言えます。一般的に、大人は自分が知識不足や能力不足であることを認めるのがとても苦手です。例えば、どう考えても将来的にメリットがある新しいソフトウェアの導入がうまく行かなかったとしましょう。プレゼンテーションで述べたメリットが伝わらなかったのではなく、実は隠れたニーズに関する話をこちら側が網羅していなかったという可能性が考えられます。聞き手に「実はITリテラシーが低い」という制約があり、そのことに気づけなかったのかもしれません。事前に雑談などを通して社内の状況を把握しておけば、無料研修をつけるなどの対策を考えることができます。プレゼンテーションに「ほとんどの企業は研修とセットでソフトウェアを導入していただいています」という情報を追加するだけで「それなら安心」となり、ソフトウェアの導入までこぎつけられるかもしれません。**聞き手にアクションを促すには理論的なことばかりを伝えてもうまく行かないことがあります。そんなときは、聞き手が本当は何にひっかかっているのかを探し出し、再度プレゼンテーションに挑戦しましょう。**相手のことを知るリサーチは、どんな話の組み立て方をすべきか、戦略を立てるために必要不可欠です。

求められている具体的な話の内容のみならず、あなたに求められている雰囲気にも敏感になりましょう。聞き手は短い時間で要件を聞きたい忙しい人なのか、雑談を好む人なのか、人情に動かされる人なのか、または論理的思考を重視しているタイプの人なのかなど、聞き手の人となりに関する情報があればあるほど、その人に適した話し方をすることができます。あなたの話を**魅力的だと感じてもらうためには、その人に合わせた話術を活用することが大切**です。

CHAPTER 6

STEP 2 話術で聞き手の心をつかむ

親しみやすさは服装から

親しみを持ってもらうことが、聞き手の気持ちに入り込む1つの戦略です。親しみやすさの演出は服装を決めるところから始まっています。英語に“Dress for success.”という表現があります。「プロフェッショナルな見た目で成功を勝ち取りましょう」といった意味です。**プレゼンテーションにおいては、聞き手と同等またはそれ以上の服装で相手に敬意を示すことが大切**とされています。見た目が聞き手からかけ離れていると、いかにもよそ者という印象を与えますし、ビジネスシーンにおいて規範から離れたようなカジュアルな格好をすると常識外れの人と考えられてしまう可能性があります。

営業部門の人たちに向けたプレゼンテーションを行うのであれば、多くの参加者がスーツを着ている可能性が高いので、自身もスーツを着るとよいでしょう。各国で服装のスタンダートが異なるので、さまざまな国からの聞き手がいる場合は誰に合わせるのか難しいところですが、少々保守的な服装がいいでしょう。日本と比べてビジネス場面においても女性の肌の露出が多少多めのアメリカでは、私はノースリーブのトップスやビジネスワンピースを着るかもしれませんが、日本では、たとえ聞き手がアメリカ人であってもノースリーブを着ることはありません。日本の規範に合わせることを聞き手が潜在的に求めている可能性があるので、保守的なほうが安全だからです。

話の雰囲気は服装の影響を受けます。どんなに威厳のあるその道の権威がフォーマルな口調でプレゼンテーションを行ったとしても、ヨレヨレのTシャツとジャージのパンツでは、アンバランスすぎますので、TPOに合わせた服装を心がけましょう。

問いかけで親しみやすさを演出する

服装の他にも親しみやすさを強調したい場合は、少々カジュアルな雰囲気を言葉で作り出しましょう。英語では、丁寧語・謙譲語・尊敬語のある日本語ほど話し方のルールが明確ではないものの、フォーマルな雰囲気やカジュアルな雰囲気を意図的に作り出すことが可能です。英語学習者が学んでいる英語はきちんとした英語がほとんどです。スラングばかりを選んで学んできた人でない限り、学んだ英語で話せばそれなりにフォーマルな印象を与えられます。注意したいのは、カジュアルな印象を与えたいからと、プレゼンテーションで使う英語を崩してしまうことです。**I wanna...（I want toを崩した表現）やI'm gonna...（I'm going toを崩した表現）、like（みたいな〜）やyou know（ほら）を多用する人を見かけますが、これでは親しみを感じるどころか、TPOをわきまえておらず教養がない人と捉えられるリスクがありますので、避けましょう。**親しみやすさは「共感」から生まれます。「あんな人だと思われたくない」と感じられたら、親しみやすさは感じてもらえません。

IMPORTANT **英語を崩すことが適切なカジュアルさの演出法ではありません。聞き手との心の距離をぐっと縮めるためには、話す内容をフランクにしてください。**自分の失敗談を伝え「こんなことありますよね」という問いかけをしてみましょう。会場内で立ち位置を変えられる場合は、身近に感じてほしいエピソードを話すときに少し聞き手に近づきましょう。Chapter 5 Deliveryで学んだことを活用しながら、観客巻き込み型のプレゼンテーションを作り上げていくと、堅苦しくないプレゼンテーションに見えます。また、**フレンドリーな印象を与えたいときに簡単にできる話し方の工夫は、聞き手に質問を投げかけることです。**プレゼンテーションの冒頭で質問をいくつか投げかけると、雰囲気が和らぐだけではなく、聞き手のことを知ることもできるので非常にお勧めです。

不特定多数が来ている講演会でよく聞かれるのがIs there anyone here from Taiwan?（台湾から来ている方はいらっしゃいますか）という、どこから来たかを尋ねるような問いかけです。どんなところから参加者が来ているのか、また同郷の人がいるのかどうかなど、聞き手の興味が高まりますし、堅苦しくない話からスタートしてリラックスしてもらう効果があります。自己紹介をするときにも質問を投げかけると雰囲気が和らぎます。例えば、私であればI'm sure many of you have been to Los Angeles, but does anyone know where Claremont is?（多くの人がロサンゼルスに行ったことはあると思いますが、クレアモントがどこにあるか知っている人はいますか）と、私が高校時代と大学時代を過ごした地域について尋ねることがあります。長い講演や数時間の研修講座であれば、自分のことを知ってもらうために自己紹介に数分間を割けます。ロサンゼルス郡は案外広いという話をしたり、のどかできれいな町だから車でロサンゼルスからラスベガスに向かうときにはぜひクレアモントにも寄ってみてほしいなどの情報を加えて、あまり構えることなく話を聞いてもらう雰囲気作りをしています。質問を投げかけたら、聞き手の反応によって対応を変え、対話をしているような雰囲気を作り出すのが、聞き手との距離感を縮めるコツです。

質問を投げかけるテクニックは雰囲気作りのためだけではなく、大切なことに意識を向けてもらったり、すでに伝えた大切なことをリマインドしたり、聞き手に考えを巡らせてほしいようなときにも活用できます。情報伝達型プレゼンテーションや提案型プレゼンテーションでも頻繁に活用されている話術です。

TRACK
77

大切なことに注意を向けてもらう例

This graph shows the birth rates in six countries. Does anything stand out? That's right. Japan has a low birth rate compared to the other countries.

このグラフは6か国における出生率を表しています。何か目立つ点はありませんか。そのとおりです。日本は他国よりも低い出生率ですよね。

大切なことを思い出してもらう例

Now, can you recall the two tables I showed you a few minutes ago? What were the key differences?

では、数分前にお見せした2つの表を思い出せますか。主要な違いは何でしたか。

結論を伝える前に考えてもらう例

So, what are some drawbacks of implementing such programs?

ということで、このような計画を実施するにあたり、デメリットとなるのはどのようなことでしょうか。

このように**問いかけをすることで、聞き手参加型のプレゼンテーションスタイルとなり、聞き手をぐっと近くに引き寄せることができます**。ぜひ質問を投げかけて親しみやすさを演出してください。問いかけることは誰にでもできますので、初心者向けの話術です。必ずマスターしましょう。

インパクトのある視覚情報を活用する

聞き手への問いかけの応用編として、インパクトのある視覚情報を出しつつ、頭をフル回転させてプレゼンテーションに参加してもらう手法があります。写真、数字、グラフなどを見せて考えてもらうのが、簡単にこのテクニックを活用するコツです。絵を表示して「これは何を意味しているのでしょうか」、**数字だけを表示して、「これは何の数字でしょうか」、グラフや図だけを見せて、「どのような傾向がありますか」と尋ね、相手がプレゼンテーションを聞くだけではなく、一緒に考えてもらうように話しかけましょう。**

質問をするのではなく、視覚情報を提示してから間（ま）を使う手法もあります。例えば、下記の研究所での写真を見せて「私たちの運命を変える大発見がされた瞬間です」と述べてから間（ま）を5秒くらい取って静寂を作ってください。聞き手は何だろうと考えるはずです。よく考えてもらった後に開発された新商品を紹介したり、または、まずは失敗作を見せて「この日が私たちの分岐点となりました。この失敗によって、我々は全く別の発想で開発を進めることを選択しました」と興味深い話を述べてもいいでしょう。**写真とストーリーと意外性（例えば大きな失敗談）をセットにすると、聞き手の注目を得やすい**でしょう。

商品開発場面例

数字で注目を集める　　図表で注目を集める

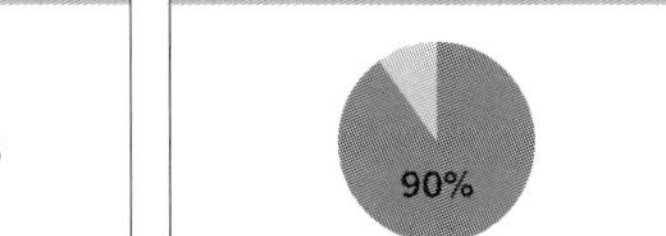

同様に、数字だけ、グラフだけを表示することもできます。「（50 minutesのスライドを見せながら）我々の調査によると、これが『あること』をしている1日当たりの平均時間です（＋静寂）」と述べたり、「（90%のスライドを見せながら）デスクワーク中にしていることは大きく分けて2つです。その割合をこのグラフが示しています。何と何だと思われますか（＋静寂）」のように問いかけるのです。

IMPORTANT 大切なことは聞き手の想像力を駆り立てて、あたかもグループディスカッションをしているメンバーの1人であるかのように感じてもらうことです。**プレゼンテーションに「参加してもらう」ことが、耳も心も傾けてもらうための秘訣**です。あまり専門的ではない、難しくない話題でこの視覚情報を使えば、楽しい印象になり、重い話題でこの話術を使えば、ずっと記憶に残る強い印象を与えることができます。例えば、誰もが知っている環境問題に関する話をする場合、「本題に入る前に、まずはこのデータをご覧ください。この数字は何を意味するのでしょうか」と絶滅危惧種のデータを示したり、地球が滅びている写真だけを見せて「これが誰にも変えることができない私たちの未来です」と言ったりすれば、恐怖心を掻き立てることもできます。また、視覚情報と聴覚情報を揃えると話が伝わりやすいことはすでに何度も述べましたが、インパクトのある視覚情報に問いかけや静寂を組み合わせれば、より一層効果を発揮します。

Storytellingをする

話の持ち時間が短い場合は単刀直入にプレゼンテーションのBodyに入りますので、Introductionで時間を使っている余裕がありません。しかし、時間に余裕がある場合は、プレゼンテーションのテーマに関連した物語を紹介することからプレゼンテーションを始めると興味を持ってもらいやすいでしょう。少人数の会議や少人数を対象としたプレゼンテーションであれば事前に世間話ができますが、大人数が集まるプレゼンテーションではなかなか1人ひとりと雑談ができません。そこで、**雑談の代わりにプレゼンテーションでストーリーテリングをする手法があります**。ストーリーテリングとはその名のとおり物語を伝えることですが、今ではマーケティング用語にもなっています。CMを見ていると、さまざまな物語の要素を交えて、購買意欲をそそるように構成されていることがわかります。

聞き手の心をつかむために、提案型プレゼンテーションでは、例えば以下のような話ができます。「今日はいい天気ですね。こういう天気だとあるお客様のことを思い出します。そのお客様にお会いしたのは今から3年前のことで（中略）…そして、彼らの事業は劇的に変わり、利益は3倍にもなりました。今日はこのお客様の施策もご紹介しつつ、弊社のサービスについてお話しさせていただきます」。これはプレゼンテーションの内容の一部として紹介する成功事例を、ストーリーテリングの手法を活用して伝える例です。聞き手は物語として示された情報を映像で思い浮かべながら話を聞きます。

自分の日常の何気ないことと、これから伝えたいことをつなぎ合わせてストーリーテリングをすることもできます。家事を例に取ってこんな話ができます。「今日は天気がいいですね。日本だと晴れた日に布団や洗濯物を干す文化があるのですが、だからこそ私は子どもの頃、晴れが嫌いでした。母親が洗濯物の手伝いを頼んでくるんですが、私は洗濯物をたたむのが大嫌いなんです。最近は畳むのをやめて、すべてハンガーにかけたままにしているのですが、劇的にストレスが減りました。きっとみなさんも嫌いなことをやめれば、より幸せな毎日が送れますよね。今日は、大嫌いなことをやめて、好きなことにより注力できるようになることを支援するソフトウェアを紹介します」。このような誰もが体験している日常生活のエピソードは理解してもらいやすいので、ストーリーテリングに活用しやすいです。**日常生活はストーリーテリングのネタの宝庫なので、印象に残ったことを書き留めておき、プレゼンテーションに活用しましょう。**

2つの例からお気づきかもしれませんが、**ストーリーテリングの鉄板ネタは昔話や体験談**です。おおげさな話がよりキャッチーであり、特に感動を伴うエピソードが最も好まれます。このような話し方はTED Talkなどの大きな講演ではよく見かけます。例えばこんなエピソードを耳にするかもしれません。

TRACK 78

心に響くストーリーテリング例

Let me tell you a story. There was a baby who had cancer. No one thought he would live to be three years old. His parents were not wealthy, so they could not afford proper care. The baby was put up for adoption and luckily, he was adopted by a wealthy couple who had lost their first baby. The couple was determined to help the baby. They did all they could do. And...（静寂）**that baby is me.**

まずは1つ、話をさせてください。あるところに癌を患っていた赤ちゃんがいました。その子が3歳になるまで生きられると思っている人はいませんでした。両親は裕福ではなかったので、適切な医療ケアの費用を払えませんでした。赤ちゃんは養子に出され、幸運なことに、最初の赤ちゃんをなくした裕福なカップルの養子となりました。そのカップルは赤ちゃんを救うと固く決心していました。彼らはできる限りのすべてのことをしました。そして…（静寂）その赤ちゃんは私です。

このような感動的なエピソードを持っている人は少ないかもしれません。ストーリーテリングの主人公は必ずしも自分である必要はありません。人に伝えたい感動的な話を聞いたら、その物語を自分の話につなげればいいのです。例えば、上記の話の最後がthat baby is me.である必要はありません。例えばAnd... he survived. I heard this story and was greatly moved. I wanted to be a part of the medical system that helped such families.（そして…その子は救われました。私はこの話を聞いたとき、とても感動しました。私もそのような家族を助ける医療制度の一員になりたいと思ったのです）と話を続けることもできます。もちろん、その後の自分のプレゼンテーションのメッセージにつながる内容でなくてはいけません。聞き手の心をつかめたら、その後のプレゼンテーションが心に響きやすくなりますので、ストーリーテリングを長時間のプレゼンテーションに組み込むといいでしょう。

Storytellingのコツをつかむ

ストーリーテリングを行ううえで役立つ考え方を紹介します。英語ネイティブは、話の構成方法を小学生時代に学んでいます。国語の作文の書き方として学ぶことが多く、**narrative essay**（出来事を伝える作文）と**descriptive essay**（何かを描写する作文）を書くことでストーリーテリング力を磨いています。narrativeは「物語調の」という意味で、descriptiveは「描写的な」または「よく説明された」といった意味です。前者は時系列に沿った話の流れが具体的で叙述的であることを重視するのに対して、後者は物語のさまざまな要素を豊かに表現することが求められます。共に「具体的に話す」という点が似ていますが、話の組み立て方にそれぞれコツがあります。

narrativeな話し方のコツは、聞き手が動画を見ているかのような感覚に陥ることができるように、時系列に沿って話をすることです。narrativeな話し方が効果的なのは、主人公の行動や生活習慣が人格形成などに影響したようなエピソードをキーメッセージにつなげるときです。例えば、先ほど紹介した癌を患っていた赤ちゃんの話にはあまり時系列に沿った具体的な情報がありませんでした。赤ちゃんが養子に出された時点の話と現在の話、2つの時間についてしか述べておらず、その間がよくわかりません。narrative styleの話をするのであれば、もう少し**時間の間隔を詰めて話します**。例えば小学校時代に手術をたくさんしたこと、高校時代に運動ができるまでに回復したこと、そして大学を出たことなど、時間を細かく刻み、話が飛んでしまわぬように情報を埋めていきます。時系列に沿って話をするべきなので、When he was three years old, ...（彼が3歳のときに…）やIn April of 2020, ...（2020年4月に…）のように、時期や時間に関する情報が必要不可欠です。

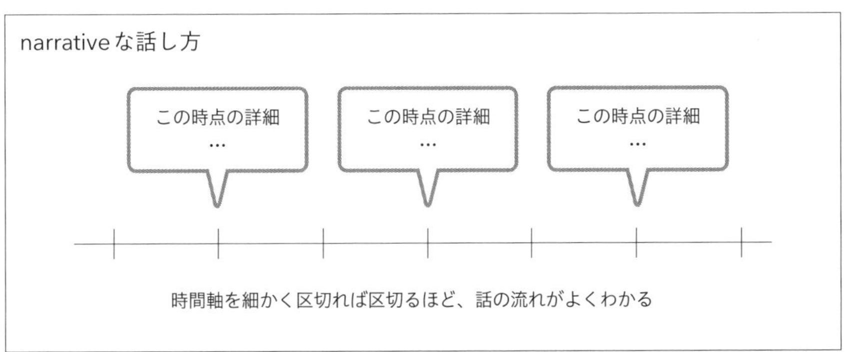

一方、descriptiveな話し方のコツは、聞き手がその場にいたとしたら、360度まわりの景色を見渡せるような感覚に陥るような詳細情報を伝えることです。五感で感じられることを事細かに説明していくと伝わりやすい話ができます。1つのものをさまざまな観点から具体的に説明し、この方法で景色の中にある多くのものについて語りましょう。前述の赤ちゃんの話はどちらかというとdescriptiveな話し方に基づいています。赤ちゃんは癌を患っていたということ、両親は裕福ではなかったということ、そして赤ちゃんを養子にしたカップルは裕福であり、1人目の子どもを失った人たちであったこと、赤ちゃんのためにいかなることもしようとしていたこと。わずかな文の中にたくさんの情報があるので、情景を思い浮かべやすく、感情に訴えかけることができるのです。

descriptiveな話し方をするときは倒置法を使い、日本語と同じような形で話をすることもあります。倒置法はイレギュラーな話し方なので、注目を集めやすいうえに、語順どおりに情景を思い浮かべることができるというメリットもあります。すべての文を倒置法で話すと違和感がありますが、たまには使ってみてください。

例：**A tall building stands across from my house.**

私の家がある道の向かいに、高いビルが建っています。

→倒置法：**Across from my house stands a tall building.**

街の中心部での生活について話したいときに、以下のような感じで語ると物語調になり、情景が思い浮かぶストーリーテリングができます。

TRACK 79

descriptive storytelling 例

Across from my house《倒置》**stands a tall building. At around 8:30 every morning**《倒置》**, I feel the breeze on my face**《感じること》**when I open the window, and I hear women with high heels**《聞こえること》**walk into the building for work. People are dressed nicely in dark-colored suits**《見えるもの》**.**

私の家がある道の向かいに、高いビルが建っています。毎朝8時30分頃、窓を開けたときに顔に柔らかな風を感じます。そして、仕事のために建物に入っていくハイヒールを履いた女性たちの足音が聞こえます。人々は清楚な暗い色のスーツを着ています。

descriptiveな話し方

色鮮やかな絵を言葉で描くように、五感でわかることと心象を細かく伝える

IMPORTANT **IntroductionやEndingにストーリーテリングの要素を組み込むことで、プレゼンテーションの雰囲気が変わり、注目を集められます。**長時間のプレゼンテーションを行うときにぜひ活用したい話術です。具体的に描写するために欠かせないのが形容詞と副詞です。たくさん使いこなせるように努力し、ストーリーテリング力を上げましょう。まずはfeels cold（冷たく感じる）, looks lively（活気があるように見える）, smells good（いい香りがする）, tastes delicious（非常においしい）, sounds loud（大きな音がする）, feel excited（わくわくする）のように**シンプルな表現を使って、日頃から目の前で起きていることを表現する練習から始めるといいでしょう。**日本語でも構いません。走っている男の子が目についたら「息を切らして全力で走る少年」とすぐに描写できるように練習を重ねていけば、聞き手が情景を思い浮かべられるようなストーリーテラーになることができます。

笑いを取る

笑いには心身をリラックスさせる効果があると言われています。**プレゼンテーションでも笑ってもらえる瞬間を作り出すようにしましょう。**笑いの好みが人によって違うので、初対面の人に笑ってもらおうとするのは上級なスキルが必要です。私はそんなにウケ狙いのネタを盛り込みませんが、**ちょっとした笑顔を引き出す**瞬間を作るように心がけています。自分らしいプレゼンテーションにどれだけ笑いを組み込むかを考え、ユーモアやジョークに挑戦してみてください。笑いは意外なことや「あるあるネタ」から生まれやすいと言われているようですが、英語圏の笑いと日本語圏の笑いのセンスが少々異なるので、ハードルが高いかもしれません。それでも、世界中で共通のことがあります。例えば、大きな笑いが起こるまではいかないにせよ、「あはは」という小さな笑いが生まれて和める「家族ネタ」は、世界の人々が共感できます。

TRACK 80

家族ネタの例1

Even if you're an energetic person, silence is good to have every once in a while... (数秒の間) **except when you have kids. A silent kid means trouble.**

どんなに元気な人でもたまの静けさは幸せですよね。ただし、子どもがいなければ。静かな子どもというのは問題発生を意味します。

家族ネタの例2

A little girl asked her dad, "Dad, are you scared of monsters?" and the dad said, "No." The little girl asked again, "Are you scared of ghosts?" and the dad said no again. The girl reported to her friends, "My dad is brave. The only thing he's scared of is my mom."

小さな女の子がお父さんに「パパ、怪獣は怖い？」と尋ねました。お父さんは「いや」と答えました。小さな女の子はまた尋ねました。「お化けは怖い？」そして、お父さんはまた「いや」と答えました。その女の子は友達に報告しました。「うちのお父さんは強いんだよ。怖いものはママだけなんだから」

もっと複雑なよく考えられたストーリー性のある笑いに挑戦する場合は、英語圏の文化を考慮したうえでチャンレジしてみてください。一瞬で終わってしまうような短いジョークは聞き逃されてしまわないようにI'd like you to pay special attention to what I'm going to say now. Are you ready? (今から伝えることに特に注目してください。用意はいいですか) などとあえて述べてから伝えるといいでしょう。

誰にでもできる一番簡単な笑いの取り方は、自分の失敗談を話すことです。特に優秀そうな人が失敗した話は、その人を身近に感じさせてくれます。以前、とても優秀なベテランエンジニアのプレゼンテーションを聞いたときのことです。自己紹介で小さなお子さんがいることを紹介し、日々忙しい生活をしている中で、お子さんの要望に合わせて初めてケーキを焼いてみたという話をしてくれました。そしてNow I'm going to show you the cake. Are you ready? (今からケーキをお見せします。準備はいいですか？) と言いました。数秒の沈黙の後にスクリーンに登場したケーキの写真がかなり見た目の悪い、明らかな失敗作でした。話し手は肩をすくめて笑顔です。この様子を見て、会場では笑いが起きました。この失敗談の後に「母親力の何倍もエンジニアとしての力はあるんです。なんせ、母親歴は3年、エンジニアとしての経験は15年以上ですから、信頼してくださいね。元から素質があるかどうかではなく、経験がものを言うんですよ」と言って、本題に入りました。聞き手を笑わせつつ、自分のエンジニアとしての経験も強調していたので、話の組み立て方がうまいなと感じました。

日本人は「自虐ネタ」で共感を得ることを比較的得意とする方が多いので、いくつか自分の鉄板ネタを考えておくといいでしょう。**プレゼンテーションやスピーチの冒頭で一緒に笑うと、人と人の間の心の壁がなくなります**。笑いを取るのが好きな人はどんどん新ネタにも挑戦してみてください。**初めて挑戦する場合は、失敗したときに逃げる表現をいくつか覚えておくことを忘れずに**。例えば「うちの犬は笑ってくれるんですけど」と言ったり、経営者が集まっているような場であれば「マネジメントをする人には優しさと気配りが大切ですよね？　ぜひ、笑ってくださいね」と少々強引に笑いを求めたり、いろいろなフォローの仕方があります。うまく行けばフォローの一言で笑いが取れるかもしれません。

誰もが知る話をして共感を得る

わかりやすい話をするテクニックの1つは、聞き手に合ったたとえ話やエピソードを盛り込むことです。聞き手が体験したことがあることに似た話はイメージしやすいので、内容を理解してもらいやすくなります。プレゼンテーションにおいては、複数の聞き手がいるので、たとえ話は有名な話であることが無難です。著名人や著名な企業などの話をたとえ話として持ち出すといいでしょう。Main Bodyのスライドでは、キーメッセージを書いたら、それを支える根拠を具体的に提示することが必要だと述べました。「この商品を使うと、家事に費やす1日2時間が半分以下の50分にまで短縮できます」というように数字などの具体的な話を加えて伝えます。たとえ話でもこれと同じように、**具体的な話を盛り込みましょう**。例えば、サッカー好きな若い人になら、こんな話ができるかもしれません。

キーメッセージ：努力は大切である。継続は力なり。
「三浦知良のように現役を続けたいものです。彼は1980年の前半からブラジルにサッカー留学をしていますので、すでに40年ほどサッカー漬けの毎日を過ごしているわけです。スター選手として活躍し続けるには、隠された努力やストイックな生活があるのは想像できるでしょう。才能のある人ですら努力をし続けているのですから、誰しもが努力なくして成功しないことがわかりますよね」

三浦知良のことをよく知らない人が聞き手に混じっているかもしれませんが、いつから留学していたかなどの具体的な情報があるので、キーメッセージとどう関係しているのかがわかりやすくなっています。もし、聞き手の多くがサッカーをよく知らないかもしれないと思った場合は、別の例を考えて同じことを伝える必要があります。例えば、相手によっては「二宮金次郎くらい本を読み続けましょう」という話をしたほうが響く場合もあります。いろいろな例を思いつけるように、日頃からさまざまなエピソードを拾うアンテナを立てておきましょう。

IMPORTANT **たとえ話をするときに注意をしなくてはいけない点は、会場にいるすべての人が同じような考えができるように配慮した話し方をすること**です。とても寒い場所のことを、冬を体験したことのない南国の人に「真冬の寒さですね」と伝えてもピンと来ません。「冷凍庫の中みたいに寒い」と言えば、冷蔵庫を使ったことのある人なら、共通認識が得やすくなります。「今日はボーナスの日です」というたとえ話を始めると、さまざまな感情が生まれる可能性があります。ボーナスをもらう側だと「やった！」と思う人が多いのですが、しばらくボーナスがあまり支給されていなかった人は「これだけか」という感情を持つかもしれません。また、経営者ばかりが集まっている講演会であれば「人件費がかさむんだよな」と思うかもしれません。または、経営状況の良い企業の経営者であれば「みんなの喜ぶ顔が早く見たいな」と思うかもしれません。聞き手が違うことを考えていては、せっかくのたとえ話も台なしですので、**「あなたは●●の立場だと想像してください」と一言添えて、必ず聞き手の視点を揃えるようにしてください。**

例：視点の異なるボーナス日の風景

従業員：嬉しいなぁ！

経営者：資金繰りがまずいぞ…

共感を得るためには、視点を揃えてから話を聞いてもらいましょう。

たとえ話やエピソードを日常的に探しておくように心がけると、プレゼンテーションをするときに役立ちます。あまり労力をかけずにネタ集めできる方法は、ニュースの話題に着目することです。例えば「スマホを映画上映中に使う利用者が増えて、映画館でのトラブルが増加している」という話が目についたとしましょう。「スマホを2時間程度見ずに我慢できる人が少ない」「作品上映前に流れる電源オフのアナウンスには効果がない」など、さまざまなことがこのニュースで示唆されており、これらの情報をプレゼンテーションのエピソードとして活用できます。「みなさん、映画館にいると想像してください。うっかり携帯の電源を切り忘れてしまったことにも気づかず、映画を楽しみ始めて30分。そこで電話が振動していることに気づきました。あなたならどうしますか。画面を見てしまう人はどのくらいいらっしゃいますか。挙手してください」と問いかけ、「そうですよね。私たちは生活の中であまりにもスマートフォンに依存するようになってしまいました。私は1時間スマートフォンを見ないでいるとソワソワせずにいられません。実はかなり多くの人が2時間もするとスマートフォンを見たくなるようでして、映画館では映画上映中にスマートフォンを見ている人のブルーライトが映画鑑賞の妨げになるなどのクレームが入っているようです」という話をします。これを、「一度習慣化してしまえば、そのことをやらないのが気持ち悪くなります。だから毎日の英語学習を生活の一部になるように習慣化してしまえば、継続することが無意識にできるようになります」ということのたとえ話として伝えることができるのです。このように、**ニュースになるような話題はたとえ話やエピソードとして使いやすいので、日頃から着目しましょう。**

ギャップ効果を狙う

意外性やギャップは、恋愛トークやラブソングでよく活用されます。例えばI hate you, but I love you.（大嫌いだけど、大好き）は洋楽のタイトルにもなっていますが、両極端なことを述べる典型的な話の構成です。また、怖そうな人がかわいらしく笑ってくれて主人公が恋に落ちてしまうようなラブストーリーもよくあります。これらは、ギャップが人の心を動かしやすいという心理学の原理に沿って作られています。プレゼンテーションでも、このように**両極端なことを言ったり、意外性のあることを言ったりして、聞き手の注目を集める**ことができます。例えば聞き手が考えていそうなことをいきなり否定したり、良いことを言いそうな雰囲気の中で辛辣なことを述べたり、ギャップを作り出してみましょう。プレゼンテーションの研修講座に来ている聞き手は、良いプレゼンテーションをするためのコツをたくさん聞けると思って参加していることでしょう。そこで、意外性と対比の話術を使うとこんなことが言えます。

TRACK
81

If you think you're going to learn how to become a successful presenter, unfortunately, you're wrong. (静寂の時間を作る) **If you think you're learning about how you'll fail, you're absolutely right! You can learn from mistakes. You learn what not to do, and from that, you make progress. Today is the day you will start moving forward.**
成功する講演者になる方法を学べると思ったら、残念ながら、それは間違っています。どのように失敗するかを学ぶのだと思っているなら、大正解です。人々は間違いから学ぶことができるのです。やってはいけないことを知り、そこから前進します。今日こそ、あなたは前進し始めるのです。

まずは聞き手が持っているかもしれない「これを聞けば簡単に成功できるかもしれない」という甘い考えを否定し、注目を集めたところで、「成功」とは真逆の「失敗」というキーワードを使って説明をしています。前述した、質問を投げかけるという話術を足すと、もっと聞き手と距離感を縮めることができます。

TRACK
82

You came here to learn all about giving great presentations. Guess what? (重要なことなのでゆっくりと) **You're going to forget most of what I say. That's sad news, right? So, what's the point of being here then? Just remember one thing. You need to practice. That's all you have to take home today.** (重要なことなのでゆっくりと) **Practice, practice, practice. Even if you forget what I've said today, you will see yourself improve if you practice and record yourself over and over again.**
あなたは素晴らしいプレゼンテーションを行うことについてのすべてを学びに来ました。いいですか？　あなたは私が言うことのほとんどを忘れます。残念なお知らせですよね。じゃあ、あなたがここにいる意義は何でしょうか。1つだけ覚えておいてください。あなたには練習が必要です。そのことだけを持ち帰ってくれれば十分です。練習、練習、そして練習あるのみ。今日、私が言ったことを忘れても、何度も何度も練習をしてそれを録画していれば、自分の進歩が見えてきます。

たくさん学べるだろうという聞き手の気持ちを否定することから入り、たくさん学ぼうと思ってきた人に学ぶべきことはたった1つだけだと伝えてギャップを生み出しています。その後にキーメッセージを伝えている構成です。たくさん問いかけをすることで、「どうせすべて忘れちゃいますよ」という辛辣なメッセージを伝えているのに温かみのある雰囲気を作り出すことができます。このようなギャップを使った話術をプレゼンテーションのどこかに組み込めそうであれば、聞き手の心を動かすためにぜひ活用してみてください。

Pep talkを組み込んで感情に訴える

インスピレーション型のプレゼンテーションを行う人は、効果的なpep talkの流れを把握しておきましょう。**pep talkは激励の言葉をかけたりジョークを織り交ぜたりしながら、共感を得て相手の心を動かす手法で、インスピレーション型プレゼンテーションにおいてはIntroduction部分に含まれていることが特に多い**です。よくスポーツでコーチが「今まで何のために練習をしてきたんだ？」「今までの苦労を思い出せ！」と言った鼓舞する声がけをします。これは典型的なpep talkです。

プレゼンテーションやスピーチにおいてはもう少し巧妙に、問いかけなどを通して気づきを与えるのが一般的です。「子育てにおいてはすべての親が、子どもに最善の人生を与えてあげたいと思っていますよね。あなたもそうでしょう。今まであなたは最大限の努力をしてきました。だからあなたはお子さんに最善の人生を与えられるのです」という**聞き手を認めるような発言**や、「1日10分の努力で年収が100万円変わるんです。あなたならその100万円をどうしますか。年収を100万円変えるのはあなたの力があればすぐにできますよ」と**想像力を駆り立てて応援する話し方**など、**さまざまな手法があります。すべてのpep talkに共通するのは「やればできる」という言葉を組み込むことです。**「あなたにはできる」「今からその方法を教える」と伝えましょう。プレゼンテーションの後、聞き手にしてほしい行動を植え付けるのに有効な手法です。

「5日で10キロ痩せられる」といった怪しいウェブ広告にこのような謳い文句が書かれていることが多いので、pep talkを文字で見ると少々抵抗があるかもしれませんが、プレゼンテーションのMain Bodyの内容が伴っていれば、怪しい話には聞こえません。インスピレーション型プレゼンテーションを行うときにはIntroductionでこのようなpep talkを組み込むことを考えてください。**pep talkを考えているうちに、話を盛り上げる視覚情報や話をわかりやすくするイメージが思い浮かぶと思いますので、何か思いついたら、スライドに加えていきましょう。**インスピレーション型のプレゼンテーション作りをするときには、Introductionのスライドとスクリプトを行ったり来たりしながら、構成をしっかりと練ることが大切です。

CHAPTER 6
STEP 3 ロジカルに聞き手の頭に訴えかける

全体から詳細へと話す

Main Bodyの章でも伝えましたが、**わかりやすい話の流れは概要から詳細へと話が流れます。**英語ではFirst, you need a bird's-eye view.（まずは全景を理解する必要がある）とよく言いますが、話し手がそのように話してくれないと、なかなか全体像はつかめません。聞き手に不要なストレスを与えないように、まずは**話の大枠を伝えましょう。**例えば、今なぜこの話をしているのかという一言が全体の中の今の立ち位置を明確にします。商品説明のプレゼンテーションで製造工場の話が出てきてもピンと来ない人がいるかもしれませんので、I'm going to talk about our facilities first because it will give you a better understanding of how our products are made.（弊社の商品がどのように製造されているかをより理解していただくために、まずは弊社の設備についてお話しさせていただきます）と伝えてから話し出しましょう。このようなちょっとした気遣いで、話が圧倒的にわかりやすくなります。

IMPORTANT よくあるプレゼンテーションの失敗は、話し手と聞き手の背景知識に差があるにも関わらず、大枠の話をせず突然細かい話をしてしまうことです。詳細を伝えるのは本当に必要な相手だけにしないと、聞き手は難しい話が多いように感じて、混乱したり、眠くなったりします。多くの場合、**あえて話したくなる詳細情報は話し手のこだわりポイントや自信のあるポイントなのですが、残念ながら、よく伝わらないことが多々あります。**特に製品説明のプレゼンテーションの場面で話し手と聞き手の温度差のギャップを感じることが多いように思います。メーカーのプレゼンテーション担当者は多くの労力をかけてきた新しい商品のこだわりポイントを伝えたいので、仕様について一生懸命説明しますが、聞き手はあくまでも一般ユーザーなので、細かい仕様についてはよくわからなかったりします。例えば、プリンターの説明を聞いていて、はなから「プリント解像度は4800 dpi x 1200 dpiから 9600 dpi x 2400 dpiになりまして、本体サイズは横幅が23ミリ小さくなりました」と言われるのと「プリント解像度が大幅に改良され、本体サイズは多少小さくなりました」と言われるのと、どちらがわかりやすいでしょうか。概要を伝えてから詳細を伝える流れで話を組み立てて、「最新モデルの一番の改良点はプリント解像度です。4800 x 1200dpiから 9600 dpi x 2400 dpiになりまして、実際に写真をプリントアウトして比較したものがこちらです(プリントアウトしたものを見せる)」と言ったほうがわかりやすいでしょう。

さまざまな立場の人がプレゼンテーションを聞いている場合は知識レベルがまちまちなため、話の焦点を間違うと、多くの人が「よくわからない」という感想を持ってしまいます。部品パーツの採用会議でのプレゼンテーションであれば、購買部門、設計部門、品質管理部門などが集まるでしょうし、場合によっては「連れて来られた営業部門の人」など、想定外の人が聞き手に混ざるかもしれません。そのような場合でも、大枠を伝えてから数字やデモンストレーション用素材を示せば、全員が共通認識を持つことができます。『ザ・細かすぎて伝わらないモノマネ』というテレビ番組がありましたが、この番組のコンセプトはわかる人にはわかる、わからない人にはわからない、それがおもしろい！ということだと思います。プレゼンテーションはこれではいけません。その場にいるすべての人に理解してもらい、全員の心を動かすことを目指してください。

「理由の理由」まで述べて、話の空白を埋める

話し手と聞き手の背景知識や意見に差があって伝わらないという問題は、物事の理由を説明している場面でも起こります。**理由を説明するときには「理由の理由」まで説明しきったかを確認してください。**この作業は話の空白を埋める作業だと考えると、わかりやすい話をするうえで大切なポイントであることが理解できます。「風が吹けば桶屋が儲かる」ということわざがありますが、その理由はわかりますか。研修で自由にストーリーを作ってもらうと実にさまざまな流れのストーリーができます。一般的にことわざの起源だとされているストーリーはこのような流れです。

風が吹けば桶屋が儲かる

風が吹くと土ぼこりが舞う→土ぼこりが目に入って目が不自由になる人が続出する→目が不自由になると人は三味線で生計を立てようとするので、三味線の需要が増える→三味線には猫の皮が張られるから、猫が減る→猫が減るとねずみが増える→ねずみが増えるとねずみにかじられる桶が増える→桶がダメになると多くの人が桶を買い替えるから桶屋が儲かる

このことわざは「意外なところに影響が出る」という意味なので、「本当に？」と疑いたくなるストーリーが含まれていますが、ここで理解しておきたいのは、理由の連鎖箇所を説明しないと「意外なところに影響が出る」という結論もいまいちピンと来ないという点です。

日常会話でも同じことが言えます。I like eating fish because it's healthy.（健康に良いので、魚を食べるのが好きです）と言ったとしましょう。魚を食べるのが好きな理由は「健康に良い」と明示していますが、魚が体に良いことを知らない人には「理由の理由」まで提示してあげないと、言っていることがよくわからないのです。Fish is healthy because it's a good source of protein and omega-3 fatty acids.（魚はプロテインとオメガ3脂肪酸が豊富なので、健康的なんです）と「理由の理由」まで説明したところで、まだ確実に伝わったとは限りません。プロテインとオメガ3脂肪酸についての知識がないと理解できませんので、Protein is important to grow and repair parts of our body such as muscles, hair, and skin.（プロテインは筋肉、髪の毛、そして肌などの体の成長や修復を行うために大切です）Also, researchers have found that omega-3 fatty acids can reduce your risk of heart disease and stroke.（それと、研究者はオメガ3脂肪酸が心臓病や脳梗塞のリスクを減らせることを発見しました）Therefore, eating fish helps me stay healthy.（したがって魚を食べることが私の健康維持の支えとなっているんです）と補足すれば、よく理解してもらえるでしょう。

再度、話の構成を確認しましょう。

〈魚が好きな理由〉

I like eating fish because it's healthy.

〈理由の理由〉

Fish is healthy because it's a good source of protein and omega-3 fatty acids.

〈理由の理由の理由〉

Protein is important to grow and repair parts of our body such as muscles, hair, and skin.
Also, researchers have found that omega-3 fatty acids can reduce your risk of heart disease and stroke.

〈まとめ〉

Therefore, eating fish helps me stay healthy.

「なぜ魚を食べることが健康にいいの？」と疑問を持たせないように意識すると、どれだけ「理由の理由」を伝えるべきか判断ができます。私は子ども向けの英語レッスンで「Why? Because...」ゲームを行うことがあります。人にわかるように物事を説明するトレーニングの一環として、何かを述べたらWhy?と自分に尋ね、また理由を答えるという、どこまでも説明し続けるゲームです。これと同様に、自分が作ったプレゼンテーションスクリプトにWhy?と自問自答をして、話が飛躍しないように注意してください。**本来は理論的に組まれた話でさえ、話が飛んでしまうと聞き手には理論的に聞こえなくなってしまい、重要なことが伝わりません。話の説得力を上げるためにはつながりを明示することが大切**だと覚えておきましょう。

説得したいことはPREPで話す

PREPを使うと、説得力のある話を構成することができます。PREPは**P**oint（キーメッセージ）, **R**eason（理由）, **E**xample（事例）, **P**oint（キーメッセージ）の頭文字です。**「話は結論から先に」というのが忙しいビジネスシーンの基本**となっているとおり、PREPはこの結論が先に来る話の構成です。Chapter 3 Main Bodyで、キーメッセージから話を始めるトップダウン型のプレゼンテーション構成の話をしましたが（→p. 84）、**提案型プレゼンテーションは特にPREPの話し方で組み立ててみてください。**例えば営業プレゼンテーションではこんな話し方ができます。

P	キーメッセージ	弊社にSNSを活用したウェブプロモーションのお手伝いをさせてください。6週間で売り上げアップができます。
R	理由	SNSでの販売促進効率が非常に高い理由は3つあります。1つ目のメリットは、ターゲットをセグメント化できるので、顧客層に対してリーチできることです。購入確率の高い人々にピンポイントで広告を打つのでROIが高いのが特徴です。2つ目のメリットは効果測定をしながら、何度もプロモーション内容の改善ができることです。契約期間中に弊社で効果測定をしつつ、改善案をアドバイスいたしますので、無駄がありません。3つ目のメリットは視覚的に美しいものやおもしろいものを作れば、SNSでシェアする人が自然発生しますので、コストのかからない追加プロモーションもできてしまうことです。
E	事例	それでは、この30秒の動画をご覧ください（動画を見せる）。弊社のクライアントのウェブプロモーション用に作成した動画です。リーチしたのは3万人ですが、わずか5日間で10万以上の「いいね」がつき、キャンペーン終了の3か月後には20万以上の「いいね」がつきました。売り上げは前年度の同月比232%を達成しました。
P	キーメッセージ	このような実績がある弊社に、安心してSNSを活用したウェブプロモーションをお任せください。

冒頭でキーメッセージを伝え、その根拠と事例を伝えることで論理的な展開になっているので、話が理解しやすくなります。**最後にキーメッセージをリマインドすることで訴求力を高められるので、提案型プレゼンテーションにぴったり**です。事例は聞き手に身近に感じてもらえる例を選びましょう。さまざまな話術と組み合わせて、共感してもらい、納得性の高い話をするように意識すれば、提案を受け入れてもらうことができるでしょう。提案している商品やサービスを使っているイメージを聞き手が具体的にイメージできるようにすることを目指してください。

なお、ボトムアップ型のプレゼンテーションではPREPは使えませんが、ひっくり返して(P)ERPの形にして、最初のPに少しアレンジを加えれば応用できます。例えば、元アスリートが「何事も継続することが大切」と伝えたい講演の場では、P（キーメッセージ）が「何事も継続することが大切」となります。しかし最初からそうは言わずに「今日はお招きいただき、ありがとうございます。講演のご依頼をいただいたとき、何を話そうか悩みました。きっと努力の必要性など、もっともな話を聞きたいと思われているかもしれませんが、実は私は努力が大嫌いなんです。練習をさぼってばかりいました」などのように、キーメッセージとからめつつも、本当のメッセージは伝えないようにするのです。ここでは「両極端を話す」という話術を使って最初に結論を言わないようにしています。このように他の話術と組み合わせて、インスピレーション型プレゼンテーションで(P)ERPの流れで話すことも検討してください。

分析フレームワークに沿って情報を整理して届ける

PREPは話し方の1つのフレームワークです。プレゼンテーションのMain Bodyで話すべき複雑な話をシンプルにするには、ビジネス場面でよく使われるフレームワークに沿って考え、話を組み立てると効果的です。**フレームワークを活用すると、情報の整理の仕方が明確なので、プレゼンテーションで伝えるべきことの抜け漏れが減ります**。また、**フレームワークに沿った一般的な分析結果を図式化したサンプルがウェブサイト上で多く掲載されている**ので、資料作成の際に参考にすることができます。資料作成の時間が短縮され、視覚的にわかりやすい資料ができあがるメリットがあります。

さまざまなフレームワークがあるので、すべては紹介しきれませんが、よく見かけるものをご紹介します。ここに載せているものだけではなく、自分がプレゼンテーションを行う分野でよく使われるフレームワークを活用してください。一般的にフレームワークは「考える」ために使うものですが、ここでは「話す」「伝える」ためにフレームワークを活用しましょう。

FABE (Feature, Advantage, Benefit, Evidence)

商品やサービスの説明をするうえでよく使われるフレームワーク。

F	特徴	商品やサービスの機能、品質、仕様などの特徴をわかりやすくまとめます。
A	競合と比較した利点	既存商品やサービス、または競合他社と比べて差別化されている点を説明し、優位性をわかりやすく伝えます。特徴と一緒に一覧にして伝えてもよいでしょう。
B	顧客が得られるもの	顧客が商品やサービスを活用することでどのような変化を感じ、どのような利益を得ることができるかを話します。どのような課題が解決されるかという観点で話してもいいでしょう。
E	FABで述べたことの根拠	上記で伝えたことを支えるデータや事例を伝えます。

TAPS (To be, As is, Problem, Solution)

To Be（あるべき姿）とAs Is（現状）の観点から情報を整理するフレームワーク。

T	あるべき姿	理想的な状態を説明します。
A	現状	現状を伝えます。あるべき姿と同じ観点で現状を分析して伝えることがこの次のステップの「課題」を見出すうえで大切です。
P	課題	理想と現状になぜギャップがあるのかに焦点を当てて課題を特定し、話します。
S	解決策	目的意識を持ってあるべき姿に向かうために具体的に提案します。問題を解決する方法を具体的に説明しましょう。

3C (Company, Customer, Competitor)

マーケティング戦略を考えるときにプレイヤーを分析するのに使われるフレームワーク。

C	自社	自社の業界での位置づけ、強みや弱みなどについて話します。自社について単体で考えるときは次に出てくるSWOT分析が効果的なので、SWOT分析をした後に取りまとめてもよいでしょう。
C	顧客	どのような顧客がターゲットで、その人たちのニーズは何かを伝えます。
C	競合他社	競合他社の業界での位置づけ、強みや弱みなどについて話します。各社のマーケットシェアを分析し、競合が顧客ニーズをどう捉え、どのように対応しているかまで具体的に話せると聞き手の理解は深まります。

4P (Product, Price, Place, Promotion)

商品やサービスを販売するにあたって影響する要因をもとに、具体的な販売施策を考えるためのフレームワークです。

P	商品または サービス	自社商品またはサービスがどのようなもので、顧客ニーズを満たしていると思う理由を説明しましょう。
P	価格	価格競争の激しい世界では適正価格がある程度決まっていますが、定価から割引ができるか、またその条件はどのようなものか、支払い方法はどうするかなど、売り上げに関わる話をします。
P	販売場所 (販路)	どのような方法で顧客に商品またはサービスを提供するのか、物品の場合は流通経路がどのようになるのか、在庫はどこでどれだけ抱えるのかなど、商品やサービスが顧客に届くまでの動きについて伝えます。
P	販促方法	商品やサービスの認知度を上げて販売する方法を伝えます。後述のAIDMAのフレームワークは消費者の購買決定プロセスを説明するのに使われるのに便利なので、さらにAIDMA分析をして販促方法を整理してもいいでしょう。

SWOT (*Strengths, Weaknesses, Opportunities, Threats*)

ビジネス戦略を検討するときによく使われる内部環境と外部環境に着目するフレームワークです。

S	強み (内部環境)	社内でコントロール可能な環境や要因に焦点を当て、強みを伝えます。
W	弱み (内部環境)	社内でコントロール可能な環境や要因に焦点を当て、弱みを伝えます。弱みを強みとして捉えることができることもあるので、多面的に考えたうえで話をするとよいでしょう。
O	機会 (外部環境)	コントロールできない外部要因から発生するビジネス機会について話します。例えば、新しい政治施策によって新規参入できる分野が増えるなど、大きな出来事が起こる可能性があるときには、情報をよく整理して今後起こりうることを伝えましょう。
T	脅威 (外部環境)	コントロールできない外部要因からなる脅威をまとめて話します。この脅威を分析するフレームワークとして次に紹介する5 Forcesがあります。

5 Forces (*entry, rivalry, suppliers, buyers, substitutes*)

SWOT分析の際に外部環境による脅威について考えるとき、活用されるフレームワークです。

entry	新規参入の脅威	どれだけ簡単に競合他社が生まれるのか、規制やコストの観点から分析して伝えます。
rivalry	競合の脅威 (内部環境)	マーケットに競合他社がどのくらいの数いるのか、また各社がどれだけの力を持っているのか、自社と比べてどのような強みがあるかを分析して話します。
suppliers	供給者の脅威	特に製造業で重要な分析となりますが、供給者がどれだけいて、どのくらいの量を供給することが可能か、どれだけ簡単に価格変動が起き得るのか、代替品があるかなどを分析し、伝えます。

buyers	顧客の脅威	顧客がどれだけいるか、どれだけの量を購入していて、価格変動にどれだけ敏感に反応するか、またはどれだけの交渉力を持っているかなど、顧客に関することを伝えます。
substitutes	代替品の脅威	代替品がどれだけ存在するのか、どれだけ簡単に代替品への切り替えが可能か、他社製品に乗り換えられてしまうリスクがどれだけあるかなどを顧客の観点で考えてまとめます。

AIDMA（Attention, Interest, Desire, Memory, Action）

消費活動をステップで示し、各段階で何をすればよいのかを考えるために使われるフレームワークです。

A	注目	まずは何も知らない潜在顧客に対して販売したい商品やサービスを認知してもらう必要があります。広告などで注意を引く方法について話しましょう。
I	興味	商品やサービスを見て「おもしろそう」「良さそう」と興味・関心を持ってもらうためにやるべきことについて話しましょう。
D	欲求	「商品がほしい！」「サービスを使いたい！」という欲求を持ってもらうために、商品またはサービスが顧客ニーズを満たすものであることを伝えます。
M	記憶に残る	購買欲求を強化し、商品やサービスを記憶に残します。忘れられないようによく目のつくところに広告を打ったり、商品を展示したりするなどの施策について語ることができます。
A	行動 （購入・購入推奨）	顧客がアクションを取ってくれること、つまり商品やサービスを購入してくれることを意味しています。購入するだけにとどまらず、SNSなどで口コミを発信したり、知り合いに薦めたりするなど、さまざまなアクションがありますので、多角的な視点から話しましょう。

適切なフレームワークを使えば、おのずと話の流れはわかりやすくなります。どれだけ納得してもらえるかは分析がくまなくできているかにかかっています。プレゼンテーションの中身を考え抜いたうえで、説得力のある話し方をしてメッセージを論理的に伝えましょう。

強調するためのpower wordsを使って説得力アップ

「Storytellingのコツをつかむ」の項目（→p. 235）で、英語ネイティブの小学生がストーリーテリングの手法をnarrative essayとdescriptive essayから学んでいるという話をしました。学校では、説得力のある話し方を学ぶための作文の課題もあります。これはpersuasive writingと呼ばれ、文字どおり読み手を説得するための書き方を練習します。作文の組み立て方はOREO (Opinion, Reason, Example, Opinion)の愛称で呼ばれることが多いのですが、キーメッセージをOpinionと呼ぶかPointと呼ぶかの違いだけで、すでに紹介したPREPと同じ構成です。

persuasive writingをするときに話の構成と同様に重要視されているのが、**power wordsを使う**ことです。就職活動では大学のキャリアカウンセラーなどから履歴書にpower wordsを使うように指導されますので、power wordsの概念はネイティブにとっては非常に身近なものです。ネイティブと同じ土俵に上がってプレゼンテーションをしなくてはいけない人は特にプレゼンテーションで積極的にpower wordsを使ってください。power wordsとは簡単に言うと「人を動かす力のある強い言葉」です。形容詞と副詞が比較的多いようです。例えば、得をしそうなfree（無料）、premier（プレミアの）、guaranteed（保障された）などの表現や、今すぐ行動しないと損をしそうなexclusive members（限定的な会員）、limited offer（限定サービス）、today only（今日だけ）などはpower wordsと総称されます。**0から100までの数字で表すなら、0に近いイメージをもたらす言葉、または100に近いイメージをもたらす言葉がpower words**と考えるといいでしょう。100に近いイメージで「世界中」という表現を使うこともあります。例えば、驚きを隠せないことを強く知らしめたいときにはWhy on earth did this happen?（一体なぜこんなことが起きたんだ）やWhat in the world just happened?（一体何が起きたんだ）と尋ねることができます。

多くのキャッチコピーや記事のタイトルにpower wordsが使われていますので、注目してみてください。私のお気に入りのキャッチコピーはMastercardの「お金で買えない価値がある。買えるものはマスターカードで。」なのですが、英語ではpricelessというパワーワードを使ったCMをたくさん作ることでブランドイメージを作り上げています。日本でもCMが放送されていたので、見たことがある方はわかるかと思いますが、「商品Aはいくら、商品Bはいくら、商品Cはいくら」、そして「これらを使って旅に出た思い出はpriceless」というような構成のCMが定着しています。Pricelessという言葉の後には、There are some things money can't buy. For ～（おもちゃやキッチンなど、そのCMのテーマ）, there's Mastercard. と続きます。プレゼンテーションにも共通することですが、最後に印象的なことを述べるのが聞き手の記憶に残すコツなので、power wordであるpricelessを最後に使っているのです。たとえばMake your priceless experiences unforgettable.（お金に代えがたい経験を一生忘れられない思い出にしましょう）と言えば、pricelessとunforgettableの2つのpower wordsを含むので、何だかわくわくしてきませんか。タワーレコードのキャッチコピーであるNo music, no life.（音楽がない、そんなの人生じゃない）も数字の0をイメージする強い表現です。

たくさんのpower wordsの中の一部を本章の後ろのENGLISH （→p. 260）でご紹介してありますので、プレゼンテーションのスクリプトに組み込んでみてください。一覧にない単語を探したい場合はパソコンの文章作成ソフトを使ってスクリプトを書き、類義語の検索機能を使いながら、より強い印象を与える単語を探してみてください。Microsoft Wordであれば、単語を右クリックし、「類義語」にカーソルを当てると差し替え表現の提案が表示されます。

power wordsがよくわからないと感じている人は、動詞を強調するdoを使うテクニックを覚えましょう。**強調のdoを使って情報を伝えると、その文はパワーアップします**。例えば、まだ工事中の建設物についての情報伝達型プレゼンテーションをしたとしましょう。計画どおりに物事が進んでいることを報告した後でWe have some new information.（新しい情報があります）と言えば、少し明るい雰囲気を作り出すことができます。power wordsを使うのであればWe have some exciting information.（わくわくする情報があります）やWe have some unbelievable information.（信じられないような情報があります）と述べます。いい表現が見当たらない場合はWe **do** have some new information. とdoを加えた文を述べるだけでも、かなり印象が強くなります。この強調のためのdoは日常会話においては「～なら」や「～だけれど」という点を強調することが多いので、前後のいずれかの情報と対比があるときに使ってください。例えば、The tickets to the show are sold out, but we do have some special visitor's passes for our special clients.「その公演のチケットは売り切れていますが、特別なお客様のための特別なビジターパスを持っています」と言えば、「一般の人にはチケットは手に入らないのだけれど、特別な人は入場できる」というニュアンスを示せます。

TRACK

例1：**We need to hire more people. We do have a great team of engineers, but we need a project manager.**
もっと人を雇わないといけない。いいエンジニアのチームならいるんだけれど、プロジェクトマネージャーが必要だ。

例2：**I do like taking lessons here; I was on a business trip.**
ここでレッスンを受けるのは好きなんです。だけれども出張に行っていました（ので、しばらく来られませんでした）。

ネイティブスピーカーや高い英語力の人と対等にプレゼンテーションを行うためには語彙力がものを言います。英語を英語で捉えられるようになるとpower wordsの効果を体感できるようになりますので、英語力の底上げを図って、**力強いメッセージを聞き手に伝えられるようになりましょう。**インターネット上にはたくさんのpower wordsが載っています。**お気に入りのpower wordsを集めて、どのように使われているかをインターネット上で確認し、自分が使いそうな例文をメモした自作ノートを作って覚えてみてはいかがでしょうか。**

デモンストレーションを組み込む

シリコンバレーで働く友人と久しぶりに会い、大学時代の懐かしい話をしました。そんな中、友人がこんなことを言いました。「大学時代はプレゼンテーションと言えば、PowerPointで資料を作るっていう意味だったよね。よく夜中にチップス食べながら、一緒に準備していたのが懐かしい。最近はプレゼンテーションスライドなんてほとんど作らないよ。プロトタイプを作ってそれを見せながらプレゼンテーションをするのが一般的になったから、スライド作りのスキルが錆びついてきたかも」。彼女はデザイナーとしてキャリアを築いていますが、そういえば、私のまわりにいるエンジニアもあまりPowerPoint資料を作り込んだりはしません。プログラムの動きを示すための図くらいは書きますが、あとは実際に動かしてみたものを見せながら説明をしています。

多くの場合、プレゼンテーションにデモンストレーションを組み込むことができると思います。「百聞は一見に如かず」と言うように、話を聞くよりも実物を見たほうがわかりやすいので、文章以外に情報を提示できるものがないか検討してみてください。特に提案型プレゼンテーションでは、紹介したいものの実物を見せて理解してもらったり納得してもらったりすれば、早く話が進むでしょう。なお、新製品を見せながらプレゼンテーションをする場合は自分の立ち位置や動きの癖をつかんだうえで、見せるものの持ち方や角度を決めましょう。また、左右の聞き手に見せながらデモンストレーションを行うことを忘れずに。スライドで行うプレゼンテーションと同じく、大切な点を伝えるときにはゆっくり大きな声ではっきりと話し、ボディランゲージを加えることが大切です。

印象的な終わり方で記憶に残す

人を引きつける話術が一番役立つのは、聞き手の心を動かすことが主目的のインスピレーション型のプレゼンテーションですが、提案型プレゼンテーションにも報告型プレゼンテーションにも組み込める要素がたくさんあります。Endingの章でも紹介しましたが、聞き手が納得し、心打たれるようなフレーズやストーリー、有名な人の一言、印象的な写真または動画などでプレゼンテーションを終えると余韻が残ります。もちろん、重要な数字や、The sum of the interior angles of a triangle is always 180 degrees.（三角形の内角はいつも180度ですよね）のような一般論を示してからキーメッセージを伝えてもいいでしょう。この章で紹介したどのテクニックを使っても構いませんので、記憶に残るプレゼンテーションとなるように工夫して、聞き手があなたと一緒の方向を向いてくれるように話しましょう。聞き手の心をつかみ、そして頭でも論理的に理解してもらったうえで、聞き手に狙いどおりのアクションを取ってもらいましょう。

それでは、この章の最後のメッセージです。

I'd like to finish with this inspiring quote from the popular children's book author Dr. Seuss: "You have brains in your head. You have feet in your shoes. You can steer yourself in any direction you choose." —*Oh, the Places You Will Go!*

人気の絵本作家であるDr. Seussの引用で終えたいと思います。「あなたには頭の中に脳みそがあります。靴の中には足があります。自分が行きたい方向のどこにでも向かうことができますよ」（『Oh, the Places You Will Go!』より）

戦略的な話し方を考え、自信を持ってプレゼンテーションを行いましょう！

TIPS

英語力や自分の性格を考慮すると、話のテクニックを磨くことはハードルが高いと感じた場合は、聞き手に問いかける習慣だけを身につけることを目指してください。英語は付加疑問文がよく使われる文化なので、自然なコミュニケーションの中にたくさんの問いかけがあります。そのため、質問をするだけで、対話形式の温かみのあるプレゼンテーションのように感じられます。慣れるまでは質問の回答を求める必要はありません。～, right?（～ですよね）という語りかけだけでも十分なので、肯定文ばかり使わないように心がけましょう。

ENGLISH

エピソードやたとえ話をする TRACK 85

・**First, let me tell you a story.**
まずはある話を聞いてください。

・**Here's a story for you.**
今からあなたにある話をします。

・**What's the point of this story?**
この話をした意図は何でしょうか。

・**The moral of the story is this: you need to be prepared.**
この話の教訓はこんなことです。常に用意周到でなくてはいけません。

大枠から詳細へと話す TRACK 86

・**Before I get into the details, I'd like you to see the bigger picture.**
詳細について述べる前に、まずは概要を理解してください。

・**Here's my attempt to give you a bird's-eye view.**
今から大枠を理解していただけるように話してみます。

・**Before I move on to the details, let's make sure we're all on the same page. The most important thing is improving customer satisfaction.**
詳細な話に入る前に、全員の共通認識を揃えましょう。ここで一番大切なのは顧客満足度を高めることです。

フレームワークに沿って話をする TRACK 87

・**Many of you probably know this framework.**
多くの方がこのフレームワークをご存じだと思います。

・**I'll base my talk on the SWOT analysis.**
SWOT分析に基づいて話します。

・**I'm going to outline my ideas based on the AIDMA framework.**
AIDMAのフレームワークに沿って考えを述べます。

◆商品やサービスの良さを伝える表現 TRACK 88

- **outstanding**（優れている）
  outstanding product（素晴らしい商品）はよく使われる表現ですが、一般的にはoutstandingは物に対して使うよりも、アイディアやコンセプトなどの無形のものに対して使われます。
- **incredible**（信じられない）
  The size is incredible.（大きさは驚くべきものです）のような文では、小さいのか大きいのか、良いことなのか悪いことなのか、何が信じられないのかがわかりません。この次の文で具体的に説明しましょう。
- **extraordinary**（並みはずれた）
  ordinary（普通の、平凡な）から派生した単語で、一般的ではないという意味です。extraordinary service（並みはずれて素晴らしいサービス）のように使われます。
- **remarkable**（驚くべき）
  remarkableには「注目すべき」や「特記すべきこと」という意味もあるので、特別に驚くようなことについて伝えるときに使います。absolutely remarkable（間違いなく驚くべきもの）のように、power wordであるabsolutelyを重ねて使うことも多いです。
- **innovative**（革新的な）
  革新的な商品、革新的なデザイン、革新的なアイディアなど、さまざまな物事を修飾できる単語です。
- **revolutionary**（画期的な）
  新しく革命を起こすような商品やサービスであることを伝えるときに使います。
- **unconventional**（一般的ではなない）
  他のものとは違う良さがあることを伝えたいときに使う表現です。「型にはまっていない」というイメージを伝えたいときに使います。
- **luxurious**（豪華な）
  高級感のある商品や体験について説明するときに使う単語です。
- **gorgeous**（豪華な）
  luxuriousと比べると、もう少し汎用性が高い単語で、「見事な」や「美しい」という意味でも使われます。She's a gorgeous girl.（とても美しい女の子だ）と言えますが、luxurious girlとは言えません。

・**brilliant**（見事な）
アメリカ英語よりもイギリス英語でよく耳にします。アメリカ英語ではbrilliant ideaという表現が使われますが、それ以外でbrilliantはさほど耳にせず、excellent（素晴らしい）のほうがアメリカ英語では頻出です。

・**exclusive**（限定された）
「排他された」という意味のあるこの言葉を使うと、選ばれた人たちしか入手したり利用したりできないという意味になります。

・**limited**（限定された）
商品やサービスを使える人や期間が限定されていることを表すためによく使われます。

・**unlimited**（制限なしの）
使い放題でお得であることを伝えるときによく使われます。

・**lifetime**（無期限の）
無期限で使える商品やサービスの説明時にお得感を感じてもらうために使います。

・**unforgettable**（忘れられない）
unforgettable experienceのコロケーションで頻出です。

・**essential**（必要不可欠な）
生活で必要不可欠な商品やサービスだと伝えるときに使う表現です。

・**minimal**（最低限の）
minimal effort（最低限の労力）で使えるサービスやminimal fuel（最低限の燃費）で動くものなど、利便性を強調するときに使われます。

・**comprehensive**（包括的な）
comprehensive service（すべてを網羅したサービス）のように「これ1つあればすべてが解決する」というようなメッセージを発信したいときに使います。

・**instantly**（一瞬で）
「一瞬で課題が解決する」など、商品やサービスの利便性を伝えるために役立つ単語です。

◆他者から認定されていることを伝える表現

TRACK

89

・**proven**（検証されている）
データで検証済みであることを伝えるために使う表現です。

・**verified**（実証済み）
provenと似た使われ方をしますが、正しいと考えられていたことを（再）確認したという意味合いでよく使われます。

・**approved**（承認された）
別の機関から承認を得ているものについて説明するときに使います。

・**authorized**（許可取得済みの）
authorized dealerは正規代理店という意味の定型表現ですが、別の機関から許可を得ていることを示すために使います。approvedよりも正式な意味合いで使われることが多いです。

・**endorsed**（支持された）
著名人によって支持されていたり、推奨されたりしているサービスについて話すときに使う表現です。

・**guaranteed**（保障されている）
satisfaction guaranteedはCMで定型句になっているくらいよく使われている表現です。

◆感情に訴えかける表現　TRACK 90

・**inspiring**（インスピレーションを感じる）
心が動かされることを表現したいときに使います。

・**fascinating**（魅力的な）
うっとりさせるような感覚や、すごくおもしろくて目が話せないというような表現をしたいときに使います。

・**mesmerizing**（魅了する）
mesmerizeには「催眠術をかける」という意味があるので、催眠術にかかったかのように目が離せないニュアンスで使います。

・**intriguing**（好奇心をそそられる）
mesmerizing同様に心を捉えられたようなニュアンスがある表現ですが、関心が高まるような意味合いで使います。

・**breathtaking**（息をのむほど素晴らしい）
呼吸が止まるような感動を表す表現です。

・**stunning**（魅力的な）
stunningには「気絶するような」という意味もあるので、驚くほど魅力的だというニュアンスです。

TRY IT

ACTIVITY 1

時間に余裕があるプレゼンテーションで自己紹介をする場合を考えましょう。

・視覚的な情報のあるスライドを1枚用意しましょう。

・初めて会った人と距離を縮めるために話せるエピソードや笑い話を1つ作ってください。

トークの引き出しを増やすためのアクティビティですので、2つの情報は関連がないものにしましょう。

スライドイメージ

エピソードスクリプト　※スライドとは別の話を考えましょう。

HINTS

・スライドには数字やグラフ、写真や絵など、目につくものを1つ描きましょう。
・聞き手から信頼を得ることにつながりそうなエピソードを考えましょう。

ACTIVITY 2

PREPで誰かを説得するストーリーを作ってください。お勧めの習慣や商品、自分が関わっているサービスなど、何でも構いません。

Point

____

____

____

Reason

____

____

____

____

____

____

Example

Point

HINTS

・Reasonを考えたら、「理由の理由」を伝える必要がないか確認しましょう。
・Exampleは事例をできるだけわかりやすく述べるように、聞き手の頭の中に場面や状況が思い浮かぶような話し方をしましょう。

サンプル解答

ACTIVITY 1

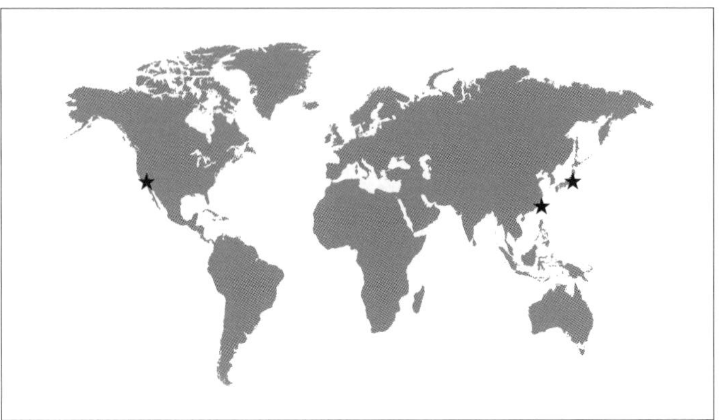

※英語は英語話者向けの話、日本語は日本語話者向けの話とし、対象者に合わせて後半の訳は少々変えています。

TRACK

91

What do you think this map represents? Anyone? Yes, that's right! The stars represent the places I've lived before. I lived in Los Angeles for 15 years up to graduating from college and then I was in Taiwan for about one year, so I am bilingual in English and Japanese, and studied Mandarin Chinese as a foreign language. You might think "kids who grow up abroad are lucky because they learn English easily" but it took a lot of work for me to study Japanese. *Kanji* was especially hard to learn. When I first read a contract, I thought it was a story about a turtle and a girl because the *kanji* characters were similar. I had to look up *kanji* and learn them, so I was studying Japanese just like you are studying English.

こちらの地図は何を表していると思われますか。どなたか？　すごいっ！　正解です！　星は私が今まで住んだことがある場所を象徴しています。大学を出るまでの間、アメリカのロサンゼルスに15年ほどと、台湾に約1年おりましたので、英語と日本語のバイリンガルで、中国語を第2外国語として学びました。「帰国生って楽に英語ができるようになっていいですよね」と思われるかもしれませんが、日本語はかなり努力をして習得しています。特に漢字を学ぶのは本当に大変でした。最初に契約書を日本語で見たとき、亀と乙女の話だと思いました。（数秒聞き手を見渡す）わかりますか。甲を甲羅のイメージで亀だと思ったんですよね。乙は乙女でも使われています。その都度調べて、学習して、という、みなさんが英語学習で行うのと同じ経験をする必要がありました。

ACTIVITY 2

TRACK 92

Point

The "silent read-aloud" training method is great in helping people improve their speaking ability, so give it a try. The point is to focus on the sounds in your mind and read the sentences.

英語のスピーキング力を上げるには「脳内音読」という英語トレーニング法がすごくいいので、やってみてください。音をイメージして英文を読むのが重要です。

Reason

The main reason I recommend "silent read-aloud" is that it allows you to kill two birds with one stone; you can do input training and output training at the same time. You get used to the word order of English, so you will start understanding English in the order that you hear it or see it, and you are also inputting more vocabulary, so your number of retained vocabulary increases. In addition, you can imagine how to output the words because you're focusing on the sounds. You don't need much time or money to do this. It's effective even if you do it for a little bit of time during, let's say, your commute.

脳内音読を勧める一番の理由は、インプットとアウトプットのトレーニングが同時にできて、一石二鳥だからです。脳内音読をしていると英文の語順に慣れるので、英語を見聞きした順に情報を捉えられるようになりますし、インプットされていく語彙数が増えるので、語彙力が高まります。それに加えて、音を意識することで、アウトプットのイメージもできます。時間もお金もさほどかかりません。通勤時間のような隙間時間に行うだけで、効果があるんですよ。

Example

One of my students, who was at the TOEIC 500 level just like you, used an app during his commute for two months and did "silent read-aloud" using sentences in a vocabulary textbook. His commute on the train is about 20 minutes one-way, and after doing this for 40 minutes total every weekday, his TOEIC score went from 500 something to over 700; that's a jump of 200 points. He had no time to study other materials, so it's fair to say that his score improved by just doing the method of "silent read-aloud."

みなさんと同じTOEIC500点台の私の生徒が2か月間、通勤時間中にアプリを使って単語帳の例文を脳内音読し続けました。電車に乗っている時間は片道20分程度だったのですが、平日に往復40分間脳内音読をした結果、TOEICのスコアが500点から700点に、200点も上がりました。この生徒さんは他のことに取り組む余裕がなかったので、脳内音読だけでTOEICスコアがアップしたと考えていいと思います。

Point

So, try the "silent read-aloud" method; it doesn't require much time or money. Give it a try and see if it's right for you.

ですから、時間もお金もかからない「脳内音読」にぜひ挑戦して、ご自分に合った練習方法かどうか確かめてみてください。

COFFEE BREAK

同じ職業の人に対してプレゼンテーションをすることが多ければ、話に業界あるあるネタを組み込むと聞き手が楽しめるのではないでしょうか。私は職業柄「言葉」に関するエピソードを多く扱います。例えば、「人に間違いを指摘されないと長い間、とんでもなく恥ずかしいことをしているかもしれません。だから指摘することは人を救うことにもなるんですよ」というキーメッセージを、日本人の英語力アップに取り組んでいる企業の社内ネイティブスピーカーに伝えるために、こんなエピソードが役立ちます。

エピソード例：

間違いは指摘されないとなかなかわかりません。以前、"Sorry, I'm a dirty guy."「僕は卑猥な男ですみません」とオフィスで言っている日本人男性がいました。本当に言いたかったのは"Sorry, I'm an unorganized person."「整理整頓下手ですみません」なのですが、これは日本語ではdirtyとdisorganizedが同じ「(部屋などが)汚い」という意味だから起きてしまった恥ずかしい間違いです。間違いを指摘してあげないと、この人はずっと同じ間違いをし続けるかもしれませんので、もちろんその場で指摘しました。危なくセクハラ発言になってしまうところだと大笑いをして事なきを得たのですが、相手のネイティブスピーカーが怒ってしまったら大変でした。

日本語で講演をするときには日本語の聞き間違いや言い間違いの話もします。子育てをしているとネタの宝庫です。例えば、長女は3歳くらいのときに駄々をこねて外出先で動かなくなってしまったので、「もう知らないからね！」と立ち去ろうとしたら「知ってー！」と追いかけてきました。次女はプログラミングレッスンの動画を見て「ナレーターが変で、『私』じゃなくて『あたい』って言うの」と言うので、動画を見たら、「あたい」はあたいでも「値」でした。日頃おもしろかったことのメモを残しておくと引き出しが増え、聞き手に合った適切なエピソードがうまくプレゼンテーションに組み込めるようになります。みなさんの日常にも笑い話が転がっているはずですので、プレゼンテーションで使えそうな話がないか目を光らせてください。

「私の英語プレゼンテーション」体験談

PART 3

対面プレゼンテーションとオンラインプレゼンテーションは勝手が違います。急にオンラインプレゼンテーションを行うことになり、満足な結果が得られなかったYSさんに、失敗から学んだことを伺いました。

YSさん

年齢層：40代
自称英語力：上級（TOEIC900点台）
業務：市場調査・コンサルティング
よくあるプレゼンテーション場面：
情報伝達型（社内向け研修）、提案型（営業）

YSさんはオンラインプレゼンテーションでちょっとしたトラブルがあったのですよね。そのことについて詳しく教えてください。

当初は対面での講義を依頼されていたので、ワークショップ型で意見を引き出しながら情報伝達型プレゼンテーションを行うつもりで準備していました。しかし急遽、対面プレゼンテーションではなくウェブ配信型のプレゼンテーションで開催することになりました。聞き手の顔が見えるウェブ会議型システムを使ったプレゼンテーションでしたが、聞き手が見えても反応を得にくかったんです。今まで会ったことのある方が参加していたのにも関わらず、初回のオンラインプレゼンテーションでは納得の行く結果を得られませんでした。

対面プレゼンテーションとオンラインプレゼンテーションは共通する部分が多いものの、アンケートを組み込むなどの仕掛けをしたり（→p. 278）、デバイスの画面を介してプレゼンテーションを行う練習をしたりして万全に準備しないと反応を得にくいですよね。

自分としては満足なセミナーにならなかったので、別の日を設定して、再チャレンジさせてもらいました。そのときにいろいろと新しい工夫をしてみたところ、大成功でした。聞き手の反応があったことで、自分も話しやすかったです。

聞き手の反応があると、雰囲気が良くなって一体感が生まれるという点で、圧倒的に発表しやすくなりますよね。具体的にはどのような工夫をなさったのですか。

まずは自分の環境作りをしました。技術面での工夫として、オンライン会議システムに2つのアカウントで別々にログインしました。そして、1つ目のアカウントは発表者としてスライド操作をするために活用し、2つ目のアカウントは参加者の1人として、他の参加者の表情を確認するために使いました。アカウントの使い分けをしたら画面の切り替えの必要性がなくなり、操作で焦らずに済みました。

気持ちにもかなり余裕が生まれたのですね。自分が使うソフトの操作に慣れることは、自分をプロフェッショナルに見せるためにも、余裕と自信を持って伝えるためにもとても大切です（→ p. 280）。聞き手の反応を得るためにもいくつか工夫されたと思うのですが、お話を聞かせていただけますか。

まず、プレゼンテーションの開始時に「準備運動」として、参加するにあたってのお願いと練習時間を取りました。参加者の方には部屋にある赤色のアイテムと緑色のアイテムを用意していただき、緑色は「進行してください」の意味、赤色は「質問があります」の意味で画面に表示してほしいと伝えました。カメラに見せてもらう練習時間も取りました。また、「リアクションは大きめにお願いします！」と事前に伝えたので、反応が得やすかったのではないかと思います。

コンテンツ面では伝えたいことを絞り、構成をシンプルにして、話の範囲を限定しました。多くの情報を伝えたいとは思いましたが、10-15分ごとに振り返りを行う時間を取ることにしたので、どうしてもスライドの情報量は減らさざるを得ませんでした。でも、15分ごとの振り返りのときに質疑応答を入れたことで、聞き手の理解度を確認しながら進行したメリットのほうが大きかったです。

優先順位をつけたことが成功の秘訣だったのですね！　さすがです！　たくさんの情報を伝えても、理解してもらえないのでは、伝えていないも同然です。キーメッセージが何なのか、聞き手の意識を向け、「今はプレゼンテーションのここですよ」と、こまめに伝える（→ p. 283）ことが重要です。今後はオンラインプレゼンテーションが一層増えるのではないかと思います。ワークショップ型では、全員で書き込めるウェブホワイトボードツールなどを使って行うこともできますので、「聞き手を巻き込んで参加してもらうこと」と「確実に情報を持ち帰ってもらえること」に重きを置いて工夫したいものです。

CHAPTER 7

Online Presentations

オンラインプレゼンテーション

オンラインでの応用

Food for Thought

多くの企業の国際部門では昔からテレビ会議システムを使った会議や英語プレゼンテーションが行われていましたが、現代社会においては、誰でも英語プレゼンテーションをする機会を得られるようになりました。さまざまなツールが無料または安価に提供されるようになり、いつでもオンラインプレゼンテーションが行えるどころか、世界の人々に向けたセミナーや公演さえも自由に開催できる時代です。人の心を動かすプレゼンテーションの技術を使い、オンラインならではの事情を考慮して少しプレゼンテーションを工夫するだけで、活躍の舞台は簡単に世界へ広がります！

CHAPTER 7 1

オンラインプレゼンテーションを始める前に

オンラインプレゼンテーションで特に考慮すべきは聞き手の環境

昨今、オンラインのプレゼンーションが急激に増えました。オンラインプレゼンテーションを行ったことがあるまわりのビジネスパーソンに感想を尋ねてみると、**「慣れるまではオンラインプレゼンテーションは対面のプレゼンよりも難しいと感じていた」**という人が多いです。営業のためのプレゼンテーションを日々行っている知人は、オンライン営業を始めて数か月は「全く同じ内容を同じように伝えているだけなのに、**明らかにプレゼンテーションを聞いた人々の満足度が下がっていて**クロージングに待ち込めない」と嘆いていました。実際に聞き手の顔が見えているプレゼンテーションタイプでもこのような状況です。ウェビナー形式では発表者から参加者の顔が見えず、一方的にプレゼンテーションを行います。ウェビナーを届けたことも、受講したこともある私の感覚は**「最初から最後まで集中して聞いているという聞き手はかなり少ないだろう」**です。

オンラインプレゼンテーションが難しいのは、対面のときと違って**ボディランゲージや表情で「聞いてもらいやすい雰囲気」を作ることが難しい**ですし、聞き手側にとっては集中力を保つのが難しい外部要因があるのが大きな理由でしょう。オンラインプレゼンテーションを聞く側の気持ちになると共感できると思いますが、集中力を妨げるさまざまな誘惑に勝てなくなるものです。例えば、スマートフォンが鳴ったりメッセージが届いたりしたとき、対面のプレゼンテーションでは「発表者に失礼にあたる」という心理が働いて、すぐにスマートフォンを取り出してスマートフォンを操作する人は少ないでしょう。どうしても対応しないといけない電話であれば、離席して対応してくれる人がほとんどでしょうから、室内を見渡すと「ほとんどの人が話を聞いてくれている」という状態を維持したまま、プレゼンテーションができます。しかし、オンラインプレゼンテーションでは、**聞き手が別のことをして「ながら聞き」している**可能性が高いのです。オフィスでオンラインプレゼンテーションを見てくれているときにはあからさまな注意散漫状態にはならないかもしれませんが、私が海外の方とオンライン会議をしたときには、子どもとペットが走り回っている自宅から参加している人がいました。この集中しづらい環境はオンラインならではです。

少人数の会議型のプレゼンテーションでは、参加者との会話を挟むこともできて、比較的リアルなプレゼンテーションと似た環境を作り出すことができると思います。しかし、大人数に対するオンラインプレゼンテーションについて、私は、聞き手の環境は「家でテレビを見ている状態」と似ていると考えています。おもしろくなければチャンネルを変えてしまえるように、**聞き手は別のことに意識を向けることができる中、どのように話に耳を傾けてもらうか、そしてその人の心を動かせるかを発表者は常に考える必要があります。**

情報伝達型プレゼンテーションのような情報共有が主目的の場合、聞き手の表情などから何かを推測して話の内容を変更することはないと思います。そのようなプレゼンテーションでは、聞き手が気を遣わないでいいように、カメラをオフにしたり、マイクをミュートにしたりすることを許容し、気遣いを示せば人間関係をより良くすることにつながるかもしれません。このようなときは"You can turn off the camera if you'd like."(カメラをオフにしていただいても構いません) や"You can mute yourself."(ミュートにして大丈夫です) のように伝えます。

反対に、聞き手の反応によってプレゼンテーションの内容を変えていく提案型プレゼンテーションやインスピレーション型プレゼンテーションでは、必ず顔が見えた状態で参加してほしいとお願いすることがあると思います。その場合は、プレゼンテーション開始時に"I know you might not feel very comfortable, but I'd like to ask you to keep your camera on at all times. This will help me deliver valuable information to you."(少し抵抗があるかもしれませんが、カメラを常にオンにしておくようにお願いします。こうすることで、あなたに価値ある情報を提供しやすくなります) と伝えましょう。

運営者側の気持ちでプレゼンテーションツールを準備する

対面のプレゼンテーションを行うときには、話し手が「会社にプレゼンテーションをしに来たお客様」または「講演者」として扱われることが多いものです。特に講演会などではその傾向があり、水やコーヒーが運営者から提供され、すべての機材設営をしてもらって、至れり尽くせりのことがよくあります。しかし、**オンラインプレゼンテーションをするときは、自分も運営側にいる認識をしましょう。**オンラインの環境上では「参加方法がわかりにくかった」「音質が悪い」「映像がきれいに映らない」など**聞き手にとって小さなストレスが発生しがち**です。少しでもこのような聞き手の負担を減らすべく、できる限りの工夫をしてオンラインプレゼンテーションに挑みましょう。聞き手にとっては「落ち着いて話を聞ける会場でセミナーに参加する」よりもストレスの多い状況下で参加しているので、**話し手は対面でプレゼンテーションを行うよりも「おもてなしマインド」を持つ必要がある**のです。

特に通信環境について考えるときには、完全に運営者の立場になり、無事にプレゼンテーションが配信されることを担保する責任があります。通信環境は双方に依存しますが、まずは**自分の通信環境に問題が生じないように念入りに準備しましょう。**有線でLANケーブルをつなぐことができれば、それが一番安定した接続方法です。Wi-Fiを使わざるを得ないときはその場所の日頃の環境が安定していることを確認しておきましょう。私は多少不安があるWi-Fi環境下で重要なオンラインプレゼンテーションをしなくてはいけなかったとき、万が一部屋のWi-Fiがいまいちだった場合に備えて、大容量のポケットWi-Fiもレンタルしておき、予備として手元に置いておきました。安定してプレゼンテーションを届けるために必要な通信速度は、システムのサイトに記載があるはずですので、その情報を参考に、必要以上の高速かつ安定したインターネット環境を整えておく工夫をしましょう。

対面式プレゼンテーションでビデオをよく活用する人は注意が必要です。オンラインでのビデオ配信の場合、ストリーミング再生の負荷がかかります。**聞き手に届く映像と音声は自分の手元で見えているものと異なり、映像がスムーズに流れなかったり、音声がスムーズに流れなかったりします。**自分の画面では問題なく流れている映像が、相手のスクリーンではコマ送りのように静止画風にビデオが流れてしまうのはよくあることです。どうしても映像を見せたい場合は、写真のコマ送りのようになってもわかるような場面切り替えの少ない映像を選び、音声を消してしまうといいでしょう。音声を消せば、自分の声で伝えたいことを映像にかぶせて伝えることができますので、少なくとも音声は無事に届けられるはずです。または、リアルタイムではなく、事前または事後に各々動画を観てもらうのもよいでしょう。動画をオンライン上に置き、そのURLを共有すれば1人ひとりが自分のデバイスで動画を直接観ることができ、プレゼンテーションで使っているシステムを介しません。こうすればいつもどおりきれいに動画を視聴できます。事前に動画を観てもらうようにして、プレゼンテーション時に動画に関するクイズをすれば、聞き手参加型のプレゼンテーションにすることもできます。オンラインプレゼンテーションでは、**「自分に見えているものが必ずしも**

聞き手には見えるとは限らない」ということを念頭に置いておいてください。

オンラインプレゼンテーション用に自分で購入しておくといいものもいくつかあります。対面プレゼンテーション用としてポインターをご紹介しましたが（→p. 179）、**オンラインプレゼンテーション用にも簡単なデバイスを用意しておくことをお勧めします。**対面のプレゼンテーションであれば、設備は会場責任者が用意してくれるのが一般的ですが、オンラインプレゼンテーションでは自分で設備を含めて用意することが多いでしょう。まず用意したいのは**ピンマイク**。数千円の安いピンマイクを通して話すだけで、圧倒的に音声がクリアに届けられます。どうしてもマイクが使えない場合は、大きな会場で話しているようにおなかからしっかり声を出す必要があります。一方、小さな部屋でプレゼンテーションを行う場合は声にエコーがかからないか、また声が割れないか確認することが必要です。自分がパソコンの前にいるからと、小さな声でボソボソと話すと聞き取りにくく、聞き手に大きな負担をかけることになりますし、あまりに大きな声だと反響してしまうこともあるので、案外声の調整は難しいものです。そのため、収納にも困らず安価に購入できるピンマイクを持っておくのは非常に費用対効果が高いと思います。

価格や収納場所が問題にならない場合は、性能の良い大型マイクを買い、オンラインプレゼンテーションでカメラに映り込むように使えばラジオ局のような印象になります。オンライン講演でご一緒した方が大型マイクを置いて話しており、プロフェッショナルな雰囲気が出ていました。大型マイクは目立つので、視覚的に印象づけたいときに特にお薦めです。

ピンマイク

大型スタンドマイク

パソコン内蔵カメラの映像が悪い場合は**外付けの画質の良いカメラ**を使ったほうがいいので、パソコンカメラの写りを確認してください。画像が悪いと、どんなにいいことを述べていても視覚情報が邪魔をしてプロフェッショナルに見えません。画素数のいい外付けカメラの値段は下がっていますし、たまたま自宅にハンディカムカメラがある場合はそれをパソコンにつなぐこともできます。オンラインのプレゼンでは、身振りがあまり映り込みませんので、その分、表情を意識的に豊かにする必要があります。その表情の変化がきれいにカメラに拾われていますか。また、背景がきれいに表示されていますか。カメラが十分な画質かを判断するため、事前確認時にカメラの向こう側にいる運営担当者に確認してください。1人で事前準備を行う場合は、パソコンとスマートフォンやタブレットなど、配信用と視聴用に分けて、自分がどう見えているか確認することをお勧めします。

ハードウェアについては、インターネット環境、マイク、カメラがあればオンラインプレゼンテーションを行えます。それに加えて、必ず必要なのがプレゼンテーションを配信するための**ソフトウェア**。私はよくZoomを使っています。これらに加えて私が活用しているのが**アンケートツール**です。オンラインプレゼンテーションを行うプラットフォーム上にアンケート機能がついていることもありますが、視覚的におもしろいウェブツールを使えば、より魅力的なプレゼンテーションができます。

対面であればプレゼンテーション中に何か質問がないか確認を取りながら進めることができるのに、オンラインだと聞き手とそのやり取りがしにくいことは容易に想像できると思います。少人数向けのオンラインプレゼンテーション、かつ会議形式で聞き手の顔が見える状態であれば、多少は会話をする時間を取ることができます。しかし、顔が見えていても人数が多いと、遠慮があったり、音声が届く時間差によってコミュニケーションがうまく行かなかったりすることもあり、相手の理解度を確認しながら進行するのが難しいです。こんなときにもアンケートシステムが役立ちます。私は結果表示がわかりやすいMentimeterというサービスを活用して参加者の声を集め、参加型プレゼンテーションを行っています。このサービスは有料ですが、参加者が質問を書いておくと、同じ質問がある人は「いいねボタン」のようなものを押すことができ、より多くの人が知りたがっていることが発表者にわかりやすくなっています。また、回答をしたものについては、発表者が「回答済み」にステータスを変えることができるので、次々に質問が上がってきても、整理された状況で質疑応答を進めることができます。

また、私はウォームアップにもこのソフトウェアを使っています。英語研修を行うときには「あなたの一番の悩みは？」のような質問を投げかけると、次々に画面上に各受講生の悩みが表示されます。このことで、参加者は「同じ悩みを持っている人がこんなにいるんだ」「そうそう、まさにそれが知りたい！」など、実際には同じ場所にいない人たちと打ち解けていくことができます。p. 129のCoffee Breakで書いたように、日本人は比較的「じっと聞く」ことに慣れていますが、聞き手の今までの経験によっては集中力を維持してもらうことが当たり前とは行かない場合もあります。「一方通行のプレゼンテーション」は飽きられてしまう可能性が高いですので、このように視聴者巻き込み型のプレゼンテーションを行う工夫をオンライン上でも行うように意識しましょう。

この他、背景にこだわりたい人は仮想背景のみならず、プレゼンテーションのイメージに合う素敵なポスターを用意したりと、いろいろと雰囲気作りのための工夫をしています。良い雰囲気を出すための発表者の工夫は、オンラインプレゼンテーションではより一層光ります。

CHAPTER 7 

2 聞き手を巻き込むプレゼンテーション

「会議形式」でも「セミナー形式」でも聞き手参加型を目指す

スライドの全体的な構成や英語の表記方法などは対面式とおおむね同じです。しかし、多くの人がパソコンのモニターでプレゼンテーションを見ますので、スライドの見え方がかなり異なります。画面サイズが大きな会議室のスクリーンよりも小さいことを考慮し、**スライド上の文字数は少し減らしましょう**。特にスマートフォンで参加する人が多いことが想定される場合は、大型モニターを使う予定のときと比べて半分くらいの文字量のイメージでスライドを作るといいでしょう。聞き手の集中を切らさないために、スライドに動きをつけるべく、アニメーションを設定しましょう。

オンライン会議システムやオンラインプレゼンテーションツールは日々アップデートされているので、**どのような機能があるのか確認しましょう。**スライドを背景に設定し、自分がスライドの前に表示されるように設定することも可能ですが、自分の顔で文字を隠してしまわないように、スライドレイアウトをあらかじめ考えておく必要があります。レイアウトを考慮して作れば放送大学などの授業のような印象になり、プロフェッショナルな印象を与えられます。使うツールが変われば、機能も変わります。スライドを作り込む前に、どのような機能があって、どのように使うか戦略を練っておきましょう。

オンラインプレゼンテーションは2種類あります。**聞き手の顔が見える「会議形式」と、聞き手の顔が一切見えない「セミナー形式」**です。私は両方のタイプのオンラインプレゼンテーションを行っていますが、会議形式のプレゼンテーションは、参加者を知っている場合はさほど対面式と変わらない印象です。聞き手に質問を投げかけることもできますので、対面プレゼンテーションと同じような形で聞き手を巻き込んだプレゼンテーションを行うことができます。

しかし、セミナー形式タイプは誰も見えないうえ、何も反応がないので、話しづらく感じる方も多いでしょう。聞き手は受け身で参加していることが多いので、対面プレゼンテーションと比べるとより一層わかりやすさを求めています。**一方的に話をするタイプのセミナー形式プレゼンテーションは、討論会のようなテレビ番組の画面を参考にスライド作りをするとわかりやすくなります。**例えば、テレビ画面の左上に「グローバル人材とは？」といった「お題」がテロップで出ていて、出演者がパネルを使って説明しているような場面をよく観ます。そのようなスライド構成にすると、聞き手は見慣れた構成のスライドで安心しますし、集中力が途切れてしまったり、離席したりして戻ったときに、すぐに何の話をしているかを理解することができます。英語は日本語よりも文字数が長くなりがちなので、短くまとめる必要があります。Chapter 2 Introductionのタイトル作成解説（→ p. 32）を参考にテロップを作成してください。

顔が見えないセミナー型のプレゼンテーションを行うときにぜひ取り入れていただきたいのが、前述した「**リアルタイムアンケート**」。「人が画面越しにいる感覚」がないと、話していても気持ちを高めて話しにくいものです。こうしたアンケートを使って聞き手の意見を聞くことで、画面の先に人がいると感じることができ、どのような人たちが視聴してくれているのか、またどのようなことに関心を持っているのかを垣間見ることができます。"I'd like to learn a little bit about you."「少し、あなたのことを知りたいです」や"Now, I'd like to hear your thoughts."「これからみなさんの考えを知りたいと思います」などと伝えてから、アンケート機能を使って聞き手の声を集めます。こうして聞き手との心理的な距離を縮めましょう。

英語学習向けのセミナーであれば、私は「今、一番頑張っている英語学習は4技能のうちどれですか？」と聞いて、「A. Listening　B. Reading　C. Speaking　D. Writing」のような4択のアンケートを取ることもありますし、講演の冒頭で「How are you?」と尋ねて、チャットボックスに英語でコメントをもらうこともあります。I'm fine. の回答がたくさん揃えば、初心者が多く参加していることがわかります。このように、少しでも聞き手のことを想像できる情報が集まると話がしやすくなります。早めに参加してくれた人に"What kind of information are you hoping to take away?"「どのような情報を持ち帰りたいと思っていますか」といった質問をして、開始時間になるまでコメントを集めることもあります。こうすることで、どんな聞き手に対して何を伝えるべきかがより明確になりますので、話の内容をその場でカスタマイズすることができます。

必ずしも発表者がオンラインプレゼンテーション用のプラットフォームを選べるとは限りませんが、**できればアンケート機能が搭載されたものを選び、聞き手を巻き込んだプレゼンテーションを行いましょう。**目安としては10-15分に1回はアンケートを実施すると集中力が途切れず、聞きっぱなしで飽きることもなくていいでしょう。また、当たり前のことではありますが、忘れがちなのが、ウェブ会議システムやウェビナーツールのソフトウェアが頻繁にアップデートされること。便利な機能が日々追加される一方で、ボタンの位置や色が変更になり、慣れていた操作方法がある日突然変わってしまうことがよくあります。必ず前日に操作練習をして臨みましょう。

CHAPTER 7 

オンライン特有の表現

オンラインプレゼンテーションでは言葉の力がより発揮される

オンラインプレゼンテーションではボディランゲージがあまり使えません。手を動かしたくらいでは、対面でプレゼンテーションを行うようなダイナミックなメッセージを発信できません。また、部屋を動き回り、聞き手に物理的に近づくこともできません。

スクリーン上ではスライドを見せているため、話し手の顔は画面の隅に小さく映っているか、場合によっては音声だけで内容を届けなくてはいけません。パソコンの画面上で自分がアイコンになって、動き回っているように見せることができるソフトウェアもあります。Zoomには話し手の表示場所や表示サイズを変更できる機能も搭載されています。オンラインプレゼンテーションに慣れてきたら、そのようなツールを活用し、ときには自分の姿を拡大したり、ときには自分の姿を隠すなどしてスライドのテキストに集中してもらうことが可能です。このようなビジュアル面の工夫は自分が使うツールに依存するので、プレゼンテーションの主催者によってツールが指定されている場合などは制約があるかもしれません。どれだけビジュアルの工夫ができるかによって言葉の重要性が変わってきますので、総合的に考えましょう。

一般的にWi-Fi環境が悪い場合、画面が止まってしまっても声だけは届くことがあります。つまり、オンラインプレゼンテーションで一番安定して使えるのは音声です。**言葉によって伝えることがより一層重要**なので、プレゼンテーションの構成をロジカルにし、わかりやすい言葉で伝えるように、何度も練習してください。また、自信を持って言葉で伝えられるように十分に事前練習をしましょう。音質が悪くなる可能性があるオンラインプレゼンテーションでは、**英語ならではのイントネーションがより重要になってきます**。メリハリをつけて話し、早口にならないように注意しましょう。"If you have a hard time hearing my voice or understanding me, please let me know by messaging me."（私の声が聞き取りにくい場合や理解ができない場合、メッセージを書いて知らせてください）と伝えておけば、音声が悪いときや発音の問題などで聞き取れないときに知らせてもらうことができます。聞き取れないという申し出があった場合の対応方法として、資料を見せながら再度口頭で伝えるか、チャットボックスに補足事項を書き込んで送ることができます。補足事項を書き込む場合は、“I'm sorry there's been issues with the sound. Let me write the key points in the chat box.”「音声に問題があり、申し訳ありません。チャットボックスに主要な点を書き込ませてください」と伝えてから書き込みましょう。

オンラインプレゼンテーションでは、**対面プレゼンテーションのとき以上にアジェンダのどこにいるかを強調する**ことも重要です。“We just talked about ～. Now we're going to discuss ～.”（～について話しました。今から～について話します）のように具体的に述べる頻度を増やす必要があります。また、ちょっと前のことであっても、大切なことは聞き逃している人がいる可能性を考慮して、“I mentioned a few minutes ago ～.”（数分前には～について述べました）のように再度伝えましょう。集中力がとぎれやすいオンラインプレゼンテーションだからこそ、聞き手にこまめに現在地を伝え、復習のための一言も取り入れていくことが迷子を減らすコツです。これらの考え方やコツについては本書の中で紹介しているので、復習してからオンラインプレゼンテーションに挑みましょう。

またオンラインプレゼンテーションでは、ボディランゲージも1人ひとりとのアイコンタクトもメッセージを伝えるのにほとんど役立ちません。対面のプレゼンテーションであれば、参加者全員と目が合うようにアイコンタクトを取りますが、オンラインプレゼンテーションでは目線は固定しなくてはいけません。**常にカメラ目線**を意識しましょう。これが案外難しいものです。自分が話すために参考にしているスライドを見る時間も最低限にしないといけませんし、もし聞き手の顔が見える場合は、ディスプレイに表示された人たちの顔を見てもいけません。画面の聞き手の顔ではなくカメラを見ることにより、聞き手とは画面越しにまっすぐ目が合うので、この非常に不自然な状態に慣れる必要があります。私はオンラインプレゼンテーションを始めてすぐ、**カメラの位置がわかりやすいように赤いシールをつけておき、そこを見るように注意**していました。習慣化するまではそのような工夫をするといいでしょう。

もし可能であれば、セミナーの運用担当者、つまり画面操作を担当する人を作り、その人にアンケート操作などを協力してもらいましょう。発表中はカメラから目を離さないほうがいいのですが、操作をするときにはついつい手元を見がちです。このことが印象に悪影響を与えるので、操作を人に任せたほうが聞き手から目線を話さずに話すことができます。

また、**非常に大切なのがカメラの位置が自分の顔の真正面に来るように、パソコンの高さを調整すること。**高さを調整するためのパソコン台が販売されていますが、相手にはパソコンの下は見えませんので、ちょうどいいサイズの段ボールや本を積み重ねてパソコンの下に入れることでも代用できます。顔の高さがカメラの位置に合っていないと、下から映ったあごが見えてしまったり、天井のライトが映り込んで見づらかったりするので注意が必要です。また、パソコンの前にいるとついつい体が縮こまりがちなので、胸を張って背筋をまっすぐにして座りましょう。英語プレゼンテーションでついつい前のめりになってお辞儀をしているような姿勢にならないよう気をつけましょう。

カメラで一番よく映るのはボディランゲージではなく、表情です。日本語はあまり表情筋を使わずに話せる言語ですので、あまり表情豊かに話すことに慣れていない人が多いのですが、**英語を話すときには意識して口や目を開いて、表情にバリエーションをつけてください。**特に歯を見せた笑顔は小さな画面でもわかりやすいので、参加のお礼を伝えるときなどは歯を見せて笑顔を示すと感情が伝わりやすく、効果的です。笑顔の回数を増やすことに加えて、参加者にはどんどん言葉で気持ちを伝えましょう。“I'm happy so many of you are interested in this topic.”（こんなにも多くの人がこのテーマに関心を持ってくれて、嬉しいです）やI'm disappointed I can't meet you today, and I'm really looking forward to seeing you in the near future.（今日はお会いできなくて残念な気持ちなのですが、近い将来会えることをとても楽しみにしています）など、対面プレゼンテーションだったならボディランゲージで伝えられていたことを言語化し、気持ちを言葉で伝えてください。

パソコン操作に関連する表現を準備しておく

Chapter 5 Deliveryで、沈黙をうまく活用する方法を紹介しました（→p. 214）。オンラインでは意図せずとも、インターネットの回線状況で沈黙が発生してしまうことが多く、**過度な沈黙が人々にストレスを与えています。**そのため、少しでも**「無駄な沈黙」を減らす**ために、スライドを共有するときなどのパソコン操作時に長い沈黙が発生しないように配慮しましょう。“I'm going to share my slides with you now.”（今からスライドを共有します）などと**話しながらパソコンを操作すると沈黙時間を最小限にできます。**

パソコンを操作しているときにはどうしても目線が手元に行きがちです。聞き手の目を見ることをやめてしまっている間は、"I'm going to take a survey now."（今からアンケートを取りますね）のように、何をしているかを言語化すると、操作をスムーズに行っている印象を与えられ、自信を持ってプレゼンテーションを行っているように見えます。対面のプレゼンテーションでは立ち振る舞いから自信のある雰囲気を出すことができますが、オンラインではそれができない分、言葉で自分がプレゼンテーション全体をうまく仕切っている印象を与えましょう。I'll 〜.（〜します）やLet me 〜.（〜させていただきます）の表現を使い、これから行うことを伝えれば、プレゼンテーションをコントロールできている印象を与えることができます。

複数の人で画面操作をしているときには、画面共有権限を譲ってもらう必要があります。画面切り替えがスムーズに行かないとき、あたふたしているように見えないよう、**英語で "Can you give me the admin rights to share my screen?"（画面共有権限をください）と言えるように練習しておきましょう**（各種表現は本書の後ろのENGLISHを参照）。また、場合によっては運営担当者がいて、その人に指示を出さないといけないかもしれません。どのような体制でプレゼンテーションを行うのかを事前に確認し、必要になりそうな表現はすべてメモして、緊張してわからなくなってしまった「もしも」のときのために手元に置いておきましょう。

ときには聞き手にソフトウェアの操作をお願いしなくてはいけないかもしれません。特に質疑応答の際は、チャットボックスにコメントを書いてもらうか、またはマイクをオンにして質問してもらいますので、"Could you type your response in the chat box at the bottom of your screen? It has a speech bubble icon."（スクリーンの下のほうにあるチャットボックスに回答を入力していただけますか。吹き出しのアイコンです）のように英語の依頼表現を使い、アクションを明確に求めましょう。聞き手の中にはプレゼンテーションツール操作に慣れていない人もいるでしょうから、詳細に伝えることが大切です。画面上のアイコンを英語でどのように表現するか、使うツールの画面を見ながら事前に確認しましょう。"Do you see the three dots in the bottom right corner? Click on that."（右下に3つの点が見えますでしょうか。それをクリックしてください）のように、聞き手に画面操作方法をどう伝えるかを考え、練習してからプレゼンテーション当日を迎えてください。そうすれば、プレゼンテーション中に慌てることがなくなります。

集客とフォローアップを意識した英語を使う

　これは英語プレゼンテーションに限ったことではないのですが、リアルな会場に足を運ぶ必要がない分、自分で集客をする場合にはちょっとしたインセンティブをつけることで、プレゼンテーションに来てもらえる可能性は高まります。「何かもらえる」というとき、「電車に乗ってそれを取りに行かないといけない」のと「ワンクリックでオンラインでもらえる」のとでは、明らかに後者のほうがハードルが低いためです。Chapter 6 Speaking StrategiesのENGLISH（→p. 260）で紹介したようなpower wordsを使い、例えば“Attend an online seminar and get a free 30-minute online consulting service. Limited offer only.”（オンラインセミナーに参加して30分間の無料オンラインコンサルティングをもらいましょう。期間限定のキャンペーンです）と伝えたとしましょう。セミナーも無料コンサルティングもオンライン実施なので、参加するのに移動時間がかかりません。また、興味が持てなければ接続を切ってしまえばいいと考える人も参加してくれるかもしれません。power wordsは、プレゼンテーションの聞き手のための集客にも使えるのです。

　プレゼンテーション後にアンケートを行いたい場合、これをオンラインで行おうとすると、一般的に回収率は下がるものと考えたほうがいいでしょう。対面型プレゼンテーションの会場では、退出前にアンケート記入をお願いするとき、丁寧に書いている人が1人でもいれば、まわりの雰囲気に影響されて、聞き手全員がある程度は協力してくれます。しかしオンラインプレゼンテーションの場合はボタン1つで画面を切ってしまうことができるので、営業用のプレゼンテーションであれば、アンケートの提出者向け特典をつけるなど、フォローアップのための連絡がしやすいようにインセンティブを考える必要があります。

　時間が長いプレゼンテーション中は、退出されないように何度も「最後まで残ってアンケートに記入すれば聞き手にメリットがある」ということを伝える必要があります。“I'll show you how to get your free trial account at the end of the presentation. You can let us know your email address through our survey.”（無料トライアルアカウントの取得方法をプレゼンテーションの最後でご案内します。アンケートのご記入でEメールアドレスをご登録いただけます）のように伝えます。情報伝達型の学会発表であれば“I can send you the file I'm showing on the screen now if you fill out the survey at the end of the presentation.”（プレゼンテーションの最後にアンケートにご記入いただければ、今スクリーン上でお見せしているファイルをお送りできます）と伝えると、最後まで残ってもらえる可能性が高まるでしょう。

　このように、オンラインプレゼンテーションでは言語問わず、対面式プレゼンテーションと異なる工夫をすることが求められます。貴重なオンラインプレゼンテーションが失敗に終わらないように、事前準備は対面プレゼンテーション以上に念入りに行ってください。オンラインプレゼンテーションで人の心をつかむことができれば、比喩ではなく、本当にあなたの活躍の場が世界に広がります。

ENGLISH

スライド共有に関する表現 TRACK 93

・**Let me share my slide.**

スライドを共有させてください。

・**Please give me a second to share my screen.**

私の画面を共有するまで少々お待ちください。

・**Can you see my slide?**

スライドが見えますか。

・**You should see the title page now.**

タイトルページが見えているはずです。

・**Can I take over the screen-share now?**

画面共有を代わらせていただけますか。

※他の人がすでに画面共有中の場合に使う表現。

・**Can you give me the admin rights to share my screen?**

私が画面共有できるように、ホスト権限をいただけますか。

※画面共有ができない場合に運営者に伝える言葉。

・**If you want to see the full slide, click on the icon next to the participants' view. You can hide the participants so you can see the slide better.**

スライド全体をご覧になりたい場合は、参加者ビューの横のアイコンをクリックしてください。参加者のみなさんを非表示にして、もっとよくスライドが見えるようになります。

・**Please click on the icon at the top to change the display layout.**

表示レイアウトを変更するためには、上にあるアイコンをクリックしてください。

音に関する依頼事項 TRACK 

・**You can mute yourself.**

ミュートにしても大丈夫です。

・**Could you mute yourself, please?**

各自ミュート（消音）にしていただけますか。

・**You're muted. Could you turn on the microphone?**

今、ミュート（消音）状態ですよ。マイクを入れていただけますか。

※相手に話してもらいたい場合。

・You got cut off for a few seconds. Can you ask the question again?
数秒音声が途切れました。もう一度質問をしてもらえますか。

・I'm going to play an audio file. Please adjust your speaker volume.
これから音源をかけます。自身のスピーカーの音量を調整してください。

・If you have a hard time hearing my voice or understanding me, please let me know by messaging me.
私の声が聞き取りにくい場合や理解ができない場合、メッセージを書いてお知らせください。

・I'm sorry there has been issues with the sound. Let me write the key points in the chat box.
音声に問題があり、申し訳ありません。チャットボックスに主要な点を書き込ませてください。

カメラに関する依頼表現 TRACK 95

・I know you might not feel very comfortable, but I'd like to ask you to keep your camera on at all times. This will help me deliver valuable information to you.
少し抵抗があるかもしれませんが、カメラを常にオンにしておくようにお願いします。こうすることで、あなたに価値ある情報を提供する助けになります。

・You can turn off the camera if you'd like.
カメラをオフにしていただいても構いません。

動画に関する依頼表現 TRACK 96

・I'll show you a short video clip. It might not play well, but I'm hoping you can get an idea of what I'm talking about.
短い動画をお見せします。うまく表示されないかもしれませんが､私が話している内容のイメージが湧くことを願っています。

・In the chat box, I'm sending you a link to the video. You can take a look later for a better view.
チャットボックスに動画のリンクを送っています。後ほど、より快適にご視聴いただくのにご活用ください。

・I'm recording this presentation, so if your internet connection is poor, you can watch the video later.
このプレゼンテーションは録画していますので、あなたのインターネット環境が悪い場合は、後で動画が観られます。

オンラインプレゼンテーション中のアンケートに関連する表現 

- **I'd like to learn a little bit about you.**
  もう少しあなたのことを知りたいです。
- **Now, I'd like to hear your thoughts.**
  これからみなさんの考えを知りたいと思います。
- **I'm going to take a survey now.**
  今からアンケートを取ります。
- **I'd like to ask for your participation. You should see a question on your screen, so please answer that question.**
  みなさんに参加をお願いしたいと思います。スクリーン上に質問が見えると思いますので、その質問に答えてください。
- **What kind of information are you hoping to take away?**
  どのような情報を持ち帰りたいと願っていますか。
- **Could you type your response in the chat box at the bottom of your screen? It has a speech bubble icon.**
  スクリーンの下のほうにあるチャットボックスに回答を入力していただけますか。吹き出しのアイコンです。
- **Do you see the three dots in the bottom right corner? Click on that.**
  右下に3つの点が見えますでしょうか。それをクリックしてください。
- **Let's take a look at what everyone said. Here are the results.**
  みなさんがどうおっしゃっているか確認しましょう。これが結果です。
- **I see. Many of you agree on this point.**
  そうですか、多くのみなさんがこの点に同意されているんですね。
- **This is actually surprising. I thought more people would lean towards Option B.**
  この結果には実は驚きました。もっと多くの人が選択肢Bのほうをお好みだと思いました。
- **I'll show you how to get your free trial account at the end of the presentation. You can let us know your email address through our survey.**
  無料トライアルアカウントの取得方法をプレゼンテーションの最後でご案内します。アンケートのご記入でEメールアドレスをご登録いただけます。
- **I can send you the file I'm showing on the screen now if you fill out the survey at the end of the presentation.**
  アンケートにご記入いただければ、今スクリーン上でお見せしているファイルをお送りできます。

CHAPTER 8

Final Tips

スライド例

良い講演者になるための最後のヒント

Food for Thought

「学生時代に『英文を見て日本語の意味を確認して終わり！』という英語の勉強をしてきた人にとっては、英語でプレゼンテーションを考えて、英語で発表するのは悪夢のようなことだ」と、ある生徒さんが言っていました。はじめはそう感じても、悪夢から夢のような素敵なサクセス・ストーリーが生まれるかもしれません。学生時代の錆びついた英語を使いこなせるようにトレーニングし、プレゼンテーションの基本構成に沿って話を組み立て、そこに自分らしさを少し加えれば､素敵なプレゼンテーションができあがります。そして、輝くメッセージは人の心を動かします。今のあなたのプレゼンテーションに欠けていることは何でしょうか。チェックリストを活用し、身につけたいスキルを可視化しましょう。必要としているいくつかのスキルを身につければ、人の心を動かす立派な講演者へと成長します。

CHAPTER 8 1 3タイプのプレゼンテーション例

本書ではプレゼンテーションを「情報伝達型」「提案型」「インスピレーション型」の3つのタイプに分けて構成方法の例を挙げました。以下のプレゼンテーションでプレゼンテーションの流れを再確認し、発音を練習してみましょう。それぞれがIntroductionとMain Body、そして短いEndingというミニプレゼンテーションになっています。

ミニ情報伝達型プレゼンテーション例 TRACK

【目的】プロジェクト進捗報告
【場所】社内
【持ち時間】3分
【発表者】SNS広告プロジェクト担当者

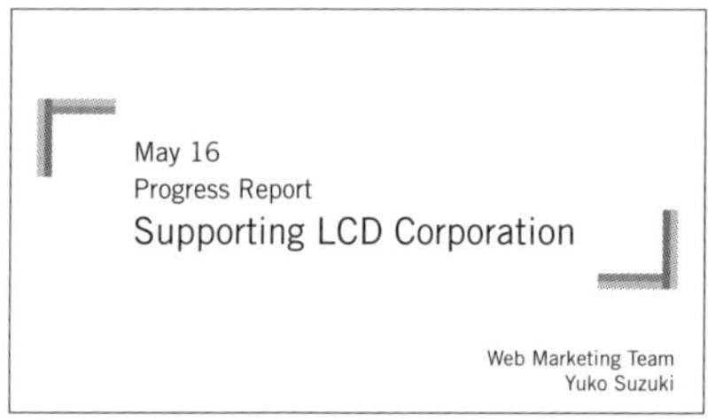

(Introduction)

Although we have limited information for you today, on behalf of the web marketing team, I'd like to report about the progress seen on our project supporting LCD Corporation.

限定された情報しか今日はないのですが、マーケティングチームを代表して、LCDコーポレーション社を支援するプロジェクトの進捗について報告します。

Project Overview

Term	April 1–June 30
Target	・women ・30s and 40s ・interested in cooking
Type	video ads
Budget	$10,000/month
Conversion rate goal	10%

(Main Body)

Please take a look at the overview. This is a typical project aiming for better brand recognition and sales improvement through ads on the Facenote SNS platform. We are about six weeks through the three-month project to help boost LCD's cookware sales. The main target is women in their 30s and 40s who are interested in cooking.

概要をご覧ください。これはフェイスノートというSNSプラットフォーム上でブランディングと売り上げ向上を目指すための一般的なプロジェクトです。LCDの調理グッズの売り上げを伸ばす3か月のプロジェクトは、6週間ほど経過したところです。主なターゲット層は料理に興味がある30代と40代の女性です。

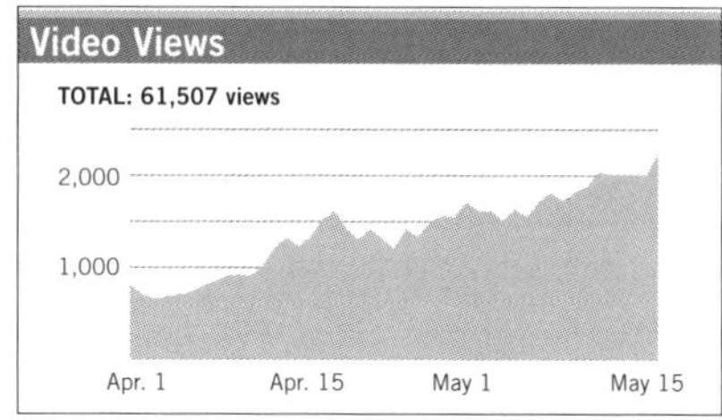

(Main Body)

This slide shows you the number of viewers who played our video for more than 5 seconds. As you can see, the number of people accessing the video per day has been increasing steadily because of viewers sharing the video. We have over 61,000 views now. This is pretty good compared to similar products we've promoted in the past, so I believe we're on the right track. We have not yet received information from LCD regarding the number of customers visiting their online store or their sales results. They said that they will send us

the information on the 20th, so I hope to share that information with you in our next meeting.

このスライドは我々の動画を5秒以上視聴した人の数値を表しています。視聴者が動画をシェアしているので、ご覧になってわかるように、動画を視聴している人の1日あたりの数が順調に増加しています。現在までに61,000回以上の視聴がありました。過去に販促した類似商品と比べるとかなり好調ですので、順調に行っていると信じています。LCDからはまだ、オンラインストアへの流入や売上結果の情報を受け取っていません。LCDは20日にデータを送ってくれると言っていましたので、次回の会議にはその情報を提示できることを期待しています。

(Ending) ※3分の発表なので、Endingスライドは割愛されています。

Again, I believe we are off to a great start and the number of people viewing our video is increasing steadily. Thank you. Any questions?

繰り返しになりますが、当社はいいスタートが切れたと思っており、動画の視聴者数は順調に増えています。ありがとうございました。ご質問はありますでしょうか。

※このプレゼンテーションはわずか3分の定例会議内でのプレゼンテーションを想定しています。このような短時間のプレゼンテーションでは、Summaryスライドは不要です。強調したいことを再度述べたうえでお礼を述べ、時間があれば質問を受け付けましょう。

ミニ提案型プレゼンテーション例 TRACK 99

【目的】サービスの紹介（営業）

【場所】潜在顧客先

【持ち時間】最大20分（プレゼン10分＋ヒアリングやQ&A）

【発表者】ABC Corporation営業担当者

A Cost-Effective Solution
Introduction to My-Assistant

Brian Yamazaki
ABC Corporation

(Introduction)

Thank you for your time. I came here hoping that I can offer some valuable information to help grow your business. Today, I will talk about our new service called My-Assistant. It is a cost-effective solution for busy people like you. First, I will introduce myself and our company, and next, I will discuss some of the challenges we hear about from small business owners like you. My main goal is to convince you that our new service, My-Assistant, can provide you valuable support. I'm also hoping to hear a bit from you if you are facing any of these challenges yourself. I have set aside some time for Q&A at the end, but feel free to ask questions during my presentation.

お時間をいただき、ありがとうございます。あなたの事業を拡大するために有益な情報を提供できることを願いながら、こちらに伺いました。本日は弊社の新サービスである「マイアシスタント」についてお話しします。あなたのようにご多忙な方向けの、費用対効果の高い解決策です。まず、自己紹介と弊社についてのご紹介をいたしまして、次に皆様のような小規模企業の経営者のお客様からお伺いする大変なことについて述べたいと思います。私の主な目的は、新サービスであるマイアシスタントがあなたにとって価値ある支援をご提供できるのだとご理解いただくことです。また、お客様ご自身がそのいずれかの課題に直面していないか、少しお話を伺えればと願っています。質疑応答の時間を最後に取ってありますが、プレゼンテーションの間にもお気軽にご質問ください。

Introduction

Brian Yamazaki

- Senior sales consultant
- Business process improvement specialist
- Former small business owner

ABC Corporation

- Founded in 2010
- Headquarters in Los Angeles
- Offices in 5 countries

(Introduction)

Before I begin, I'd like to quickly introduce myself. We've been corresponding by email, but again, I'm Brian Yamazaki and I am a senior sales consultant at ABC Corporation. I used to run a small business before I joined ABC Corporation, so I know the excitement of running your own business as well as the overwhelming amount of work you have to do yourself. I joined ABC Corporation eight years ago, which was a few years after the company was founded. As you may already know, our headquarters is located just about 30 minutes from here in the city of Los Angeles, and we have five global offices: here in the US, as well as in China, France, Brazil, and India. The company started off as a consulting company for manufacturers, but now we offer services across all industries.

本題に入る前に、簡単に自己紹介をさせていただきます。メールでやり取りをさせていただいており再度のご挨拶となりますが、私はブライアン・ヤマザキと申します。ABCコーポレーション社のシニアコンサルティング営業職です。ABCコーポレーション社に入る前は小さな会社を経営しておりましたので、会社経営の楽しさも、自分でこなさなくてはならないとてつもない業務量も知っています。私は8年ほど前にABCコーポレーション社に入社しました。弊社が創業して数年後のことです。ご存じかと思いますが、弊社の本社はここから30分ほど離れたロサンゼルス市にあり、事業所は世界に5つあります。ここアメリカと中国、フランス、ブラジル、そしてインドです。弊社は製造会社向けのコンサルティング企業として創業しましたが、現在ではあらゆる業界向けのサービスを提供しております。

(Main Body)

So, without further ado, let me get to my point. Today I would like to quickly introduce our new service My-Assistant. It offers convenient services 24-hours-a-day. We answer calls, respond to emails, and translate documents on behalf of business owners. Currently, we offer full services in four languages: Japanese, English, Chinese, and French. As I mentioned, we offer our services 24-hours-a-day, which is possible because we have offices in five countries in different time zones. If you don't mind, I'd like to ask you a question: How many hours per month do you spend answering emails and phone calls? Any idea? (回答を待つ) **I see.**

それでは早速、本題に入らせてください。本日は弊社の新しいサービスであるマイアシスタントを紹介させていただきたいと思います。毎日24時間、便利なサービスをご提供しております。我々は、経営者の皆様の代わりに電話対応し、メールに返信し、そして書類の翻訳を行っています。現時点では日本語、英語、中国語、そしてフランス語の4か国語でこれらのサービスを提供しています。先ほどお伝えしたように、毎日24時間サービスを提供していますが、これは異なるタイムゾーンの5か国に事業所があることで実現しています。よろしければ質問させてください。毎月、Eメールや電話対応に何時間くらいかけていますか。いかがでしょうか。そうですか。

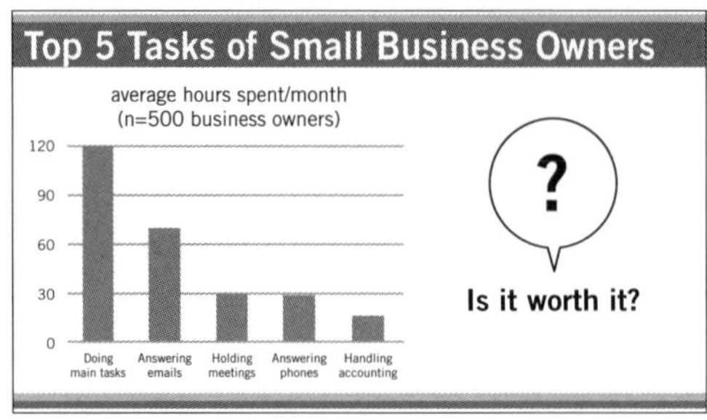

(Main Body)

Please take a look at this graph. This is based on our survey. We asked 500 small business owners how much time they spend on certain tasks. The average time spent on emails and phone calls adds up to about 100 hours per month. That's a lot, isn't it? Of course, only you can answer some of the messages because you need to make important decisions yourself. However, talking to other business owners, it was pretty clear that almost half of all correspondence had to do with making appointments or handling documents such as invoices, which are all things that can be done by assistants. For example, I contacted you through your website to get to see you today. How much time did it take out of your schedule to arrange our meeting? Wouldn't it be nice if someone else made those arrangements for you? The question is, how much would you be willing to pay if you could outsource tasks such as setting up appointments or going through the emails coming to your website? Any thoughts? No? That's OK.

このグラフを見てください。これは弊社のアンケートに基づくものです。500人の小規模企業のオーナーに、各タスクにどのくらいの時間をかけているか尋ねました。Eメールと電話対応にかかる時間は平均して毎月100時間くらいでした。かなり多いですよね。もちろん、ビジネス判断が必要なため、あなたにしか返信できないメッセージもあります。しかし、他のビジネスオーナーと話をした中で、半分くらいのやり取りはアポイントを取ることや請求書などの書類を処理するようなことに関連していました。このようなものはアシスタントが対応可能です。例えば、私はあなたに今日会うためにウェブサイトから問い合わせをしました。その私のアポイントに対応する時間はどれだけかかりましたか。他の人が手配をしてくれたら素敵ではないでしょうか。ではお伺いします。アポイントを取ったり、ウェブサイト経由のEメールに対応したりする作業の外注にいくらなら払う気になりますか。ご意見はありますか。ありませんか。大丈夫ですよ。

Cost

Monthly charge	from $380 (plus tax)
Term	・monthly payment ・sign-up deadline: 15th of each month
Payment method	credit card
Sign-up	online

reasonably priced

*discount available for long-term contracts

(Main Body)

Here's the information regarding the cost. Our basic plan covers supporting five email accounts or phone numbers. You can mix and match, so if you have your own phone line and email address, that's two accounts. Maybe you want to add the info@ email address and that's your third account. The basic plan is $380 a month and you need to sign up by the 15th of each month to use our service the next month. Registration can be done on our website and you can choose to be on a regular billing schedule. In other words, you can choose to use our service just for a particular month when you are especially busy, or you can continue to use our service all year round. This gives you the flexibility to manage your budget. We do give a long-term contract discount, so if you continue to make payments for 12 consecutive months, you will get a 50% discount on the next month. So now, I'd like to hear a bit from you and see if you have any present concerns with your administrative tasks. I can also answer any questions you may have about our services. (ディスカッションに入る)

これが費用に関する情報です。ベーシックプランは5つのEメールか電話(の代行業)を含みます。組み合わせできるので、専用電話回線とEメールアドレスがあれば2つです。info@のEメールアドレスを追加すれば、これが3つ目になります。このベーシックプランは月々380ドルで、翌月サービスをお使いいただくのに毎月15日までにお申し込みいただく必要があります。申し込みはウェブサイト上で行うことができ、自動請求予定を選択することもできます。別の言い方をすると、特に忙しい月に1か月だけ我々のサービスをご利用いただくこともできれば、年間を通して継続して使うこともできます。こうして、予算管理を柔軟に行うことができます。長期契約割引もご提供しておりますので、12か月連続で支払いいただければ、翌月には50%の割引となります。では、少しあなたからお話をお伺いして、事務作業で何かお困りのことがないかお聞かせいただければと思います。また、弊社のサービスに関する質問にもお答えいたします。

(Ending)

Thank you for all your comments. I know you're busy and we're running out of time, so I want to quickly conclude by saying you should be able to focus on what you do the best. Don't waste too much time doing something that someone else who is not as talented as you can do. We're here to support you. We do have a one-month-free trial program and we would love for you to take advantage of it. Would you like to give it a try? （No.と言われた場合）**Well, please give it some thought and let me know when you're ready to take advantage of the opportunity. Thank you very much for taking some time out of your busy schedule today. It was great speaking with you.**

たくさんのコメントをありがとうございました。あなたが忙しいのは知っておりますし、時間がなくなりそうなので、あなたはご自身が最も得意とすることに集中できるようにすべきだと述べて、終わりとさせてください。あなたほど有能ではない人でもできることに時間をかけすぎないでください。あなたの支援をするために私たちがいます。1か月の無料プログラムがありますので、ぜひご活用いただきたいと考えております。試してみませんか。では、少しご検討いただき、その機会を活用するご準備ができましたらご連絡ください。本日は忙しいスケジュールの中からお時間をいただき、本当にありがとうございました。あなたとお話しできて本当によかったです。

※このプレゼンテーションは聞き手に20分しか時間をいただけなかった想定ですが、時間がもっともらえるときには活用事例のスライドを加えるとなおよいでしょう。

ミニインスピレーション型プレゼンテーション例

TRACK 100

【目的】ワンポイントアドバイス（例：英語学習者向け動画）
【場所】e-learning講座のコンテンツ
【持ち時間】3分半
【発表者】プレゼンテーション講師

(Introduction)

Hello, everyone! How is your studying going? My name is Jane Yamamoto and I will be your instructor for this video presentation. I hope your e-learning experience has been smooth so far. Now that you've learned a lot of English expressions, I would like to encourage you to start using them. You will learn some tips on how to give a presentation later in the e-learning course, but today, I want to talk now about the importance of starting to practice speaking and trying to use the English that you've learned.

みなさん、こんにちは。学習は順調でしょうか。私はジェーン・ヤマモトと申します。このビデオプレゼンテーションの講師を務めます。あなたのEラーニングの体験が今のところ順調であることを願っています。多くの英語表現を学習した後は、それをぜひ使ってみましょう。このEラーニングコースで、後日プレゼンテーションの仕方について学びますが、今日は話す練習を始めることと、学んだ英語を使ってみる重要性について話したいと思います。

(Main Body)

Take a look at this young girl. She's learning how to ride a bicycle. She's already fallen many times, so now she's scared and not very confident. She's telling her dad, "Don't let go!" I'm sure many of you have the experience of learning how to ride a bicycle in your childhood, so you should be able to relate to this girl. And with enough practice, she starts feeling more confident and one day, the father lets go of the bike, and voila! She's riding a bike by herself! Learning how to use a language is like learning how to ride a bike. You can never learn how to ride a bike without trying to do it. Just reading a book about how to ride a bike will not get you there.

この小さな女の子を見てください。彼女は自転車に乗る練習をしています。何度も転んだので、怖くて自信がありません。お父さんには「離さないでね！」と言っています。多くの方が子どもの頃に自転車に乗ることを学んだ経験があるでしょうから、この女の子に共感できるはずです。十分に練習すると彼女は自信がついてきて、ある日父親が自転車を離します。するとどうでしょう！彼女は自分の力だけで自転車に乗っています。語学学習は自転車に乗る方法を学ぶのと似ています。練習せずに自転車に乗れるようにはなりません。自転車の乗り方の本を読むだけではゴールにはたどり着けないのです。

(Main Body)

Now, think about what you are doing. You've studied a lot of words and phrases and have been brushing up your grammar skills. Have you used all that English? No? Well, that's problematic because you're not going to be able to speak. Knowing the theories is not good enough. You have to use them. Write a diary using English, record yourself giving a speech, talk to yourself in the shower. Any of these activities are helpful in making use of your acquired knowledge.

では、今やっていることについて考えてみてください。たくさんの単語や表現を学び、文法力も向上しています。その学んだ英語のすべてを使っていますか。使っていませんか。では、それは問題です。なぜなら、それでは話せるようにはなれないからです。理論を知っているだけでは不十分です。その知識を活用しないといけません。英語を使って日記を書きましょう。スピーチをして録音しましょう。シャワーを浴びながら独り言を言いましょう。この中の活動のどれもが、あなたが習得した知識を活用するのに役立ちます。

> **You can lead a horse to water, but you can't make it drink.**
>
> —proverb

(Main Body)

Do you know this proverb? "You can lead a horse to the water, but you can't make it drink." Your e-learning exercises and instructors like myself who appear in this e-learning course are leading you in the right direction. Imagine you're a horse. We're leading you to the right place, but if you don't feel like

you want to drink water, you're not going to be hydrated. You are the one who makes the decision to do it.

このことわざを知っていますか。「馬を水場に連れて行くことはできても、水を無理に飲ませることはできない」。Eラーニングの練習を行っていただければ、私のようなEラーニングに登場する講師はあなたを正しい方向に導いています。あなたは自分が馬だと想像してください。私たちはあなたを正しい方向に導いていますが、あなたが水を飲みたくなければ、あなたは水分を摂取できないのです。あなた自身が決断するのです。

(Ending)

Let me conclude by saying this: "Practice makes perfect." You need to practice. I'm counting on you to start speaking in English today. Record yourself speaking if you don't have a good partner to speak with. If you're taking this e-learning course with a colleague, go and have an "English conversation lunch" together. Be creative. Many doors will open in the future when you become a better speaker. You can do it! Don't think too much, just start doing it! Good luck.

これを述べて終わりにさせてください。「練習あるのみ」。あなたには練習することが必要です。あなたが今日から英語を話し始めることを期待しています。話し相手がいないなら、ご自分が話しているところを録音してください。同僚とEラーニングコースを受けているなら、一緒に「英会話ランチ」に行ってください。想像力を働かせましょう。あなたが英語をよく話せるようになれば、多くの（可能性への）扉が開きます。あなたならできます。深く考えないで、すぐに行動へ移すのです。グッドラック。

やるべきこと、やってはいけないこと

◆準備段階でやるべきこと

☑ 聞き手をよく知る（→Chapter 1参照）

☑ 会場情報を集める（→Chapter 1参照）

◆スライド作成時にやるべきこと

☑ プレゼンテーションタイプ別に基本的な構成を作成する（→Chapter 1参照）

☑ フォントサイズ、テキスト位置、カラーやデザインのテイストを統一する（→Chapter 1参照）

☑ 聞き手に合ったテンプレートを使い、視覚的な情報の配置方法をパターン化する（→Chapter 3参照）

☑ キーメッセージとそれを支える情報をセットで提示する（→Chapter 3参照）

☑ 原則として情報は図解し、テキストを最小限にする。詳細情報は口頭で伝える。テキスト量は英語力に応じて決める（→Chapter 3参照）

☑ 目立たせたい箇所を色の濃淡、テキストの大きさ、またはアニメーションなどで明確にする（→Chapter 1参照）

☑ 英語の使い方を統一する。例えば、体言止めを使うなら、終始その形で組む（→Chapter 1参照）

◆スクリプト作成時にやるべきこと

☑ 文の長さ、文字数に注意する。プレゼンテーションタイトルは2行以上にならないように、簡潔にまとめ、1行6単語以内を目安に。スライド内のテキストは多くても8行以内に収める（→Chapter 2, Chapter 3参照）

☑ スライドタイトルのつけ方を目的に応じて考える。例えば、報告なのか、キーメッセージなのかによって「顧客満足度調査について」とするか「顧客満足度アップを狙う！」とするかを判断する（→Chapter 1参照）

☑ low-context languageを意識して、情報を明示する（→Chapter 3参照）

☑ 与えられた時間内に自分が話せる量を把握したうえでスクリプトを用意する（→Chapter 3参照）

☑ 主語をIにするかweにするかを考え、また動詞を揃えることを意識して英文を書く（→Chapter 3参照）

◆発表時にやるべきこと

☑ 動きやすく見やすい場所に立つ（→Chapter 5参照）
☑ 話の目的と流れをわかりやすく紹介する（→Chapter 2参照）
☑ 聞き手と目線を合わせる（→Chapter 5参照）
☑ 音と静寂を戦略的に使う（→Chapter 5参照）
☑ 適切なジェスチャーを加える（→Chapter 5参照）
☑ 時々聞き手に質問を投げかける（→Chapter 6参照）
☑ 長いプレゼンテーションでは聞き手の注目を集めるような話をする（→Chapter 6参照）
☑ どんなことがあってもQ&Aで自信をなくさない（→Chapter 4参照）
☑ まとめの言葉を述べ、聞き手にアクションを促す（→Chapter 4参照）

◆話の組み立て時に検討すべきこと（→Chapter 6参照）

※話す内容に応じて取捨選択してください

心をつかむ話術

☑ 聞き手に質問を投げかける
☑ インパクトのある視覚情報を活用する
☑ storytellingをする
☑ 笑いを取る
☑ 誰もが知る話やたとえ話をする
☑ ギャップ効果を狙った話し方をする
☑ Pep-talkをする

ロジカルに頭に訴える話術

☑ 全体から詳細へと話す
☑ 理由の理由まで話す
☑ PREPやその他のフレームワークに沿って話す
☑ power wordsを使う
☑ デモンストレーションを組み込む

プレゼンテーションの5大NGポイント

1. プレゼンテーション用のスライドに見えない

配布資料を作ったかのようにテキストが多すぎて視覚的に訴えかけるものがない、というスライドにならないように要注意。読むだけでわかる配布資料は、スライドとは別に準備しましょう。(→Chapter 1参照)

2. スライドがわかりにくい

テキストが多い、長い、スライド背景がカラフルすぎるなど、視覚情報を詰め込みすぎたスライドはよくわかりません。見づらいから注目を集めてしまっているという状況がないように、レイアウトをよく考えましょう。(→Chapter 3参照)

3. 図表がよく見えない

細かいデータは見やすいグラフにしないとキーメッセージのサポートになりません。グラフの作り方を工夫して目立たせたいポイントをわかりやすくするか、データの注目箇所に吹き出しを加えるなど、工夫しましょう。(→Chapter 3参照)

4. 英語がわかりにくい

英語の表記間違いが多い、話の流れがわかりにくい、発音が不明瞭など、さまざまな理由で「英語がわかりにくい」と言われる講演者がいます。英語の表記ルールに沿ってスライドを準備(→Chapter 1参照)し、discourse markerを使い(→Chapter 3参照)、大枠から詳細へ(→Chapter 6参照)と話しましょう。また、よくある発音間違いをしないように、トレーニングを続けましょう。(→Chapter 5参照)

5. 話し方が単調

資料を読み上げているだけのような印象を与えると、聞き手は何が重要かわからないだけでなく、退屈します。話に強弱をつけ、さっと話を終えるところと、ゆっくりじっくり話すところを意図的に作りましょう。また、ジェスチャーを加えるのもメリハリをつける方法の1つです。(→Chapter 5参照)

CHAPTER 8 

練習のためのヒント

各単語の発音を良くするために

発音記号が読めるようになると、Chapter 5で取り上げた単語の発音に関するルールをより理解できるようになります。1つひとつの単語を辞書で引き、発音記号を見ながら、どうしてそのような発音になるのか考えてみてください。また、音源で正しい音を確認し、丁寧にリピートして正しい発音を覚えましょう。

文単位の発音を良くするために

こんなふうになりたいと思うプレゼンテーションの動画をインターネット上で見つけて、繰り返し聞き、使われている単語や話し方を意識してまねましょう。報道番組を観たり、ビジネスパーソンが登場する映画などを観て、耳を鍛えてもいいでしょう。聞き取れない内容が多いうちは字幕つきの映像を活用し、単語や表現の意味も一緒に覚えてください。リスニング力を上げようと努力しているうちに、正しいイントネーションも身につきます。

使える語彙を増やすために

まずはすでに知っている単語や表現を使ってプレゼンテーションを組み立て、もっといい表現がないか、類義語辞典を使って表現をブラッシュアップしましょう。自分の書いたスクリプトが正しいか不安な場合は、ネイティブスピーカーまたは英語上級者にチェックしてもらうといいでしょう。ただし、英語ができればどんな人でもいいわけではありません。できれば、自分の話す内容を理解しており、知識を共有しているネイティブスピーカーに依頼したいものです。ビジネスパーソンであれば、日常会話を教えている英語講師ではなく、ビジネス英語研修を担当しているような講師を見つけて質問したり、学会で発表する人は、スカイプレッスンなどのサービスの中で学会発表経験のある講師を見つけるのもいいでしょう。複雑な内容のプレゼンテーションを確認してもらう場合は、教養の高い講師を見つけるように心がけてください。

使える定型表現を増やすために

プレゼンテーションで頻繁に使われる表現を各章のENGLISHのページで紹介しています。まずは使いたい表現を自分のノートにまとめて、いくつかの表現に絞って使い慣れるようにしましょう。スクリプトに書き起こさなくても口から出てくるようになったら、使うフレーズの候補を増やしましょう。自分用のノートに新しく使ってみたい表現を追加するといいでしょう。このようにして表現のストックを増やしていけば、プレゼンテーション中にも適宜ストックの引き出しから自由自在にプレゼンテーション表現を使いこなすことができるようになります。

narration力、description力を向上するために

Chapter 5のDeliveryで「日頃から描写力を磨きましょう」とお伝えしましたが、そのトレーニング方法に役立つのは小説や映画です。読書が好きならば、豊かな表現で情景が描かれているような小説を読むといいでしょう。映像がお好みの方は、副音声がついている映画を活用してください。目が不自由な人向けに情景描写や効果音の説明がされています。映像の中の情景をどのように英語で描写するかを学ぶことができます。あまり激しく映像が切り替わるもの、例えばアクション映画など、効果音が多く場面展開が速すぎるものはト書きが複雑すぎて学習にならない可能性があります。穏やかな映画を選ぶといいでしょう。

発表力を鍛えるために

プレゼンテーションのノウハウについて語っているTED Talksがかなりの本数ありますので、参考にしてください。特に、ボディランゲージやジェスチャーが参考になるでしょう。インスピレーション型プレゼンテーションをインターネット上で見つけられれば、話の組み立て方が参考になります。

FINAL TIPS

プレゼンテーション前の3日間の過ごし方

DAYS LEFT

話の流れが理論的か、伝え漏れはないか最終確認

・事前に作ったスライドとスクリプトを最終確認する
・スクリプトを読み上げながら何度も練習する
・言いにくいところは別の英語表現に差し替えてスクリプトをブラッシュアップする

DAYS LEFT

徹底的に身体に叩き込む

・スクリプトを完璧に覚える
・ジェスチャーをつける
・配布資料を用意する
・ビデオを撮る
・時間を計る

DAYS LEFT

本番を意識して最終調整

・ビデオを撮って最終確認をする
・必要に応じた微調整をする
・持ち物を完璧に準備する
・アコーディオンポイントを最終確認する

DAYS LEFT

Go and shine! Good luck!

英語表現　索引

I

L

M

N

O

P

U / V

W

Y

著者略歴

江藤友佳（えとう・ゆか）

アメリカ・ロサンゼルスで育つ。クレアモントマッケナ大学卒業後、コロンビア大学大学院Teachers College修士号取得（英語教授法）。

大学卒業後、外資系コンサルティングファームに入社。コンサルタントとしての実務を通して「ビジネスを動かすプレゼンテーション」の手法を学ぶ。その後、大学院で英語教育を専門的に学びながら、研修業界で英語指導経験を積む。楽天株式会社に転職し、社内公用語の英語化プロジェクトの教務責任者として多くのプレゼンテーションにアドバイスを行う。

現在はY.E.Dインターナショナル合同会社代表として、英語でのビジネス実務経験と英語指導経験の両方を活かした教材制作、企業研修、アドバイザリーサービスを提供している。カンファレンスや学会でのプレゼンテーション準備コースが好評。

著書に、『英語の数字ルールブック』『ビジネス英語リーディングの技術』（共著、クロスメディア・ランゲージ）など。

〔編集協力〕 本多彩乃

ロジカルに伝（つた）わる　英語（えいご）プレゼンテーション

2021年 2月 1日　第1刷発行
2023年 2月 7日　第2刷発行

著者　江藤友佳
発行者　小野田幸子
発行　株式会社クロスメディア・ランゲージ
〒151-0051 東京都渋谷区千駄ヶ谷四丁目20番3号
東栄神宮外苑ビル　https://www.cm-language.co.jp
■本の内容に関するお問い合わせ先
TEL (03)6804-2775　FAX (03)5413-3141

CrossMedia LANGUAGE

発売　株式会社インプレス
〒101-0051 東京都千代田区神田神保町一丁目105番地
■乱丁本・落丁本などのお問い合わせ先
FAX (03)6837-5023　service@impress.co.jp
※古書店で購入されたものについてはお取り替えできません。

カバーデザイン　竹内雄二
本文デザイン　都井美穂子
DTP　株式会社ニッタプリントサービス
編集協力　高橋知里、久保田怜奈
英文校正　Colleen Sheils
ナレーション　Katie Adler, Josh Keller
録音・編集　株式会社巧芸創作

営業　秋元理志
画像提供　iStock.com/gianlucabartoli
印刷・製本　中央精版印刷株式会社
ISBN 978-4-295-40504-7 C2082